diccionario de civilización romana

diccionario de civilización romana

Jean-Claude Fredouille
profesor de la universidad de París IV - Sorbona

LAROUSSE

Título original
Dictionnaire de la civilisation romaine

Responsable de la colección
Emmanuel de Waresquiel

La edición española del *Diccionario de civilización romana* ha sido realizada por el equipo editorial de Larousse Planeta

Edición
Esther Gallart Gual
José María Díaz de Mendívil Pérez

Han colaborado en esta obra
Francesc Reyes Camps
Juan Vivanco Gefaell

Enric Granados, 84, 5º - 08008 Barcelona
ISBN 84-8016-163-9

Depósito Legal: B. 18.113-1996
Impresión: Hurope, S.L.
Encuadernación: Golden Cover, S.A.
Printed in Spain - Impreso en España

Cubierta: oficial y soldado pretorianos. Bajorrelieve, siglo II d. JC.
París, museo del Louvre.
Foto de G. Dagli Orti.

Presentación

Presentar una civilización en forma de diccionario, adoptando el orden más arbitrario que existe, el alfabético, resulta algo paradójico. En cierta forma, consiste en destruir el edificio coherente que los historiadores-arquitectos han podido edificar, otorgando un lugar preciso a las instituciones, la vida material, la religión y la cultura, gracias a numerosos, austeros y detallados estudios, reunidos y ordenados pacientemente. Sin embargo, la crítica no está plenamente justificada. Un diccionario de este tipo está concebido como una especie de rompecabezas en el que cada elemento es interesante por sí solo, aunque adquiriría más valor si se colocase en el conjunto del que ha sido desgajado. Los lectores impacientes pueden limitarse a leer el artículo que les aleccionará sobre un punto concreto; los demás podrán reconstruir a su antojo la imagen de Roma, atomizada artificialmente.

Al escribir estas páginas, hemos pensado en distintas categorías de lectores que, sin ser especialistas, sienten curiosidad por las «cosas» de Roma: alumnos de secundaria, estudiantes de universidad que deben iniciarse en el estudio del latín, adultos que desean refrescar sus recuerdos y, por qué no, preparar un viaje turístico y «arqueológico». Las ruinas sólo dejan de ser ruinas cuando el visitante es capaz de insuflarles un poco de la vida de antaño.

No es necesario decir que este libro, resumido por necesidad (lo demuestran sus dimensiones), no puede sustituir los diccionarios científicos ni las obras de síntesis, como la de Pierre Grimal (*La civilización romana*, 1964), que recomendamos al lector que quiera saber más. Este diccionario se inserta en una colección que incluye el *Diccionario de mitología griega y romana*. Al establecer la lista de entradas, hemos tenido en cuenta su existencia. Por ello, hemos excluido sistemáticamente todas las divinidades romanas. No se trataba de ser exhaustivo: hemos tenido que hacer una selección, tanto en lo que se refiere a las entradas como en lo concerniente al desarrollo. La consecuencia, a nuestro parecer casi inevitable, es un cierto nivelamiento de la información, que no se debe interpretar como un nivelamiento del orden de los valores. Para poner un ejemplo, cuando Livio Andrónico traduce, en el siglo III a. JC, la *Odisea*, quizá su trabajo no sea una obra maestra de la literatura, pero, desde nuestra perspectiva, la propia existencia de dicha traducción en esa fecha y su influencia tienen una importancia que merece la pena destacar. Tal vez los lectores se sorprendan de que en la presentación de esta obra no les propongamos una definición lapidaria de qué significa «civilización romana». No creemos que sea posible caracterizar juiciosamente en pocas palabras una civilización. Para mucha gente, Roma no suele ser más que un ejército conquistador o un pueblo de campesinos o el *Código civil* o el horror de los combates del anfiteatro. Una civilización es una realidad compleja y evolutiva: la de Roma, a la que Occidente debe tanto, duró diez siglos. Es difícil querer abarcarla con una fórmula, por muy brillante que sea, en todo su movimiento y originalidad sin dar una imagen deformada que a veces perdura. Gracias al juego de los envíos de un artículo a otro y al índice alfabético, pensamos que los lectores podrán hacerse una idea bastante precisa y acertada de los aspectos de la civilización romana; e incluso efectuar su propio juicio de valor. Por nuestra parte, nos hemos limitado a describir y proporcionar los elementos explicativos. Si la civilización romana les parece, en su conjunto, más rica y diversa de lo que creían, este diccionario no habrá sido inútil.

NOTA. Los asteriscos volados (*) indican que esta palabra tiene su propia entrada en el Diccionario.
Las flechas (→) significan que en los artículos mencionados encontrará información adicional sobre el tema.

Cronología

Fechas	Acontecimientos militares	Acontecimientos políticos y sociales	Acontecimientos culturales y religiosos
753		Fecha legendaria de la fundación de Roma por Rómulo.	Cabañas del Palatino.
509		Expulsión de los reyes.	Templo capitolino de Júpiter, Juno y Minerva.
497			Templo de Saturno.
494		Secesión de la plebe.	
493		Creación de los tribunos de la plebe.	Templos de Ceres, Liber y Libera.
488	Guerra contra los volscos.		
458	Guerra contra los ecuos.		
450		Ley de las XII Tablas.	
445		Autorización de los matrimonios entre plebeyos y patricios *(lex Canuleia).*	
406-396	Sitio y toma de Veyes.		
390	Invasión gala.		
366		Acceso de la plebe al consulado por 1ª vez.	
356		Un plebeyo dictador.	
351		Un plebeyo censor.	
350		Fundación de la colonia de Ostia.	
348			Primeros juegos seculares.
343-291	Guerras samnitas.		
340-338	Guerra y disolución de la liga latina.	Antium colonia romana.	
321	Derrota de las Horcas Caudinas.		
312-308		Censura de Apio Claudio.	

Fechas	Acontecimientos militares	Acontecimientos políticos y sociales	Acontecimientos culturales y religiosos
312-308		Vía Apia: de Roma a Capua (312).	
306		Tratado entre Roma y Cartago.	
300		Acceso de la plebe al pontificado.	
281-272	Guerra contra Tarento y Pirro. Toma de Tarento (272).		Influencia más marcada del helenismo.
265	Sumisión de Etruria.	Roma domina Italia a excepción de la Galia Cisalpina.	
264-241	Primera guerra púnica.	Sicilia, primera provincia romana (241). Vía Aurelia: de Roma a Pisa (241).	Introducción de los combates de gladiadores (264).
254			Nacimiento de Plauto.
240			Primer estreno de Livio Andrónico en Roma.
239			Nacimiento de Ennio.
234			Nacimiento de Escipión el Africano y de Catón.
231		Cerdeña y Córcega, provincias romanas.	
225-218	Sumisión de la Galia Cisalpina.		
220		Vía Flaminia: Roma-Cisalpina. Construcción del circo Flaminio.	
218-201	Segunda guerra púnica.		
215		Primeras sociedades de publicanos.	
204			Introducción de Cibeles en Roma.

Fechas	Acontecimientos militares	Acontecimientos políticos y sociales	Acontecimientos culturales y religiosos
200-188	Intervención de Roma en Grecia y Oriente.		
196		Flaminio declara la libertad de Grecia.	
190			Nacimiento de Terencio.
186			Escándalo de las bacanales.
185-184		Censura de Catón.	Basílica Porcia.
181			Templo de Venus Ericina.
180		Ley sobre la «carrera de los honores».	
179			Basílica Emilia.
173			Expulsión de dos filósofos epicúreos.
168	Victoria de Pidna.		
161			Expulsión de los filósofos y de los rétores.
155			Carneadas, Diógenes y Critolao llegan a Roma.
154			El Senado prohíbe construir un teatro permanente.
150-129			«Círculo de los Escipiones».
148-146	Tercera guerra púnica.		
148			El pontífice máximo Mucio Escévola hace redactar los *Annales Maximi*.
146	Destrucción de Cartago.	Macedonia Acaya, provincia romana. África proconsular, provincia romana.	
142			Puente Emilio.
133	Destrucción de Numancia.	Provincia de Asia.	

Fechas	Acontecimientos militares	Acontecimientos políticos y sociales	Acontecimientos culturales y religiosos
133-121		Los Graco.	
125-118		Provincia de Galia Narbonense.	
113-101	Invasión de los cimbrios y los teutones.	Tribunado de Mario.	
112-105	Guerra de Yugurta.		
107-101		Consulados de Mario.	
106			Nacimiento de Cicerón y de Pompeyo.
100			Nacimiento de César.
98			Nacimiento de Lucrecio.
91-88	Guerra social.		
88-85	Guerra contra Mitrídates.		
87			Nacimiento de Salustio.
83-82	Guerra civil.		
82-79		Dictadura de Sila.	
80-72	Guerra contra Sertorio, lugarteniente de Mario.		
74		Provincia de Bitinia.	
73-71	Guerra contra Espartaco.		
70		Consulado de Pompeyo.	Nacimiento de Virgilio.
67-63	Campaña de Pompeyo en Oriente.		
65			Nacimiento de Horacio.
64			Nacimiento de Tito Livio.

Fechas	Acontecimientos militares	Acontecimientos políticos y sociales	Acontecimientos culturales y religiosos
63		Provincia de Siria. Consulado de Cicerón. Conjuración de Catilina.	Nacimiento de Octavio.
60		Primer triunvirato.	
58-50	Guerra de las Galias.		
55			Primer teatro de piedra de Roma (debido a Pompeyo).
54			Basílica Julia.
52		Anarquía en Roma. Pompeyo cónsul único.	El *Defensa de Milón* de Cicerón.
51		Galia, provincia romana hasta el Rin.	
49-44	Guerra civil.		Foro de César.
48	Farsalia.		
46			Calendario juliano.
45-44		Dictadura de César.	
44-30	Guerra civil.		
44-43			Las *Filípicas* de Cicerón.
43		Segundo triunvirato.	
42	Filipos.		
31	Actium.		
30		Egipto, provincia romana.	
29			Las *Geórgicas* de Virgilio.
27		Inicio del principado. Organización de las provincias.	
27-14 d. JC		Reinado de Augusto.	
21			Los *Épodos* de Horacio.
19			Muerte de Virgilio, publicación de la *Eneida*.

Fechas	Acontecimientos militares	Acontecimientos políticos y sociales	Acontecimientos culturales y religiosos
17			Juegos seculares.
13			Construcción del *Ara Pacis.*
11			Teatro de Marcelo.
6			Trofeo de la Turbie.
5-4			Nacimiento de Jesucristo.
2			Foro de Augusto. Nacimiento de Séneca.

d. JC

14-37		Reinado de Tiberio.	
17		Germania, provincia imperial.	
29			Muerte de Jesucristo.
37-41		Reinado de Calígula.	
39			Nacimiento de Lucano.
40		Provincia de Mauritania.	
41-54		Reinado de Claudio.	
43	Conquista de Bretaña.		Acondicionamiento del puerto de Ostia.
45			Tratados filosóficos de Séneca.
51-63	Guerra contra los partos.		
54-68		Reinado de Nerón.	
54			Nacimiento de Tácito.
64		Incendio de Roma. Primeras persecuciones contra los cristianos.	
65			*Epístolas a Lucilio* de Séneca.
69		Año de los cuatro emperadores: Galba, Otón, Vitelio y Vespasiano.	

Fechas	Acontecimientos militares	Acontecimientos políticos y sociales	Acontecimientos culturales y religiosos
69-79		Reinado de Vespasiano.	
70	Toma y destrucción de Jerusalén por Tito.		
70-80			Construcción del Coliseo.
79		Erupción del Vesubio y destrucción de Pompeya y Herculano.	
79-81		Reinado de Tito.	
81-96		Reinado de Domiciano.	
82			Arco de Tito.
96-98		Reinado de Nerva.	
98-117		Reinado de Trajano.	
100		Consulado de Plinio el Joven, que pronuncia el panegírico de Trajano.	
101-102	Primera expedición contra los dacios.		
103			Puerta de Trajano en Ostia.
105-106	Segunda expedición contra los dacios.	Arabia, provincia imperial.	
107		Dacia, provincia imperial.	
111-114			Foro de Trajano.
113-114			Columna de Trajano.
114	Guerra contra los partos.	Trajano es proclamado «el mejor de los príncipes» *(optimus).*	
116			Los *Anales* de Tácito.
117		El Imperio romano alcanza su mayor extensión.	

Fechas	Acontecimientos militares	Acontecimientos políticos y sociales	Acontecimientos culturales y religiosos
117-138		Reinado de Adriano.	Reconstrucción del Panteón edificado por Agripa en el 27 a. JC.
121-126		Viajes de Adriano por el Imperio.	
124			Nacimiento de Apuleyo.
125			Construcción de la villa de Adriano en Tibur (Tívoli).
128-134		Viajes de Adriano.	
131		Publicación del edicto perpetuo.	
138-161		Reinado de Antonino Pío.	
161-180		Reinado de Marco Aurelio.	
166-180	Guerra contra los germanos.	Final de la «paz romana».	
180-192		Reinado de Cómodo.	
193-211		Reinado de Septimio Severo.	Grandes trabajos de urbanismo.
197			La *Apologética* de Tertuliano.
203			Arco de Septimio Severo.
211-217		Reinado de Caracalla.	
212		Edicto de Caracalla que concede el derecho de ciudadanía a todas las provincias.	
216			Termas de Caracalla.
218-235		Reinado de Heliogábalo y de Severo Alejandro.	
231-232	Guerra contra los persas.		

Fechas	Acontecimientos militares	Acontecimientos políticos y sociales	Acontecimientos culturales y religiosos
235-284	Las fronteras del Imperio amenazadas por todas partes.	Anarquía militar. Emperadores efímeros se suceden. Epidemia de peste.	
248-258			San Cipriano, obispo de Cartago.
250			Persecuciones contra los cristianos. Nacimiento de Lactancio.
271	Aureliano construye un recinto fortificado.		
284		Advenimiento de Diocleciano.	
293		Organización de la tetrarquía.	
300		Unificación de la administración de Italia y de provincias.	
301		Edicto del máximo que establece una tasación general de los precios.	
302-304			Persecuciones contra los cristianos.
306-337		Reinado de Constantino.	Basílica de Constantino Majencio (306-311).
313		Edicto de Milán: tolerancia religiosa.	
315			Arco de Constantino.
325			Concilio ecuménico de Nicea que condena la herejía arriana.
326			Construcción de la basílica de San Juan de Letrán.
330		Constantinopla, capital del Imperio.	Construcción de la basílica de San Pedro.

Fechas	Acontecimientos militares	Acontecimientos políticos y sociales	Acontecimientos culturales y religiosos
337		División del Imperio: Constante en Occidente (337-350). Constancio en Oriente (337-361).	
340			Nacimiento de san Jerónimo.
351-361		Constancio único dueño del Imperio.	
354			Nacimiento de san Agustín.
355-357	Guerra en Galia.		
358-363	Guerra en Asia contra los persas.		
361-363		Reinado de Juliano: reacción pagana.	
364-395		Dinastía valentiniana y Teodosio.	
381			Prohibición del paganismo.
395		División del Imperio entre los hijos de Teodosio: Honorio (395-423) obtiene Occidente (capital Milán y después Rávena); Arcadio obtiene Oriente (Constantinopla).	
400			Las *Confesiones* de san Agustín.
406	Invasiones bárbaras.		
410	Alarico, jefe de los godos, toma Roma.		
427			*La ciudad de Dios* de san Agustín.
455	El vándalo Genserico saquea Roma.		
476		Caída de Rómulo Augústulo. Odoacro, rey de los hérulos, toma Roma.	

La conquista romana de Italia

El Imperio en tiempos de los Antoninos

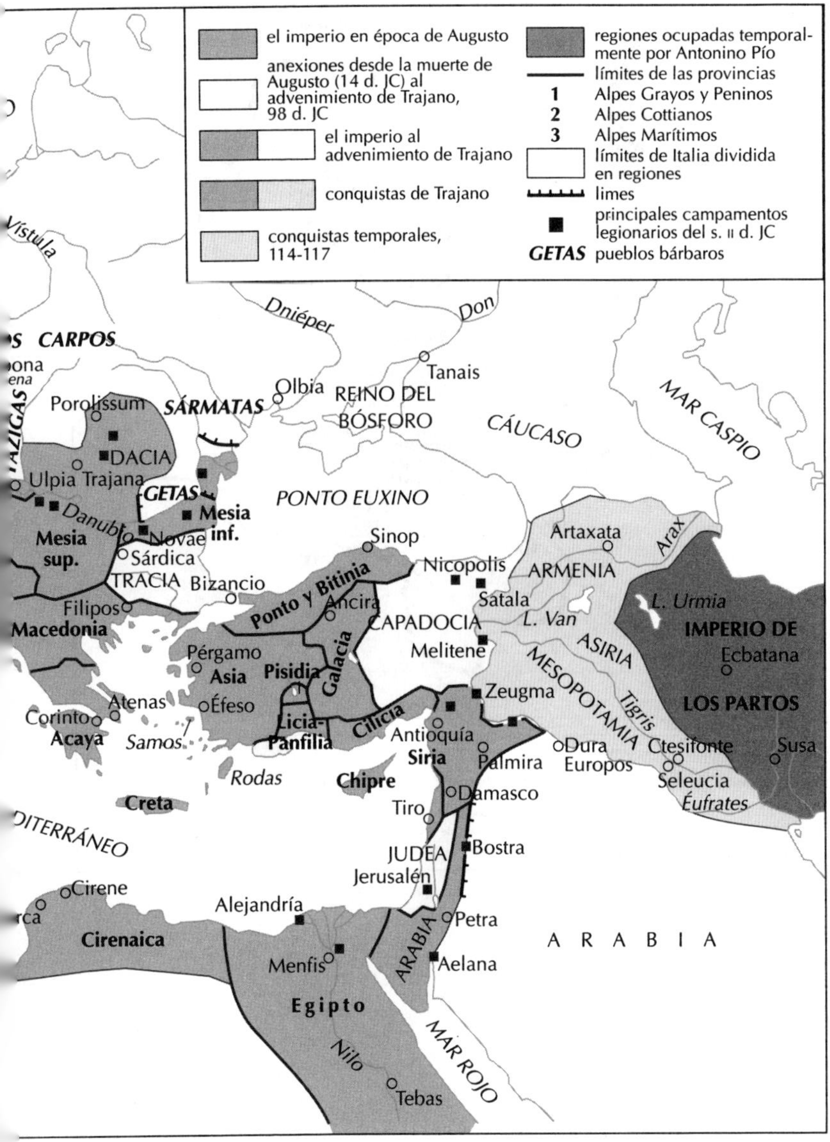
el imperio en época de Augusto
anexiones desde la muerte de Augusto (14 d. JC) al advenimiento de Trajano, 98 d. JC
el imperio al advenimiento de Trajano
conquistas de Trajano
conquistas temporales, 114-117
regiones ocupadas temporalmente por Antonino Pío
límites de las provincias
1 Alpes Grayos y Peninos
2 Alpes Cottianos
3 Alpes Marítimos
límites de Italia dividida en regiones
limes
principales campamentos legionarios del s. II d. JC
GETAS pueblos bárbaros
Vístula
Dniéper
Don
CARPOS
Tanais
Olbia
REINO DEL BÓSFORO
Porolissum
SÁRMATAS
CÁUCASO
MAR CASPIO
DACIA
Ulpia Trajana
GETAS
PONTO EUXINO
Danubio
Mesia inf.
Mesia sup.
Novae
Sinop
Sárdica
Artaxata
Arax
TRACIA
Bizancio
Nicopolis
ARMENIA
Ponto y Bitinia
Satala
Filipos
Ancira
L. Urmia
Macedonia
CAPADOCIA
L. Van
IMPERIO DE LOS PARTOS
Melitene
ASIRIA
Pérgamo
Galacia
MESOPOTAMIA
Ecbatana
Asia
Pisidia
Zeugma
Tigris
Atenas
Éfeso
Corinto
Licia-Panfilia
Cilicia
Acaya
Samos
Antioquía
Siria
Palmira
Dura Europos
Ctesifonte
Susa
Rodas
Chipre
Seleucia
Creta
Damasco
Éufrates
Tiro
MEDITERRÁNEO
JUDEA
Bostra
Jerusalén
Cirene
Alejandría
Petra
Cirenaica
ARABIA
A R A B I A
Menfis
Aelana
Egipto
MAR ROJO
Nilo
Tebas

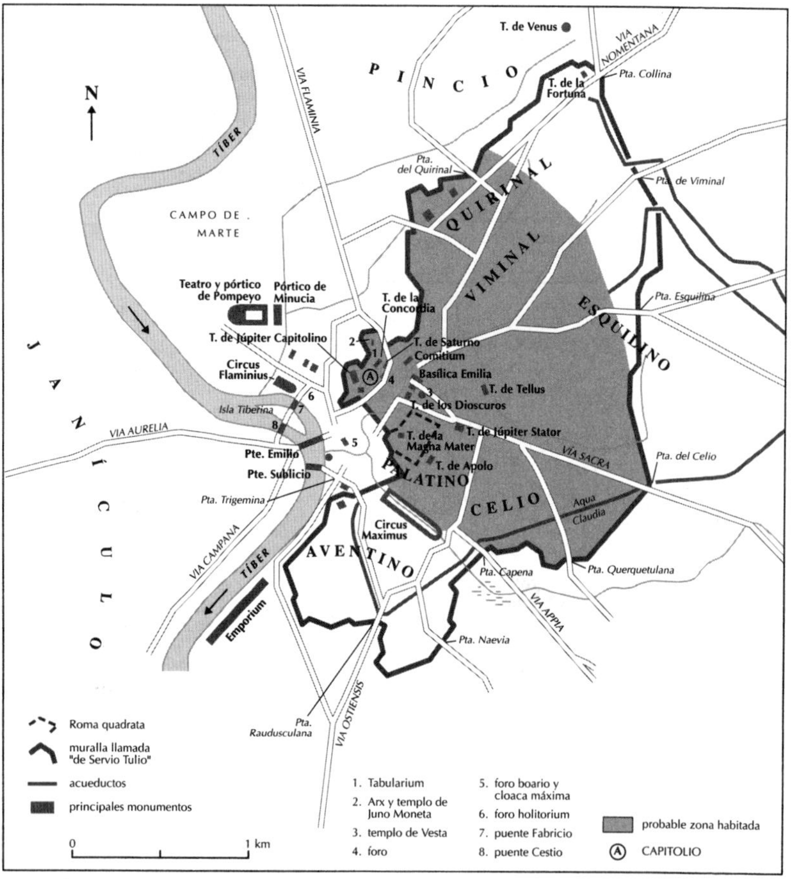

Roma durante la República

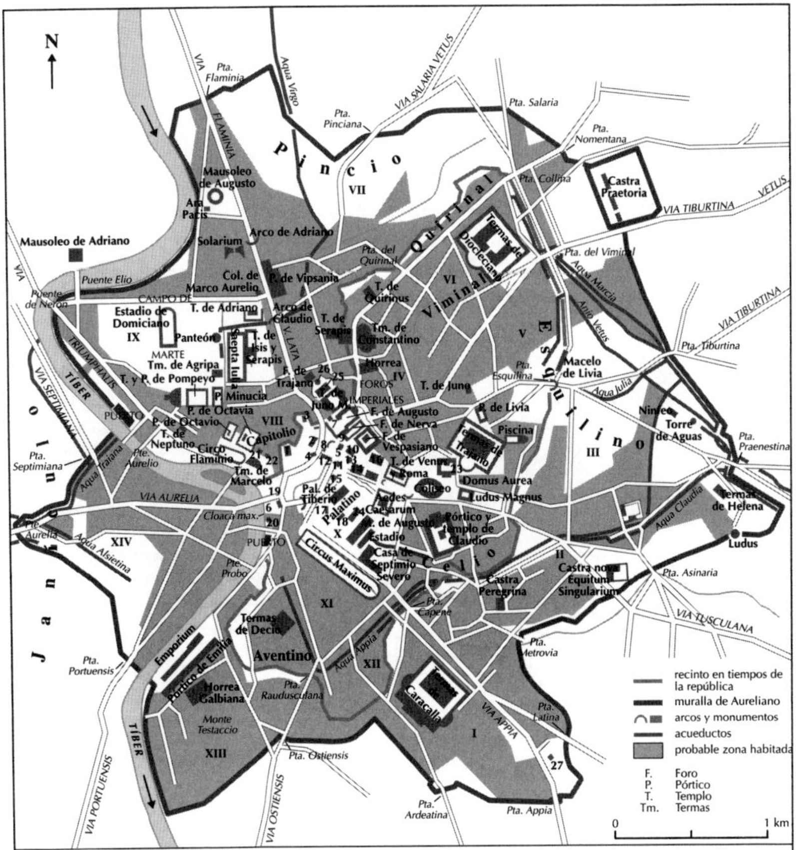

las catorce regiones de Augusto

I	Porta Capena
II	Caelimontium
III	Isis et Serapis
IV	Templum Pacis
V	Esquiliae
VI	Alta Semita
VII	Via Lata
VIII	Forum Romanum
IX	Circus Flaminius
X	Palatium
XI	Circus Maximus
XII	Piscina Publica
XIII	Aventinus
XIV	Transtiberinus

1. T. de Júpiter Capitolino
2. Tabulario
3. Cárcel
4. Templo de Saturno
5. Foro romano
6. Foro boario
7. Foro de César
8. Tribuna de las "rostra"
9. Curia
10. Basílica Emilia
11. Templo de Cástor y Pólux
12. Basílica Julia
13. Templo de Vesta
14. Casa de las Vestales
15. Templo de Augusto
16. Basílica de Majencio (también llamada de Constantino)
17. Templo de Cibeles
18. "Casa de Livia"
19 y 20. Templos (Identificación dudosa)
21. Templo de Apolo
22. ¿Templo de Belona?
23. Termas de Tito
24. Casa de Domiciano, llamada "Palacio de los Flavios"
25. Basílica Ulpia
26. Columna Trajana
27. Tumba de los Escipiones

Roma durante el Imperio

a

abogado ***(patronus).*** Para los romanos la profesión de abogado era una de las más prestigiosas. Permitía alcanzar, gracias al poder de la elocuencia, todos los niveles de la carrera de los honores*. Los hombres más ilustres de la República fueron abogados: Catón el Censor*, C. Graco*, Hortensio y Cicerón*. En efecto, la República* fue la gran época de la elocuencia. Gracias a los procesos políticos, los abogados podían hacer alarde de su talento. Durante el Imperio*, con la pérdida de libertades, la profesión perdió gran parte de su brillo y el conferenciante recogió el testimonio de la elocuencia.

Antes del Bajo Imperio, época en la que se creó una corporación y en la que se establecieron los honorarios, los abogados no estaban remunerados (oficialmente), pero se permitían las donaciones y los legados. Otra diferencia con nuestras costumbres era la distinción entre el «experto» *(iuris consultus)* y el «defensor» *(patronus, orator).* El primero estudiaba el aspecto jurídico de un litigio y aconsejaba sobre la manera de abrir un proceso. El segundo asistía a su cliente y lo apoyaba con su talento oratorio. Las sesiones eran públicas (en el foro*, en una basílica*), los alegatos a menudo largos (Pompeyo los limitó a tres horas) y mucho más «espectaculares» que en la actualidad.

Se impuso el elevado concepto que tenía Cicerón* del abogado: para él, el abogado ideal era un orador* *(orator)* hábil con las palabras, pero también un pensador y un hombre político. En cambio, el *causidicus* (de *causa*, 'causa', y *dico*, 'hablar') era el abogado laborioso, encargado de causas menores. Cabe señalar que el término *advocatus* (del que deriva el moderno *abogado*) designa en Roma a cualquier persona (pariente, amigo) que acude al proceso para alentar con su presencia a una de las dos partes.

abrigo. En Roma se usaron muchos tipos de abrigos. Para salir, las matronas* romanas se ponían encima de la *stola** una especie de mantón ancho que les cubría los hombros y les envolvía el cuerpo hasta las rodillas; se llamaba *palla*, muy parecida al *pallium* de los hombres, pero más lujosa. En público, se cubrían la cabeza con un faldón de su *palla.* En las ceremonias religiosas, las mujeres se ponían un velo de color *(rica).* En cuanto a los hombres, podían llevar un abrigo bajo la toga* y, a partir del siglo I d. JC, adoptaron la costumbre de cambiar esta última prenda por el abrigo, mucho más cómodo, siempre que las circunstancias se lo permitieran (porque la toga seguía siendo el vestido nacional). Podían elegir entre varias clases de abrigos: el *pallium,* de origen griego, hecho con una gran pieza rectangular en la que se envolvían o embozaban; la *lacerna,* abrigo corto de origen galo, cuyo uso se generalizó desde el fin de la República*; la *fibula*, una pieza de tela de forma circular, apoyada en los hombros y sujeta con un broche; si hacía mal tiempo, la *lacerna* se podía completar con una capucha *(cucullus)*; y por último la *paenula*, un abrigo muy práctico y sencillo, sin mangas, con capucha, útil para viajar, que podría compararse con los actuales impermeables. Las matronas también se ponían la *paenula*. En el ejército*, los soldados llevaban sobre la túnica un *sagum*, abrigo muy corto, abierto por delante y echado hacia atrás; el *paludamentum* era parecido, pero más ancho y largo, de color escarlata, y lo usaba el general.

acciones de la ley *(actiones legis)*, procedimiento civil.

Sólo estuvo vigente hasta el siglo II a. JC, cuando fue sustituido por el procedimiento llamado *formulario** y, finalmente, fue abolido durante el reinado de Augusto.

En el procedimiento de las acciones de la ley, el demandante elige la fórmula que le parece conveniente para presentar su demanda. Las fórmulas de las acciones estaban establecidas de forma fija y sólo se podían utilizar las acciones reconocidas por la ley. Se reducían a cinco tipos: tres eran introductorias del proceso* y las otras dos servían de vías de ejecución. Los inconvenientes de este procedimiento eran su formalismo (el menor error implicaba la pérdida del proceso) y su carácter inmutable.

Actium, promontorio de Acarnania, al norte de Etolia.

Octavio* y Agripa* aniquilaron allí la flota de Marco Antonio* (2 de septiembre del año 31 a. JC). Esta batalla, en la que al parecer Marco Antonio* no desplegó grandes dotes tácticas, tuvo importantes consecuencias, pues Octavio, tras su victoria, quedó como único dueño de Roma.

actores *(histriones)*. Los primeros artistas que llegaron a Roma en el año 364 a. JC eran etruscos* (cantantes y bailarines, vestidos con trajes rituales). De hecho, hasta el año 240, fecha de la representación de la primera obra teatral de Livio* Andrónico, no se formaron compañías de actores. Estaban dirigidas por un jefe de compañía *(dominus gregis)*, e incluían actores, músicos, figurantes y utileros. No había mujeres, salvo para los mimos. El vestido era griego *(pallium)* para las obras de tema griego *(palliatae)* y romano (toga ordinaria o pretexto) para las obras de tema romano (comedias, *togatae*; tragedias, *praetextae*). El coturno era el calzado* de los actores trágicos, el *soccus* el de los cómicos. La peluca (blanca para los viejos, pelirroja para los esclavos y negra para los hombres jóvenes) permitía distinguir los papeles. La máscara* no se introdujo hasta la época de Cicerón*. Durante mucho tiempo, la profesión de actor estuvo desprestigiada y prohibida a los ciudadanos; pero, a partir del siglo I a. JC, fue enjuiciada con menos severidad. (→ representaciones dramáticas, teatro)

acueducto *(aquaeductus)*, canal artificial para conducir agua.

Aunque se construyeron acueductos antes de los romanos, fueron ellos quienes generalizaron las construcciones en altura, prefiriéndolas a los conductos a ras del suelo o subterráneos. La técnica de la bóveda y del mortero permitió la construcción de superestructuras que, salvando los accidentes del terreno, disminuían la longitud de los trazados, permitían establecer la pendiente más favorable al flujo (a los ingenieros romanos no les gustaba recurrir a los sifones) y evitaban que el agua se contaminara o fuera robada.

El acueducto romano más antiguo es el *Aqua Appia* ('el acueducto de Apio'), construido por Apio Claudio* (312 a. JC), de una longitud de 16,500 km, aunque sólo recorre cien metros por encima del suelo. Durante la República*, se construyeron tres más, entre ellos el *Aqua Marcia* (91 km), que captaba el agua de la región sabina. En el siglo I d. JC se construyeron seis acueductos más para suministrar agua a Roma. Así, a finales del siglo I d. JC, para una población de cerca de un millón de habitantes, los distintos acueductos llevaban en total 992 200 m^3 de agua, de modo que los romanos disponían de un promedio de 600 a 900 litros de agua por habitante. Durante el Imperio*, el «Servicio de las aguas» ocupó a gran número de personas, y el cargo de «curador* de las aguas» *(curator aquarum)* fue uno de los más importantes.

acusador → delator.

adivinación *(divinatio)*, arte de conocer el pensamiento de los dioses*.

Se basa en la creencia de que, en algunos casos privilegiados, la divinidad se comunica de alguna manera con el hombre. Los romanos tuvieron menos afición a la exégesis adivinatoria y estuvieron menos dotados para ella que los griegos o los etruscos*. Por otro lado, frente a los signos divinos, siempre trataron de salvaguardar su libertad. En efecto, el futuro podía ser anunciado, sin estar determinado por eso. De modo que los romanos eran libres de aceptar, anular o transferir (sobre sus enemigos, por ejemplo) ciertos presagios. La adivinación tuvo buena acogida entre los estoicos*, ya que para ellos, lejos de ser una superstición*, era legítima, pues se basaba en la idea de una organización divina del mundo y de una simpatía universal. La creencia en una Providencia y la adivinación estaban relacionadas y no anulaban la libertad individual.

El pensamiento divino podía manifestarse externamente, por signos (presagios*, adivinación por el agua, el fuego, etc.) o de forma intuitiva, directamente al hombre (adivinación por sueños, por el delirio, etc.).

En Roma la adivinación oficial era cometido de los augures*, los magistrados* y los arúspices*. Los astrólogos (los caldeos, *chaldaei*) tuvieron a menudo disputas con el Senado* y los emperadores*, lo cual no impidió que algunos de estos últimos tuvieran un astrólogo a su servicio.

adopción *(adoptio)*. Acto jurídico por el que un padre de familia tomaba bajo su autoridad paterna *(patria potestas*)*, en calidad de hijo o hija, a un miembro de otra familia que a su vez estaba bajo autoridad paterna (en lenguaje jurídico, *alieni iuris*). Este acto se hacía ante el pretor* o, en las provincias, ante el gobernador*. Consistía en una triple venta ficticia que destruía la *potestas* del padre natural (→ autoridad paterna). Luego, el adoptante reclamaba como hijo suyo a la persona que deseaba adoptar. Entonces el magistrado le adjudicaba al adoptado. Estas últimas formalidades eran, de hecho, las de un modo de transferencia de propiedad. El adoptado (cuyo consentimiento no se pedía) gozaba en la nueva familia de la misma situación que si hubiera nacido en su seno: tomaba el nombre* de su nuevo padre, se convertía en su heredero, veneraba los dioses* domésticos, etc. Sólo permanecía unido a su familia por lazos de sangre *(cognatio)*. Pero la *potestas* del adoptante no se extendía a los descendientes del adoptado. Por lo general, se adoptaba cuando no se tenían hijos, para asegurar la continuidad del nombre y el culto a los dioses domésticos. Durante el Imperio* la adopción tuvo un papel importante en la formación de las dinastías (los Julio-Claudios, los Antoninos). Los romanos distinguían entre la adopción y una institución afín, la adrogación*.

Adriano *(Publius Aelius Hadrianus)*, emperador romano del 117 al 138 (Itálica 76 d. JC-Bayas 138).

Adriano nació en Hispania, en el seno de una familia de origen italiano, y se casó con una sobrina de Trajano*, Sabina. Acompañó al emperador en la guerra contra los dacios (101-107), fue cónsul* en el año 108, combatió en el año 114 contra los partos y en el 117 gobernó Siria. Como emperador viajó mucho por todo el Imperio y procuró unificarlo concentrando la administración. En el año 132, reprimió la rebelión judía. Ha dejado el recuerdo de un emperador ilustrado, abierto, preocupado, pacífico y buen administrador. En las artes y la literatura propició una vuelta al clasicismo sin renunciar al exotismo, como podemos ver en la *Villa Adriana* de Tívoli *(Tibur)*, que era la residencia de verano del emperador.

adrogación ***(adrogatio)*, forma de adopción*.**

El adoptado era una persona sustraída a la *patria potestas** (es decir, un *sui iuris*). Las consecuencias y las formalidades de la adrogación eran más importantes que las de la adopción propiamente dicha. En efecto, la adrogación era prácticamente la adopción de un paterfamilias* por otro. Implicaba, pues, la supresión de una *familia*. Los cultos familiares desaparecían, el patrimonio del adrogado pasaba a manos del adrogante y, por último, los descendientes del adrogado quedaban sometidos a la autoridad del nuevo *paterfamilias*. El procedimiento consistía en una investigación de los pontífices sobre las condiciones de la adrogación y una decisión de los comicios curiados*. Además, el adrogado debía dar su consentimiento, lo cual no era necesario en el caso de la adopción.

aduana → ingresos públicos.

ager publicus (dominio público), patrimonio público.

Estaba constituido por todos los bienes inmuebles que el Estado adquiría por medio de la conquista (Roma se quedaba con la tercera parte o la mitad de las tierras de los pueblos vencidos), los que heredaba (por ejemplo, Atalo legó a Roma el reino de Pérgamo en el año 134 a. JC) o los que confiscaba a sus condenados. Según su naturaleza, a estos bienes se les daba un destino diferente. Roma explotaba una parte de las tierras (sobre todo las minas* y los bosques), otra (las tierras cultivadas) se atribuían a colonos o particulares mediante el pago de un censo y otra (tierras sin cultivar) servía de pastos públicos, mediante el pago de una tasa. Pero, en principio, el *ager publicus* sólo se cedía como «posesión» (disfrute) y no como «propiedad» *(dominium)* y, como tal, revocable. De hecho, al final de la República* varios grandes propietarios se repartieron el *ager publicus* de Italia* y lo consideraron como su propiedad individual.

Agrícola ***(C. Iulius Agricola)*, general romano (Forum Iulii 40 d. JC-93).**

Su familia pertenecía a la aristocracia local. Estudió en Marsella* y empezó una carrera senatorial: cuestor* en Asia (64), cónsul* en el año 78, y gobernador* de Bretaña. Pacificó la región y cosechó importantes victorias. Durante el reinado de Domiciano cayó en desgracia. Su yerno, el gran historiador Tácito*, le dedicó una biografía.

agricultura. La tradición presenta a los primeros habitantes de Roma (latinos) como ganaderos. El cultivo habría aparecido después, con la llegada de los sabinos. Pero lo más probable es que el cultivo y la ganadería se practicaran simultáneamente. Aunque es cierto que en los primeros siglos no existía la propiedad individual, se puede pensar que una parte de las tierras pertenecientes a una *gens** estaba repartida en lotes, en los que las familias de esa misma *gens* cultivaban los productos que necesitaban, mientras que en las otras tierras pastaba en común el ganado. Además de los cereales, que durante mucho tiempo fueron la riqueza de Italia, la producción era variada: leguminosas, árboles frutales (con la aclimatación de varias especies africanas y asiáticas) y plantas textiles. Pero poco a poco, cuando Roma empezó a importar trigo de sus provincias* (Sicilia y Cerdeña, luego Hispania, África y por último Egipto), la agricultura romana se centró sobre todo en la vid y el olivo. No es verdad que los latifundios estuvieran tan extendidos por toda Italia como se ha dicho. Al parecer, los ricos propietarios poseyeron y explotaron con frecuencia tierras parceladas, sobre todo en el norte de Italia. Para mejorar el rendimiento, los romanos utilizaron fertilizantes (orgánicos y minerales) y practicaron la rotación de cultivos, sobre todo recurriendo al barbecho. Contra las enfermedades utilizaban vino, alpechín y carbonato de sodio. El riego de los cultivos era de superficie.

agrimensura. La agrimensura tuvo un importante papel en la civilización romana, porque la división y el reparto de las tierras siempre conservaron un valor religioso. Durante el Imperio* los *agrimensores* ('los que miden los campos') estudiaban en escuelas especializadas.

Agripa ***(Marcus Vipsanius Agrippa),*** **general y político romano (63-12 a. JC).**

En el año 21 se casó con la hija de Augusto*, Julia*, viuda de Marcelo. Como militar supo organizar eficazmente la lucha contra los pompeyanos después de Farsalia* y dirigió la campaña de Iliria. En el año 18, Augusto le llamó a su lado para compartir el poder, creando así un «principado* doble». Pero Agripa debe su celebridad sobre todo a las grandes obras de construcción que emprendió en Roma*: termas*, jardines*, Panteón, reorganización de las cloacas*. Siempre fue un buen servidor de Augusto y del Imperio* naciente.

Agripina la Mayor ***(Vipsania Agrippina),*** **esposa de Germánico* (14 a. JC-Pandataria 33 d. JC).**

Tuvo nueve hijos, entre ellos el futuro emperador Calígula y Agripina la Menor, madre de Nerón*. Sus relaciones con Tiberio* fueron muy malas. Fue desterrada a la isla de Pandataria, donde murió.

Agripina la Menor ***(Iulia Agrippina),*** **hija de la anterior (16 d. JC-59).**

Esposa de Cn. Domicio Ahenobarbo, con quien tuvo un hijo, Nerón. Vivió en la corte de su hermano, el emperador Calígula, pero al estar implicada en una conjuración, fue desterrada a la isla de Pontia (39 d. JC). A la muerte de Mesalina, se casó con Claudio (49) y le persuadió para que adoptara a Nerón. Cuando murió Claudio, probablemente envenenado, Nerón accedió al Imperio (54). Pronto se libró de la influencia de su madre y finalmente la hizo asesinar.

agua. Los romanos consumían agua natural como bebida*, por sencillez o por principio. Bebían el agua fría (a veces refrescada con nieve), pero también caliente, y la utilizaban para rebajar el vino.

Agustín (san) ***[Aurelius Augustinus],*** **doctor de la Iglesia latina (Tagaste, Numidia, 354-Hipona 430).**

Su padre era pagano y su madre cristiana (santa Mónica). Estudió en su ciudad natal, en Madaura y en Cartago*. La lectura del *Hortensius* de Cicerón* (una defensa de la filosofía) fue crucial para despertar su vocación intelectual. En la misma época (373), se adhirió al maniqueísmo, que parecía dar respuesta a sus inquietudes. Del 373 al 384 enseñó en Cartago, Roma* y Milán. Se apartó del maniqueísmo y se inclinó hacia el neoplatonismo, que le acercó al cristianismo. En Milán, escuchó los sermones de san Ambrosio, estudió la Biblia y conversó con el sacerdote Simpliciano. En el 386, cuando se convirtió al cristianismo, renunció a la enseñanza* y se retiró a los alrededores de Milán, donde meditó y trabajó. Fue ordenado sacerdote en el año 392 y nombrado obispo de Hipona (Bona) en el año 396. Dejando a un lado sus propias necesidades, se puso al servicio de la comunidad cristiana.

Su obra es considerable, en volumen y variedad: obras filosóficas, polémicas, dogmáticas, exegéticas, sermones, etc. Sus dos obras maestras son las *Confesiones* y *La ciudad de Dios*. Escritas durante los últimos años del siglo IV, las *Confesiones* cuentan la vida de su autor hasta su conversión. Es a la vez un libro de confesiones y de alabanza a Dios; el conocimiento del «yo» lleva al conocimiento de Dios. *La ciudad de Dios* (22 libros escritos entre el 413 y el 426) es una respuesta a los paganos que culpaban al cristianismo de los males que asolaban a Roma (toma y saqueo de la ciudad por Alarico en el 410). La obra sobrepasa ampliamente el designio apologético, constituye una amplia síntesis de la doctrina cristiana y una filosofía de la historia.

Alba Longa → Horacios, orígenes de Roma.

albergue ***(caupona).*** Los romanos nunca —o casi nunca— dispusieron de hostales confortables. En los albergues, descuidados y poco frecuentados, sólo se hospedaba la gente humilde que estaba de paso o los que se veían obligados a hacerlo. Cuando los personajes importantes viajaban (misiones oficiales, intercambios comerciales, turismo...) se alojaban en casas de amigos (huéspedes).

album, todo lo que es blanco o blanqueado (pared, tablillas*...) y, en particular, todo lo que se usa para anunciar algún comunicado.

En el *album centuriae* estaban inscritos los nombres de los ciudadanos de cada centuria*. En el *album iudicum* los de los ciudadanos* que podían ser nombrados jueces*. En el *album pontificum*, expuesto en la puerta del pontífice* máximo, estaban anotados los *Annales Maximi*. El *album praetoris* llevaba el edicto anual del pretor*, el *album senatorum* la lista de los senadores, etc.

alfabeto. El alfabeto latino deriva del alfabeto griego, por mediación de los etruscos*. En la época clásica estaba formado por 21 letras: A B C D E F G H I K L M N O P Q R S T V X. En el siglo I a. JC, se completó con los dos signos Y y Z para la transcripción de los términos griegos. La letra G no apareció hasta el siglo III a. JC, lo cual explica que en las abreviaciones se siguiera utilizando la letra C (C = *Gaius*). En efecto, hasta entonces no se hacía distinción entre la gutural sorda y la gutural sonora. Cabe señalar que los signos I y J, que nosotros distinguimos, se escriben en latín con I, y lo mismo se puede decir de U y V, que se escribe con V. Pero esta costumbre no se suele respetar en nuestras ediciones escolares de textos latinos.

aliados → ciudades federadas, colonias (latinas), guerra social.

Allia, afluente del Tíber, que desemboca en país sabino, a 18 km de Roma.

Cerca de este río los romanos fueron derrotados (390 a. JC) por los galos, cuyos métodos de combate, además de su aspecto salvaje, provocaron la desbandada de los primeros.

almacén → mercado, puerto.

altar ***(ara).*** En su origen sólo era un simple túmulo de tierra o césped, o un montón de piedras. Esta tradición nunca se perdió del todo. Cuando se erigieron altares de piedra, solían ser independientes de los templos* (el *Ara Maxima Herculis*, el *Ara Pacis*). Cilíndricos o cuadrangulares, en su parte superior hay una cavidad para quemar a las víctimas y los perfumes. Había altares en el interior de los templos, pero los sacrificios* se hacían en el altar situado en el exterior, en el atrio o en los escalones de acceso. También se erigían altares en las casas* (culto* doméstico), los cruces de caminos, las carreteras*, etc. Los altares funerarios contenían las urnas cinerarias* y se utilizaban para el culto a los muertos. (→ monumentos funerarios)

alumbrado. Los romanos recurrieron a cuatro procedimientos de alumbrado: las antorchas *(faces)*, que se usaban para las ceremonias (matrimonio*, funerales*), los juegos, las rondas nocturnas, etc., y estaban hechas con madera resinosa o estopa empapada en resina (a veces, en lugar de resina se empleaban sustancias grasas o cera); las candelas *(candelae)*, formadas por una mecha (estopa, papiro) recubierta de sebo o pez y que se podían llevar en la mano, o poner en candelabros o candeleros parecidos a los nuestros, los *candelabra* (los romanos también utilizaron, de forma tardía, verdaderas velas de cera *[cerei]*); las lámparas de aceite *(lucernae)*, que eran recipientes planos y redondos (u oblongos) de piedra, bronce o barro cocido, con un orificio en el medio, un pico por donde salía la mecha y un asa, en el extremo opuesto al pico, y que con frecuencia tenían bellas decoraciones y se llevaban en la mano, aunque también podían colgarse de un soporte *(lychnuchus)* o de la pared; y, por último, las linternas *(lanternae)*, bastante parecidas a las nuestras, cilíndricas o prismáticas, de barro o de metal, con tapas traslúcidas (cuerno, vejiga y más tarde vidrio) y, dentro, el pabilo y su apagador. Las linternas se usaban para salir por la noche. Las llevaban unos esclavos* llamados *lanternarii*. En efecto, salvo en ocasiones especiales (fiestas, juegos*) las calles no estaban iluminadas. Los espectáculos nocturnos se celebraban a la luz de antorchas y grandes lámparas de pie.

amuleto *(amuleta)*, objeto dotado de un poder mágico.

Servía para desviar el mal de ojo, conjurar la mala suerte, prevenir los accidentes, etc. El material (piedras y metales preciosos), la forma (anillos, joyas*, bulas*) y la decoración (animales*, vegetales) eran muy variados. Los amuletos podían llevar o contener fórmulas mágicas.

Anco Marcio *(Ancus Marcius)* → orígenes de Roma.

anfiteatro *(amphitheatrum)*, edificio en forma redonda u ovalada en el que un graderío circunda un espacio llano donde se celebran diversos espectáculos.

El anfiteatro no deriva del teatro* y seguramente fue una invención campaniense. El anfiteatro romano más antiguo data de finales del siglo I a. JC. Un anfiteatro posee tres partes esenciales: el graderío, donde se sientan los espectadores; la arena, donde se celebran los combates; y los bastidores, situados bajo el graderío y la arena, donde estaban las jaulas de las fieras y las dependencias de los combatientes. Algunos anfiteatros se podían convertir en estanques para las naumaquias*. En los anfiteatros se celebraban los combates de gladiadores* y las cazas*.

El más famoso y grande es el anfiteatro Flavio, más conocido por Coliseo, nombre que sin duda se debe al «coloso de Nerón», estatua gigantesca del emperador representado como dios-sol, erigida en las proximidades. El Coliseo es una gran elipse de 188 por 156 m y 48,50 m de altura. Tenía un aforo de unos 50 000 espectadores. Empezado en la época de Vespasiano, no se terminó hasta el reinado de Domiciano.

Aníbal, general y estadista cartaginés (247-Bitinia 183 a. JC).

Hijo de Amílcar Barca, quien encabezó las conversaciones con los romanos al final de la primera guerra púnica* e inició, en el año 237, la conquista de

Hispania. Aníbal fue educado en el odio a los romanos y continuó la obra de su padre, preparando la revancha de los cartagineses. Después de extender el dominio cartaginés en Hispania, en el año 219 cruzó los Pirineos, atravesó el sur de Galia*, cruzó los Alpes (¿por la Maurienne y el collado del Ancien Petit-Mont-Cenis?) y ocupó Turín en el 218. En el año 217 ganó la batalla de Trasimeno* y en el 216 la de Cannas*. Pero entonces cometió el error de dirigirse directamente a Roma y recluirse en Capua. Luego, tras concertar un tratado con Filipo V de Macedonia, que le había prometido refuerzos, se instaló en Tarento. Con esta táctica malgastó sus fuerzas. En el 207 su hermano Asdrúbal, llegado de Hispania, encontró la muerte en el Metauro. Mientras tanto Roma se reorganizó y Escipión* reconquistó Hispania. En el otoño del 203 Aníbal tuvo que volver a Cartago. En el año 202 Escipión, que había decidido llevar la guerra a África, le venció en Zama*; esta derrota puso fin a la segunda guerra púnica. Las condiciones de la paz* eran duras, pero Aníbal reorganizó la ciudad; entonces, sus enemigos políticos lo acusaron ante los romanos de intrigar con Antíoco de Siria y tuvo que marcharse de Cartago.* Primero se exilió en la corte de Antíoco, luego en la de Prusias, rey de Bitinia, que al final tuvo que entregarle a Roma. Para no ser apresado por sus enemigos, se envenenó. Gran diplomático y estratega, Aníbal fue muy admirado por sus enemigos; durante el Imperio se le llegó a considerar un héroe estoico* y en Roma se levantaron estatuas suyas.

anillo de oro ***(anulus aureus),*** **enseña honorífica de los senadores y los caballeros*.**

Durante el Imperio* sólo era una condecoración generosamente otorgada.

animales. 1. animales domésticos. En la antigüedad grecorromana se conocían todos los animales domésticos que existen en la actualidad, excepto el pavo, traído de América en el siglo XVI.
2. animales familiares. En general había más animales en las casas romanas de los que hay actualmente en las nuestras: monos, perdices, palomas, serpientes, gorriones y, desde luego, perros. Al parecer, no eran muy frecuentes los gatos y los pájaros no solían estar enjaulados. Los niños criaban ratones y los enganchaban a carros en miniatura para jugar a las carreras* del circo*.
3. animales sagrados. Entre los romanos no hubo totemismo ni zoolatría, pero algunos animales poseían carácter sagrado, en el sentido de que estaban asociados, de una u otra forma, al culto a una divinidad (atributos tradicionales, animales familiares, víctimas preferidas para los sacrificios). Por ejemplo, el águila se asociaba a Júpiter, la paloma a Venus y se sacrificaba un buey blanco a Júpiter, una cerda a Ceres y un caballo a Marte. En las fiestas de las Lupercales, los lupercas ('sacerdotes-lobos'), después del sacrificio de un macho cabrío, corrían alrededor del Palatino, golpeando con tiras de piel del animal sacrificado a las mujeres que querían ser madres. (→ presagio)

aniversario. Al igual que en la actualidad, en Roma se celebraba el aniversario del nacimiento* y los de los grandes acontecimientos públicos. Durante el Imperio*, el aniversario del nacimiento del emperador y el de su advenimiento se celebraban con festejos públicos.

Antonino Pío ***(Imperator Caesar Aelius Hadrianus Antoninus Augustus Pius),*** **emperador romano del 138 al 161 d. JC (Lanuvium 86 d. JC-161).**

Nacido en el seno de una familia de ricos propietarios, siguió la carrera senatorial y fue cónsul* en el año 120 y procónsul* de Asia del 133 al 136. En el año 138 fue adoptado por Adriano, que apreciaba su sabiduría. Fue un emperador pacífico, humano y buen administrador.

Debe el sobrenombre de *Pío* a la piedad* que sintió por su padre adoptivo, Adriano, a quien divinizó, no sin ciertas dificultades. Mandó erigir un templo en memoria de su esposa Faustina (templo de Antonino y Faustina). Con su reinado el Imperio* llegó a su apogeo.

anuncio ***(proscriptio).*** Los anuncios también existieron en Roma, como en toda la antigüedad. Se utilizaban con fines publicitarios, electorales, administrativos, etc. (→ proscripción)

apelación ante el pueblo *(ius provocationis ad populum),* posibilidad que tiene un ciudadano de apelar ante una asamblea* del pueblo por cualquier decisión que suponga para él la pena de muerte o el exilio*.

Esta disposición, que limitaba el *imperium** del magistrado*, fue muy criticada a partir del siglo III a. JC. Por otra parte, la creación de los tribunales* permanentes, que en principio brindaban las mismas garantías y cuyas decisiones eran inapelables, la hicieron inútil.

apicultura. La apicultura tuvo mucha importancia en la antigüedad grecorromana. Existían muchos tratados sobre esta técnica y Virgilio* le dedicó un canto de sus *Geórgicas.* Se utilizaban colmenas de corcho y mimbre trenzado y la miel se recolectaba ahumando a las abejas. Había de dos a tres cosechas anuales.

Se distinguían varias clases de miel, según las plantas libadas, las regiones y las estaciones; pero los romanos apreciaban especialmente la de Hiblea (Sicilia). La miel se consumía en estado natural, en panales, como postre, o también como edulcorante en pastelería. En cuanto a la cera, la más preciada era la «cera púnica», blanca, preparada con agua de mar y carbonato de sosa. Según los usos, se teñía de distintos colores. Se empleaba como barniz, como revestimiento (para la madera de los navíos*, para las tablillas*, etc.) y muy tardíamente para fabricar velas. También servía para hacer estatuillas, muñecas y bustos. Por último, entraba en la composición de numerosos medicamentos.

Apio Claudio *(Appius Claudius Caecus),* censor*.

Célebre por el desempeño de esta magistratura en el año 312 a. JC y por ser la primera personalidad importante de la historia romana. De origen patricio, tuvo una carrera extremadamente brillante: dos veces cónsul*, dictador* y censor. Llevó a cabo una política favorable a los manumisos y los plebeyos, a los que hizo entrar en el Senado*, además de distribuirlos de un modo más equitativo en las centurias* y las tribus*, de manera que el derecho al voto* fuese menos teórico. Pero estas medidas tuvieron poca continuidad. Asimismo, durante su censura, hizo divulgar las fórmulas de los procedimientos* que permitían utilizar la ley* de las XII Tablas. Se le debe la construcción de la *Via Appia* (carretera* de Roma a Capua) y del *Aqua Appia* (un acueducto* de 16,500 km, que conducía el agua desde las colinas al este Roma). En el año 280, convenció al Senado para que no aceptara el tratado de paz que proponía Pirro, el vencedor de los romanos en Heraclea (al sudeste de Tarento). Atraído por el helenismo* y el pitagorismo, dejó un conjunto de sentencias morales escritas en versos saturnios *(Carmina de moribus)* y un tratado de derecho*.

apodo → nombres de persona.

apoteosis, deificación del emperador tras su muerte *(consecratio)* por decisión del Senado*.

El rito estaba rigurosamente regulado. Al término de las ceremonias, que duraban varios días, el emperador era declarado *divus* (dios). Su culto quedaba a cargo de un colegio de sacerdotes* y un flamen*. A veces, además del emperador, algunos miembros de la familia imperial recibían la apoteosis con el título de *divus* o *diva* (Livia, esposa de Augusto; Trajano padre; Faustina, esposa de Marco Aurelio...). En principio, los únicos deificados eran los «buenos emperadores», pero a partir de Nerva (finales del siglo I d. JC), la apoteosis pasó a ser casi una regla. (→ augustales, culto imperial, flámines)

Apuleyo ***(Lucius Apuleius),*** **novelista y filósofo (Madaura, Numidia, h. 125 d. JC-*íd.* 170).**
Estudió en Cartago* y Atenas. Platónico, iniciado en los misterios de Eleusis, Mitra e Isis, escribió una obra maestra, las *Metamorfosis* o *El asno de oro.* En esta novela de aventuras hay escenas llenas de realismo, pero también páginas de una gran delicadeza y un profundo misticismo.

arco de triunfo ***(arcus),*** **puerta monumental que suele tener uno o tres vanos en plena cintra, flanqueadas de columnas y bajorrelieves y coronadas por estatuas, que hoy han desaparecido.**
Algunos arcos tienen cuatro caras, cada una con un vano *(cuadrifrontes).* El origen de los arcos de triunfo no es helenístico, sino propiamente romano; proceden de los *fornices,* arcos formados por dos pilares unidos por una bóveda bajo un ático, pero sin columnas y de dimensiones modestas. Al principio probablemente poseían un significado religioso: después de una campaña, los ejércitos* tenían que pasar por debajo de una puerta sagrada para deponer su capacidad destructora. Luego, el arco de triunfo sirvió para ensalzar al vencedor sobre el común de los hombres. Durante el Imperio*, los arcos, más que una victoria en sí, celebran al emperador, único y perpetuo vencedor. Pero algunos arcos erigidos en las provincias* conmemoran un acontecimiento de la historia local. Entre los más famosos cabe citar los de Tito, Septimio Severo y Constantino* en Roma, el de Orange y el de Timgad.

archivos ***(tabularium).*** Los archivos familiares se conservaban en una habitación reservada al efecto. Los archivos oficiales (textos de leyes*, senadoconsultos*, listas de empadronamiento*, informes...) se guardaban en el templo* de Saturno durante la República* y, durante el Imperio*, en el *Tabularium,* edificado en la época de Sila en la ladera sureste del Capitolio*.

argeos o **argeios, simulacros de figuras humanas.**
En algunas capillas de Roma* se conservaban unos muñecos de junco y mimbre llamados argeos o argeios (se desconoce el sentido exacto de la palabra). El 15 de mayo, treinta argeos eran arrojados al Tíber desde el puente Sublicio: los ciudadanos*, las vestales* y los pontífices* asistían a este sacrificio* de sustitución que, con el permiso de Hércules, reemplazaba los sacrificios humanos.

armamento. Los romanos supieron adoptar las armas de los pueblos contra los que luchaban cuando les parecían eficaces y adaptar las suyas de acuerdo a las circunstancias. De los galos adoptaron la cota de malla, pero no su larga espada sin punta; de la caballería macedonia la coraza, pero no el escudo redondo; del mismo modo, sustituyeron la espada corta del legionario por la espada de dos filos hispánica y César*, para luchar contra los galos, aligeró el equipo del legionario, demasiado pesado para moverse por una región de bosques. Las principales armas romanas son: entre las ofensivas, la lanza*, la jabalina*, la espada* y el puñal*; entre las defensivas, el escudo*, el casco* y la coraza*.

arquitectura. La arquitectura romana posee dos rasgos característicos que le dan originalidad: es sobre todo urbana y «funcional». En efecto, mientras Grecia se había preocupado sobre todo de honrar a sus dioses* dedicándoles templos*, Roma no descuidó la comodidad de sus ciudadanos* ni el interés público. Mediante técnicas y métodos de construcción desconocidos por los griegos (aparejo mixto, bóveda, cúpula), los arquitectos e ingenieros romanos *(architecti, machinatores)* supieron construir obras audaces, sólidas, y dominar los paisajes.

Muchas de sus construcciones monumentales se conservan hoy: termas*, anfiteatros*, acueductos*, mercados* y teatros*. En las ciudades el sentido del urbanismo* y el sentido del marco arquitectónico se combinaban armoniosamente.

Entre los autores romanos que se ocuparon de la arquitectura cabe citar a Varrón*, promotor de la enseñanza de la arquitectura, Vitrubio (*Sobre la arquitectura,* época de Augusto) y Frontino, dos veces cónsul*, curador* del servicio de las aguas (*Sobre los acueductos de la ciudad,* † 103 d. JC). Se conocen algunos arquitectos: Severo y Celer, que construyeron la Casa de oro *(Domus aurea)* de Nerón* (*villa* grandiosa en plena ciudad); Rabirio, autor del palacio de Domiciano en el Palatino *(Domus Flavia),* que fue la residencia imperial; y Apolodoro de Damasco, el arquitecto de Trajano* (foro*, mercados*). Pero ninguno de ellos, a pesar de gozar de gran consideración, dio su nombre a sus obras. En efecto, en Roma el verdadero «autor» de un monumento era el magistrado* o el emperador* que había decidido su construcción. El arquitecto no era más que su consejero. (→ órdenes arquitectónicos)

artes menores. 1. cerámica. Las vasijas con barniz rojo son la producción más típica de la cerámica romana. En el siglo II a. JC, las alfarerías de Arezzo (al sur de Florencia) fabricaron vasijas decoradas en relieve *(terra sigillata),* pero estas alfarerías fueron suplantadas a comienzos de nuestra era por las de Galia y Germania (por ejemplo, Lezoux, en Puy-de-Dôme, y Westendorf, cerca de Tréveris). Además de la cerámica con barniz rojo, con relieve o lisa, los romanos fabricaron una cerámica común, basta, sin barniz (roja, amarilla, gris o negra), que por lo general no estaba decorada. La cerámica romana nunca pretendió crear obras de arte, sino sobre todo objetos útiles (vasijas y recipientes de todo tipo).

2. glíptica. El trabajo de piedras finas aparece a partir del siglo II a. JC, pero es en la época de Augusto cuando encontramos los camafeos más bellos, como el famoso camafeo de Augusto* de Viena o el gran camafeo de Francia. Los grabadores generalmente eran griegos.

3. toréutica. Los romanos ricos eran muy aficionados a los objetos de oro o plata esculpidos (vajilla, vasos). Los motivos, alegóricos, históricos y ornamentales, son de una gran delicadeza. Como en el caso de la glíptica, este arte de lujo alcanzó su apogeo en la época de Augusto.

4. vidrio. El arte del vidrio, llegado de Oriente y Egipto, apareció en Roma en el siglo I a. JC y pronto pasó a ser un arte local. Soplado o tallado, grabado o pintado, el vidrio se utilizó para hacer copas y vasos de distintos tipos. En la época imperial el vidrio ya era de uso corriente.

arúspice (*haruspex,* el que examina las entrañas), especialista de la adivinación*.

Los arúspices solían ser de origen etrusco*. Eran especialmente hábiles en el arte de examinar las entrañas de sus víctimas, de interpretar los prodigios* y de expiarlos. Su prestigio aumentó en el Imperio* y algunos príncipes tuvieron su arúspice particular. Claudio creó una orden de arúspices, encabezada por un *haruspex maximus.* Más adelante, Severo Alejandro (222-235) llegó a crear una cátedra de aruspicina.

asamblea → asamblea de la plebe, comicios, *contio.*

asamblea de la plebe *(concilium plebis).* A principios del siglo v a. JC, a raíz de las secesiones de la plebe* en el monte Sagrado o el Aventino, los patricios le concedieron instituciones propias, el tribunal* y la edilidad de la plebe, así como el derecho a reunirse en asambleas, convocadas y presididas por un tribuno. Los plebeyos tomaron como punto de referencia de su organización la división en tribus*. En sus asambleas, elegían a sus magistrados* (tribunos y ediles) y votaban leyes* que sólo eran válidas para la plebe, los plebiscitos* *(plebis scita).* Poco a poco, según parece, los plebiscitos se consideraron leyes, primero si eran ratificados por el Senado* (449) y luego si habían recibido su autorización previa (339). En realidad, no es seguro que existieran estas dos etapas. En cambio, se sabe con certeza que la ley *Hortensia* del año 287 asimiló los plebiscitos a leyes válidas para todos, plebeyos y patricios. Incluso es posible que estas leyes-plebiscitos no necesitaran ratificación o autorización alguna del Senado. Pero a partir de esta fecha (287), la relación entre las asambleas de la plebe y los comicios tributos* es difícil de precisar. En efecto, no se sabe con seguridad si los *concilia plebis* siguieron funcionando como en el pasado, conservando su carácter de asamblea plebeya prohibida a los patricios, con la diferencia de que sus plebiscitos ya eran leyes, o bien si eran ya comicios tributos, abiertos a los patricios, convocados por los cónsules, pretores o tribunos, con competencia política (elección de los magistrados inferiores), legislativa y judicial. Según algunos autores, la transformación de los *concilia plebis* en *comitia tributa* se habría realizado en el año 449.

asientos. En sus casas, los romanos utilizaban los asientos menos de lo que se usan actualmente, dado el uso múltiple que daban a la cama*. De todos modos, había de varios tipos: la *cathedra,* asiento doméstico cuyo respaldo estaba a veces un poco inclinado y se reservaba en principio a las mujeres, y que era más o menos como nuestra silla actual; la *sella,* asiento portátil, ligero, sin respaldo, que podía ser plegable; la *sella curulis,* reservada a los magistrados* curules, de marfil y con las patas en aspa; el *subsellium,* un taburete que se usaba en los tribunales y los lugares de espectáculo; y el *solium,* una butaca con brazos y respaldo perpendicular, antepasada de la butaca Luis XIII, que estaba reservado al amo de la casa, al patrón* cuando recibía a sus clientes* y a las divinidades.

Por lo general, los asientos no estaban tapizados, pero se cubrían con cojines y telas. Como en las mesas* y las camas, los ebanistas se esmeraban sobre todo con las patas.

Asinio Polio *(Asinius Pollio),* estadista y escritor romano (76 a. JC-5 d. JC).

Se reunió con César* en el año 49 y estuvo en Farsalia*, luego le acompañó a África e Hispania. En el 40 fue cónsul y celebró un triunfo* contra los partos. Fue amigo de Marco Antonio*, y aunque luego rompió con él, siempre guardó las distancias con Octavio. Fue amigo de Catulo* y más tarde de Horacio* y Virgilio*, quien le dedicó su cuarta *Bucólica.*

Él también escribió tragedias, una *Historia de la guerra civil* que recoge los sucesos del 60 al 43 a. JC, discursos, poemas y tratados de gramática; de esta obra no se ha conservado nada hasta nuestros días. También organizó un círculo* literario, abrió la primera biblioteca* pública (39 a. JC) y organizó lecturas* públicas.

astrólogo → adivinación.

Ático ***(T. Pomponius Atticus)*****, escritor romano (Roma 109-32 a. JC), amigo íntimo y corresponsal de Cicerón*.**

Debe su apodo* *(Atticus)* a su estancia en Atenas, a la que llegó para huir de las proscripciones* de Sila*. De vuelta a Roma* (en el 65), no se mezcló en política, pero mantuvo sus contactos. Epicúreo* en el sentido más elevado del término, era un gran amante del arte y literato. También fue el primer «editor» romano, pues hizo que sus esclavos copiaran las obras griegas y latinas.

atrio ***(atrium)*****, parte original y esencial de la casa* romana.**

En el techo había una abertura *(compluvium)* y, coincidiendo con ella, un estanque excavado que recogía el agua de lluvia *(impluvium)*. Alrededor del atrio, donde a veces estaba instalado el *larario**, había varias habitaciones *(alae)* que servían de alcobas o de pequeños comedores. Cuando el centro de la vida íntima se desplazó al peristilo*, el atrio pasó a ser un lugar de recepción.

augur (de ***augeo*****, aumentar), intérprete de la voluntad de los dioses*.**

Los augures formaban un colegio creado por Numa*, que al principio tuvo tres miembros y, en la época de César*, dieciséis. Ayudaban a los magistrados* que «tomaban los auspicios*». Su función era decisiva, pues intervenían en todos los actos de la vida pública: podían hacer que se aplazara una asamblea, una decisión importante o una batalla. Con el tiempo, se tendió a reducir su importancia. Hasta el siglo II a. JC se cooptaron entre ellos y luego fueron elegidos. Su insignia era el *lituus*, una vara retorcida en espiral, que utilizaban para trazar el *teplum** en cuyo interior observaban los signos divinos: fenómenos meteorológicos, vuelo de las aves, movimientos de los animales terrestres, incidencias ocurridas durante la auspicación. Durante el Imperio*, el colegio de los augures siguió existiendo, pero sin ninguna influencia política. No obstante, siguieron teniendo una competencia meramente religiosa, pues eran los encargados de «inaugurar» templos, locales, ciudades y sacerdotes (asegurando que los dioses fueran favorables). Tuvieron sus archivos secretos, como los pontífices*, pero estos archivos pasaron al dominio público hacia el siglo I a. JC.

augustales, colegio de sacerdotes*.

Eran miembros de la orden* senatorial, encargados del culto al emperador. Los *sodales augustales* se crearon a la muerte de Augusto* y luego se consagraron al culto a la familia Julio-Claudia. También se crearon otras modalidades: los *augustales flaviales*, consagrados al culto a los Flavios, los *augustales Hadriani*, consagrados al culto a Adriano* y, por último, los *augustales antoniniani*, consagrados al culto a Antonino* y a todos los emperadores deificados a continuación, ya que sus sucesores llevaron su nombre.

Augusto ***(Caius Octavius Thurinus)*****, emperador (Roma 64 a. JC-Nola h. 14 d. JC).**

Su padre fue gobernador* de Macedonia y su madre, Atia, era sobrina de César*. Éste adoptó en el año 45 a su sobrino nieto, que desde entonces se llamó *C. Iulius Caesar Octavianus*. Uno de sus maestros, el estoico* Atenodoro de Tarso, que luego fue su consejero, tuvo sobre él una influencia especial. Octavio se encontraba en Apolonia (Iliria) completando su educación, cuando se enteró de la muerte de su padre adoptivo (15 de marzo del 44); volvió a Roma, donde no tardó en enfrentarse a Marco Antonio*. El conflicto degeneró y terminó con la victoria de Octavio en Módena en el año 43, quien reclamó el consulado. Ante la negativa del Senado* marchó sobre Roma, donde se hizo elegir. Se entendió con Marco Antonio y Lépido, el maestro de caballería* de César, para firmar un acuerdo que oficialmente debía dar una «constitución» a los romanos: así nació el segundo triunvirato* (octubre del 43). En enero del 42, Octavio hizo deificar a César. En el mes de octubre del mismo año, junto con Marco Antonio, venció a los ejércitos republicanos de Bruto* y Casio en Filipos. Dos meses después Octavio brindó a su colega el sacrificio del autor de las *Filípicas*, que murió asesinado por los emisarios de Marco Antonio. Las proscripciones* y el reparto de tierras entre los veteranos* provocaron la rebelión de quienes estaban descontentos, que fue apoyada por el hermano de Marco Antonio, Lucio Antonio, y sofocada por Octavio en Perusa. En Brindisi, en octubre del 40, los triunviros renovaron por cinco años su acuerdo, sellado con el matrimonio entre Marco Antonio y Octavia*, hermana de Octavio. Los triunviros se repartieron el Imperio: Lépido recibió África, Marco Antonio se instaló en Oriente y Octavio se quedó en Roma. Pero Sexto Pompeyo*, hijo de Cneo Pompeyo el Grande, seguía siendo el amo en el mar, hasta que en el año 36 fue derrotado por Agripa* en Nauloco (Sicilia). Ese mismo año, Lépido fue destituido. En Roma, Octavio emprendió grandes proyectos de urbanismo* y afianzó su popularidad. En el 32 expiraron los poderes de los triunviros, que por entonces eran sólo dos. Octavio declaró la guerra a Cleopatra, amante de Marco Antonio; este conflicto terminó rápidamente con la victoria de Octavio en Actium* (septiembre del 31), seguida del suicidio de Marco Antonio y Cleopatra. Octavio quedó como único dueño de la situación. A partir del año 31 fue cónsul* todos los años; en el 30 fue revestido de la dignidad tribunicia; en agosto del 29 celebró un triple triunfo* (Dalmacia, Actium y Alejandría); en el 28 fue censor* y se inscribió el primero en la lista de senadores *(princeps senatus)*; obtuvo el gobierno de las provincias* no pacificadas durante diez años; en enero del 27 el Senado le otorgó el título de *Augustus** y el de *princeps**. A partir de este momento, aunque en apariencia no cambiara nada en el funcionamiento de las instituciones, la república pasó a ser una monarquía. En el año 23, enfermo y desanimado por el descubrimiento de una conspiración, abdicó del consulado. Al parecer quería dejar el poder civil en Roma y conservar únicamente el *imperium** en las provincias. En realidad, su poder salió reforzado de esta crisis; en el 18 el Senado ratificó sus poderes excepcionales. Se asoció con Agripa*, pero a la muerte de este último en el 12 puso fin a este sistema de «principado doble». En el año 2 a. JC recibió el título de «padre* de la patria». Los últimos años de su principado* estuvieron ensombrecidos por desgracias familiares, la conducta irregular de su hija y su nieta, la conspiración de Cornelio Cinna, la sublevación de Iliria, el desastre de Varo en Germania (9 d. JC) y el hambre en Roma.

Fundador del régimen imperial, Augusto dejó tras de sí una obra duradera: reforma del Senado, definición de las clases* sociales, legislación moral, hacienda, administración central y provincial, justicia*, restauración religiosa, anexión de Germania, etc. El principado, además de un régimen político, fue una mística. Los grandes poetas, Virgilio*, Horacio* y Propercio* contribuyeron a crear la ideología augustal.

Augustus, título honorífico concedido a Octavio* por el Senado* en enero del 27 a. JC.

Este apodo, emparentado con *augur* y *auctoritas*, tenía valor religioso. Una autoridad divina emanaba de quien lo ostentaba. Todos los emperadores* se lo apropiaron.

En cuanto al título de *Augusta*, fue concedido a Livia* tras la muerte de Augusto. El Senado dio este título a muchas emperatrices.

Aureliano *(L. Domitius Aurelianus)*, emperador romano (215 d. JC-275).

Proclamado emperador* por sus soldados en Sirmium (Panonia), restauró la unidad del Imperio, gravemente amenazada por las invasiones (vándalos, alamanes, partos...). Su reinado, que sólo duró seis años, estuvo marcado por los avances de la autoridad monárquica. Aureliano hizo que le llamaran «dios» en vida y consagró un culto preponderante al Sol. En el 271 ordenó la construcción de un recinto fortificado alrededor de Roma (la «muralla de Aureliano») para proteger la ciudad de los ataques exteriores.

auspicios (*auspicium*; de *avis*, ave, y *specio*, ver), en el sentido estricto, presagio proporcionado por el vuelo de las aves.

La acepción del término *auspicium* no tardó en extenderse y la palabra pasó a designar los distintos presagios*: rayo, trueno, encuentros fortuitos, apetito de los pollos* sagrados. Se «toman los auspicios» antes de hacer algo importante, para saber si los dioses son favorables (sobre todo Júpiter). Además de los auspicios privados (todos tenían derecho a consultar a los dioses por su cuenta), estaban los auspicios públicos *(auspicia populi Romani)*. En efecto, en determinadas ocasiones de la vida pública, era obligatorio tomar auspicios (convocatoria de comicios*, toma de posesión de los magistrados*, partida del ejército*, etc.). De ello se encargaban los magistrados, asistidos por augures*. Según su dignidad, poseían «auspicios mayores» (cónsul, pretor, censor) o «auspicios menores» (edil, cuestor, tribuno). Con esta distinción se pretendía evitar posibles conflictos entre los magistrados. Por otra parte, sólo los primeros tenían derecho a auspicios fuera del *pomerium** (particularmente en el combate, *auspicia bellica)*.

autoridad paterna *(patria potestas)*, poder que tiene el padre *(paterfamilias)* sobre los miembros de su familia.

La familia se entendía en el sentido amplio de la palabra, incluidos los esclavos*. Las personas y las cosas que había en una casa pertenecían al padre y él era libre de usarlas como se le antojase. Se libraban de la autoridad paterna el hijo, si había sido vendido tres veces, la hija, si había sido vendida una vez o se casaba *cum manu*, y los hijos adoptados. Por otra parte, la pérdida del derecho de ciudadanía* del padre o su muerte destruían la *patria potestas.*

Poco a poco se fue limitando el alcance de esta autoridad, y en la época de Cicerón* la familia romana se parecía mucho a la moderna.

autoridad tribúnica → tribuno de la plebe.

b

banqueros ***(argentarii)***. Instalados en sus tiendas a lo largo del foro*, los banqueros controlaban y cambiaban moneda*, prestaban dinero con interés, recibían depósitos de fondos y libraban letras de cambio *(praescriptiones)*. Pero a diferencia de los publicanos*, no formaron sociedades. La profesión estaba rigurosamente controlada y gozaba de un gran prestigio.

barba. Según las épocas, los romanos llevaban barba o iban afeitados. Así, a principios del siglo II a. JC, dejaron de llevar barba y, en la época de Cicerón*, se afeitaban todos los días y los jóvenes dedicaban su primera barba a una divinidad. Llevar barba era entonces señal de duelo o dejadez. Pero hasta los 40 años se podía llevar una pequeña barba *(barbula)*. Adriano*, que según dicen tenía algunos pequeños defectos que ocultar, puso otra vez de moda la barba larga. Esta moda duró hasta Constantino*, que se afeitó, lo mismo que sus sucesores, excepto Juliano. La forma de llevarla también fue cambiando en las distintas épocas. Tradicionalmente los filósofos* llevaban barba, en particular los cínicos.

basílica (*basilica,* ¿pórtico real?), monumento público.

No existe todavía acuerdo sobre el origen de la basílica. Este edificio tiene planta rectangular, dividida en varias naves (generalmente una central y dos laterales) por columnatas. Según el emplazamiento de la puerta de entrada se distinguen dos tipos: en el «tipo griego», la entrada está situada en uno de los lados cortos, y en el opuesto puede haber un ábside; en el «tipo oriental», la entrada está en un lado largo, y en este caso puede haber sendos ábsides en los dos lados cortos. Pero esta distinción es meramente teórica, porque hay muchas construcciones intermedias.

Catón el Censor mandó construir la primera basílica en Roma *(basilica Porcia)* al pie del Capitolio* (principios del siglo II a. JC), pero no ha quedado ningún resto de ella. En cambio, en el foro todavía se ven las ruinas de dos basílicas. Una de ellas, la *basilica Aemilia,* construida varios años después que la *basilica Porcia,* está en la *Sacra Via Infirma,* al norte del foro. La otra, la *basilica Iulia,* fue construida en la época de César en el lado sur del foro, enfrente de la anterior, pero un poco desplazada hacia el oeste; era de grandes dimensiones (109 x 40 m). En cuanto a la basílica de Majencio o de Constantino, cuyas bóvedas inmensas todavía se alzan sobre la *Sacra Via,* al este del foro, tiene poca relación arquitectónica con la basílica Emilia o la basílica Julia, y se parece mucho más a las grandes construcciones termales, como las termas* de Caracalla; prefigura las grandes catedrales abovedadas de la Edad Media.

Se cree que Catón mandó construir la primera basílica para que sustituyera al foro en caso de mal tiempo. Según esta teoría, los romanos se reunían allí para hablar de sus asuntos y asistir a las sesiones de los tribunales*. Durante el Imperio*, el carácter judicial de las basílicas se acentuó todavía más y la basílica Julia, por ejemplo, se reservó a los centunviros*. Pero al mismo tiempo aparecieron basílicas de carácter cultural. En las ciudades de provincia la basílica solía ocupar uno de los lados del foro.

Las relaciones entre la basílica pagana y la cristiana no están claras, pero es casi seguro que la segunda es heredera de la primera.

bebidas. Las más corrientes eran el agua*, el vino*, el hidromiel* y la cerveza*.

biblioteca (*bibliotheca*; del griego *biblion*, libro, y *thēkē*, armario). Las bibliotecas privadas eran numerosas y a veces importantes (los moralistas ya se burlaban de los que coleccionaban libros y no los leían). La primera biblioteca pública fue creada por Asinio* Polio en el *Atrium libertatis* (que era la sede de los censores*), en el Palatino. También construyeron bibliotecas Augusto*, Tiberio*, Vespasiano y Trajano*. La *bibliotheca Ulpia*, en el foro* de Trajano, era de una especial riqueza. En Roma, al final de Imperio*, había cerca de treinta bibliotecas. A menudo, eran edificios anejos de un templo* o unas termas*.

botín → ingresos públicos, triunfo.

Británico *(Tib. Claudius Britannicus)*, hijo de Claudio y de Mesalina* (41 d. JC.-55).

Murió envenenado por orden de Nerón*, que le consideraba un elemento peligroso manipulado por Agripina*.

Bruto (Lucio Junio) *[Lucius Iunius Brutus]*, libertador de Roma.

Asesinó a Tarquino* el Soberbio, último rey de Roma, y fue el primer cónsul* de la República* romana (509 a. JC).

Bruto Albino (Décimo Junio) *[Decimus Iunius Brutus Albinus]*, uno de los asesinos de César.

Fue lugarteniente de César* en Galia*, comandante de la flota de César en Marsella* (49 a. JC) y gobernador* de la Galia transalpina (46). Participó en la conjuración contra César (idus* de marzo del 44). Luego fue gobernador de la Galia cisalpina y no quiso entregársela a Marco Antonio*. Fue asesinado en el año 43 mientras trataba de reunirse con los pompeyanos en Macedonia.

bucina, trompeta curva en forma de trompa.

La tocaban los *bucinatores* en las legiones* para transmitir distintas órdenes y, en particular, para anunciar el relevo de la guardia durante la noche.

bula de oro → amuleto, nacimiento.

C

caballería → clases sociales, orden ecuestre.

caballero → clases sociales, orden ecuestre.

caída de Roma. Para protegerse contra las tribus bárbaras concentradas en las fronteras del Imperio, los romanos habían construido el *limes**. Además, los tratados firmados con algunas de estas tribus, así como el consentimiento para que sirvieran en los ejércitos romanos y para instalarse en las regiones fronterizas o, en el interior, en los campos abandonados, proporcionaban claras ventajas (estrategia, mano de obra, reclutamiento, etc.). Esta política, iniciada por Marco Aurelio, fue continuada por sus sucesores, sobre todo por Probo, Diocleciano* y Constantino*.

Pero desde finales del siglo II a. JC, Roma tuvo que hacer frente a las «invasiones», simples infiltraciones sin graves consecuencias o ataques masivos. Con frecuencia, estos bárbaros, por lo general poco numerosos, mostraban más interés por beneficiarse de las ventajas de la civilización romana que por destruirla. Las grandes invasiones que provocaron la caída de Roma tuvieron lugar a principios del siglo V. Los germanos, presionados por los hunos, dirigidos por Atila, pasaron a Italia, pero Roma se salvó. En todo el Imperio se instalaron varios reinos bárbaros: visigodos en Hispania, francos en el norte de Galia, vándalos en África, etc. Finalmente, Odoacro, jefe de los hérulos, venció al último emperador romano Rómulo* Augústulo y envió a Constantinopla los ornamentos imperiales. Pronto se enfrentó al ostrogodo Teodorico, que le venció y reinó en Italia durante el primer cuarto del siglo VI.

El emperador de Oriente, Justiniano (527-565), logró restaurar la unidad del Imperio, pero su obra fue de corta duración.

Así acaba la historia de la civilización romana, pero ésta no murió, pues sobrevivió en la herencia que dejó a los invasores. Los historiadores llevan mucho tiempo sin ponerse de acuerdo acerca de las causas de la caída de Roma. En todo caso hay que renunciar a una explicación única. Intervinieron causas de orden militar, social, económico e institucional, pero, en todo caso, el mal no era reciente.

cálculo. Esta palabra proviene de *calculus*, piedrecita, ficha, utilizada por los romanos para «calcular» con un ábaco (cuadro de madera dividido en ranuras paralelas en las que se hacía correr las fichas). Pero también se contaba con los dedos. Los romanos conocían el sistema decimal, pero empleaban un sistema duodecimal para las fracciones. La unidad era el as, nombre de un peso y una moneda*, así como unidad aritmética. El as se dividía en 12 onzas. El maestro* de escuela enseñaba a contar a los jóvenes estudiantes que, como los de hoy, cantaban al unísono: «uno y uno, dos...». Un especialista, el *calculator*, enseñaba el cálculo más complejo. (→ cifra)

calendario *(calendarium)*. El calendario romano, quizá de origen etrusco, fue durante mucho tiempo un calendario lunar adaptado al año solar. El año empezaba el 15 de marzo y tenía doce meses, de 29 o 31 días, y un mes intercalar *(Mercedonius)* de 22 o 23 días cada dos años. El año medio tenía, pues, 366 días y medio. Los pontífices* eran los encargados de decidir el número de días que debía tener el mes intercalar, pero cumplieron muy mal su cometido. En el año 45 a. JC, César decidió reformar el calendario, después de consultar al astrónomo alejandrino Sosígenes. El calendario resultante de esta reforma recibió el nombre de *juliano*, que todavía es el nuestro, salvo ligeras modificaciones (calendario gregoriano de 1582). Desde mediados del siglo II a. JC, el año empieza el 1 de enero. (*ver* cuadro p. 44)

calendas → calendario.

calles. Las calles de Roma*, sobre todo las del centro, eran estrechas y sinuosas: de hecho, el desarrollo de la ciudad y la vinculación con el pasado no permitieron una cuadrícula de las calles más racional. Además, a veces estaban mal conservadas, no estaban pavimentadas ni tenían aceras. De todas maneras, bajo el Imperio se hizo un gran esfuerzo para mejorarlas. Se las denominaba *vici*, salvo algunas, que eran *viae (Sacra Via, Via Nova)*, un término generalmente reservado para designar las grandes vías exteriores. También estaban las *clivi* (rampas), como el *clivus Capitolinus*, y las *gradus* (escaleras), reservadas exclusivamente para los peatones. En ciertos barrios, donde sólo un *vicus* tenía el papel de calle principal, había una serie de pasajes *(sentes, semitae)* y de callejones sin salida *(angiportus)* que se insertaban en ese *vicus*, de una manera más o menos desordenada. Para ventilar ese conjunto de calles, las más anchas de las cuales medían 8 m y las más estrechas no más de 3, había además de los once foros* (bajo el Imperio), numerosas plazas *(areae)*, explanadas *(campi)* y encrucijadas *(compita)*, donde las estatuas, columnas, fuentes*, templos*, pórticos*... fomentaban en los romanos el gusto por los paseos y el callejeo; además, Roma poseía numerosos parques y jardines* que a menudo eran muy extensos y agradables.

En las calles la animación era grande y la circulación difícil (los atascos romanos constituyen un conocido tema satírico), a pesar de la prohibición que impedía a los vehículos* penetrar en la ciudad durante el día. Pero una vez caída la noche, la ausencia de iluminación pública volvía las calles más inseguras; además, se salía acompañado por esclavos*, que llevaban antorchas y eventualmente apartaban los encuentros indeseables.

calzado. Los hombres y las mujeres llevaban los mismos modelos de calzado, pero los femeninos eran más finos y elegantes. El calzado «de vestir» era el *calceus*, una especie de botín de suela gruesa, cerrado con lengüetas. Había dos modelos, uno de piel roja *(calceus mulleus, patricius)*, adornado con una hebilla en forma de media luna *(lunula)*, propio de los magistrados* curules; el otro, de piel negra, no tenía adornos. Los esclavos* no tenían derecho a llevar *calceus*. En casa se llevaban sandalias *(solea)*, una simple suela con una correa; no se consideraba decoroso salir con ellas. Cuando iban de visita, los esclavos llevaban sandalias, que se ponían al llegar a la casa del anfitrión. Había muchos otros modelos de calzado, para usos especiales: las zapatillas *(soc-*

Calendario romano

	Martius, Maius, Iulius, October		Ianuarfus, Augustus, December		Aprilis, Iunius, September, November		Februaris	
1	Calendis		Calendis		Calendis		Calendis	
2	VI		IV	ante nonas	IV	ante nonas	IV	ante nonas
3	V	ante nonas	III		III		III	
4	IV		Pridie nonas		Pridie nonas		Pridie nonas	
5	III		Nonis		Nonis		Nonis	
6	Pridie nonas		VIII		VIII		VIII	
7	Nonis		VII		VII		VII	
8	VIII		VI	ante idus	VI	ante idus	VI	ante idus
9	VII		V		V		V	
10	VI	ante idus	IV		IV		IV	
11	V		III		III		III	
12	IV		Pridie idus		Pridie idus		Pridie idus	
13	III		Idibus		Idibus		Idibus	
14	Pridie idus		XIX		XVIII		XVI	
15	Idibus		XVIII		XVII		XV	
16	XVII		XVII		XVI		XIV	
17	XVI		XVI		XV		XIII	
18	XV		XV		XIV		XII	
19	XIV		XIV		XII		XI	
20	XIII		XIII		XII		X	ante calendas
21	XII		XII		XI	ante calendas	IX	
22	XI		XI	ante calendas	X		VIII	
23	X	ante calendas	X		IX		VII	
24	IX		IX		VIII		VI	
25	VIII		VIII		VII		V	
26	VII		VII		VI		IV	
27	VI		VI		V		III	
28	V		V		IV		Pridie calendas	
29	IV		IV		III		Martias	
30	III		III		Pridie calendas			
31	Pridie calendas		Pridie calendas					

N.B. - Como se puede ver, los romanos contabàn los días por anticipación con respecto a las calendas, las idus y las nonas.
Por ejemplo, el 9 de agosto es el 5º día antes de las idus: *ante diem quintum Idus Augustus*; el 29 de septiembre, el 3er día antes de las calendas de octubre: *ante diem tertium Calendas Octobres*.
Y de forma abreviada: a. d. V Id. Aug.; a. d. III Cal. Oct.
Para los años bisiestos, se intercalaba un día después del sexto día antes de las calendas de marzo: *ante diem bis sextum Calendas Martias*.

ci); las botas *(perones)*; los zuecos *(sculponeae)*, que se calzaban en el campo; las *caligae*, calzado militar; los coturnos *(cothurni)*, de suela muy alta y usados por los actores trágicos; las *crepidae*, sandalias de origen griego que llevaban los actores de comedia, quienes también calzaban *socci*, etc.

cama *(lectus)*. En una casa* romana había muchas camas o lechos; se distinguían diversos tipos: el lecho de reposo o para dormir *(lectus cubicularius)*, la cama de mesa *(lectus tricliniaris, triclinium)* y la cama de lectura o trabajo *(lectus lucubratorius)*. Pero las diferencias entre ellos no son grandes: en general tenían cuatro patas que soportaban un chasis con cinchas, sobre las que se colocaban colchones *(torus)*, almohadas *(cervicalia)* y mantas *(stramenta)*. La cama de reposo era bastante alta y se accedía a ella por medio de un pequeño escabel *(scabellum)*; pero el *triclinium* era más bajo: en general, daba cabida a tres personas y se disponían tres *triclinia* alrededor de la mesa*; los lugares se ocupaban según el protocolo. Finalmente, se reemplazaron las tres *triclinia* por una sola cama que rodeaba la mesa, que se denominaba *sigma*, por el nombre de la letra griega.

Camilo *(M. Furius Camillus)*, dictador*.

Se apoderó de Veyes en el año 396 a. JC, durante la guerra contra los etruscos*. Luego fue exiliado, pero después de que los galos incendiaran Roma, en el año 390, logró vencerlos y recuperar el tributo que los romanos habían entregado a los invasores (387). Estas hazañas hicieron que Camilo fuera considerado como el salvador y segundo fundador de Roma.

campamento *(castra)*. Ya sea provisionales o bien definitivos, los campamentos romanos reflejan la preocupación por el orden y la eficacia que los hizo célebres. Su instalación es comparable a la fundación de las ciudades: se respetaba el ritual religioso. El campamento se dividía en cuatro partes principales, delimitadas por la intersección del *cardo* maximus* (a lo largo del cual estaba dispuesta la calle principal, la *via principalis*) y el *decumanus maximus* (que correspondía a la calle «pretoriana», la *via praetoria*). Una valla cuadrada o rectangular delimitaba el campamento. La puerta de la pretoría*, en el límite oriental de la *via praetoria*, era de buen augurio: por ella salían las tropas que se dirigían al combate; la puerta occidental estaba reservada a los soldados condenados al suplicio. La pretoría estaba en el centro; delante estaban situados el altar, el tribunal, el foro y el *quaestorium* (el servicio de intendencia y de tesorería). Se reservaban emplazamientos para la enfermería, los talleres, etc. La disposición de las tropas variaba según su número y su naturaleza. En los campamentos provisionales, se aseguraba la protección con un atrincheramiento *vallum*, construido a partir de un montículo de tierra consolidado por estacas *(agger)* y precedido por un foso. En los campamentos permanentes, la fortificación, así como los demás elementos del campamento, era de piedra.

cancillería imperial, conjunto de despachos destinados a centralizar la administración romana.

Claudio *(Appius Claudius Caecus)* organizó sistemáticamente estos despachos *(scrinia)* que en lo sucesivo se convertirían en uno de los órganos del gobierno imperial. Los funcionarios* pertenecientes a ellos se reclutaron, desde Adriano*, en la orden* ecuestre.

Los principales servicios eran: 1° el despacho *ab epistulis*, que centralizaba la correspondencia oficial; 2° el despacho *a libellis*, que recibía los requerimientos y las notas particulares; 3° el despacho *a rationibus*, encargado de los asuntos financieros; 4° el despacho *a*

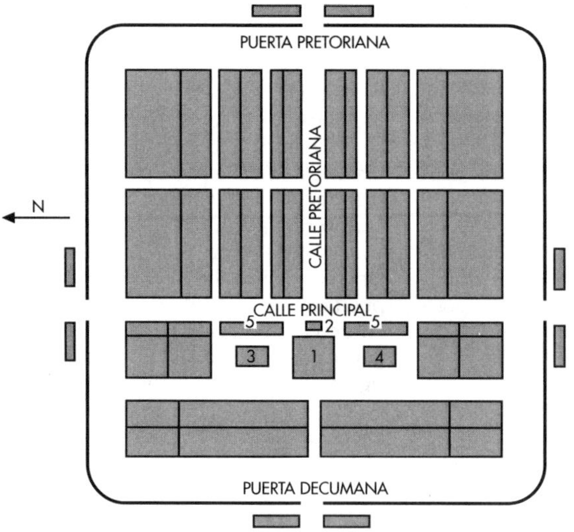

Campamento tipo de la época republicana.
1. Pretoría *(praetorium)*; 2. Altar *(ara)*; 3. Foro *(forum)*; 4. *Quaestorium* (intendencia y tesorería); 5. Campamento de los tribunos

cognitionibus, que recibía las denuncias y dirimía los litigios; y 5º el despacho *a memoria*, creado por Caracalla, que invadía la jurisdicción de los demás, al reunir los legajos de los diversos asuntos políticos. Todos estos servicios recuerdan los ministerios de hoy en día; había un *magister scrinii* a cargo de cada uno, asistido por funcionarios y jurisconsultos*.

Cannas, ciudad de Apulia sobre el Adriático.

En ella los cónsules Varrón y Paulo* Emilio sufrieron una gran derrota ante Aníbal*, que demostró una gran habilidad táctica (en el año 216 a. JC).

Capitolio *(Capitolium)*, una de las siete colinas de Roma*.

Cierra por el NO la hondonada donde se dispuso el foro* y su terreno. En el extremo septentrional del Capitolio, estaba la ciudadela *(arx)*, cuya función militar se debilitó con rapidez; en el extremo meridional se elevaba el templo* de *cella* triple de Júpiter Óptimo Máximo *(Iupiter Optimus Maximus)*.

Según la tradición, este templo lo habría comenzado Tarquino* el Soberbio, pero fue acabado después de su expulsión. Incendiado varias veces, se reconstruyó bajo Sila, Vespasiano y Domiciano. Es el símbolo político y religioso de Roma. Además, todas las ciudades —tanto en Italia como en las provincias— tuvieron su propio capitolio.

cardo. 1. Pivote de piedra o metal, clavado en el dintel y en el umbral, alrededor del cual gira una puerta. 2. Vía trazada en los campamentos romanos.

Sobre el terreno, el *cardo maximus* era el principal eje norte-sur, trazado a partir de un punto del *decumanus maximus*, el principal eje este-oeste. El lugar en el que estos dos ejes se cruzaban perpendicularmente era el centro de la futura ciudad* o del campamento que se instalaría. Esta operación, en la que participaban el magistrado*, el augur* y el agrimensor, se llamaba orientación. A lo largo de estos dos ejes principales se trazaban las dos calles* principales; luego se proyectaban las calles secundarias paralelas a éstas *(cardines, decumani)*, que dibujaban un tablero de ajedrez. (→ foro, urbanismo)

carreras de carros. Los juegos más populares eran los circenses *(ludi circenses).* A la afición deportiva se añadían las pasiones provocadas por las apuestas. Lo más corriente era enganchar a los carros caballos, que se compraban en Grecia, África y sobre todo Hispania, pero debido al gusto por lo extraordinario, a veces se enganchaban camellos, elefantes y tigres. Tradicionalmente, una carrera se componía de siete vueltas a la pista. Cuatro equipos (los rojos, los azules, los verdes y los blancos), constituidos por un personal numeroso (cocheros, domadores, veterinarios*, palafreneros, talabarteros, etc.) que dirigían los *domini factiorum,* se enfrentaban individualmente o en equipos de dos, y cada uno hacía correr un carro por carrera. La profesión de «director de equipo» era muy lucrativa. Y los mejores augures disfrutaban de un prestigio extraordinario. Bajo el Imperio*, con el fin de calmar el entusiasmo de los espectadores que habían ganado su apuesta y para paliar la amargura de los demás, se repartían «billetes de consuelo», que daban derecho a una suma de dinero o a un favor cualquiera.

carrera de los honores *(cursus honorum),* esta expresión designa el orden en el que se podían obtener las magistraturas.

BAJO LA REPÚBLICA*. En principio no existía ninguna regla: por ejemplo, se podía ser pretor* después de haber sido cónsul*. Pero una ley del año 180 a. JC *(lex Villia annalis)* reglamentó la sucesión de las magistraturas y fijó las condiciones de edad. En lo sucesivo, hubo que solicitar las magistraturas en el siguiente orden: cuestura*, edilidad curul, pretorado y consulado. Antes de la cuestura, los cargos del vigintisevirato* y del tribunado militar constituían una especie de noviciado que no era obligatorio; pero era necesario haber hecho diez años de servicio militar. Por lo tanto, lo más pronto que uno podía presentarse a la cuestura era a la edad de 27 años. Por otra parte, la «continuidad» se veía impedida por el intervalo de dos años que había que respetar entre el ejercicio de dos magistraturas; este intervalo se amplió a diez años entre dos consulados. Las condiciones con respecto a la edad variaron: a partir de Sila*, sólo se podía ser cónsul después de los 43 años.

La *lex Villia* no contemplaba las magistraturas plebeyas (edilidad y tribunado de la plebe). Era posible pasar de una magistratura plebeya a una de *cursus* y viceversa, después de un intervalo de un año. Generalmente, el tribunado se situaba después de la cuestura y dispensaba de la edilidad curul.

BAJO EL IMPERIO*. Se distinguía la carrera senatorial y la carrera ecuestre.

a) *Carrera senatorial.* Comenzaba por el vigintivirato* o por el tribunado militar (a los 17 años de edad); le seguía la cuestura (25 años), el tribunado o la edilidad (27 años), la pretura (30 años) y el consulado (32 años). Pero estas magistraturas, reservadas al orden senatorial, eran honoríficas y sólo tenían interés por las funciones a las que permiten acceder. Las principales eran las siguientes: funciones de cuestura (legados de los gobernadores de las provincias senatoriales); funciones pretorianas (legados de legiones, gobernadores legados de las provincias imperiales pretorianas o senatoriales pretorianas); funciones consulares (prefecto de la Ciudad, gobernador de las provincias consulares, ya sea senatoriales o imperiales). Por otra parte, los miembros de la orden senatorial tenían acceso a diversos sacerdocios (pontífices*, augures*, feciales*, flámines*...). Normalmente, esas tres grandes categorías de funciones se regían según las magistraturas correspondientes, pero el emperador siempre podía nombrar cuestor, pretor o cónsul al que quisiera, por *adlectio* ('elección'). Los miembros de la nobleza senatorial tenían el título de *clarissimi.*

b) *Carrera ecuestre.* Fue creada por

Augusto y se trata de una gran innovación. Comenzaba por funciones militares (tribunado o prefectura de una cohorte* auxiliar, prefectura de un ala de caballería*, tribunado de una legión o cohorte pretoriana, urbana o de serenos); luego, hacia los 27 años de edad, se ingresaba en la carrera propiamente dicha: ésta comprendía dos grandes peldaños. Por una parte, los cargos de procuradores (procuradores financieros, gobernadores de provincias, procurador *a rationibus* —una especie de ministro de finanzas—, jefes de despacho de la cancillería*, etc.); por otra, las funciones de prefecto (prefectura* de la annona, de los serenos, de Egipto, de una escuadra de la flota...). El peldaño más alto de la carrera ecuestre era la prefectura de la pretura*. Los miembros de la orden* ecuestre podían obtener algunos sacerdocios (lupercas*, arúspices*). Estas diferentes funciones estuvieron dotadas, a partir de Adriano, de calificativos honoríficos, muy jerárquicos: *egregii, perfectissimi, eminentissimi.* Las magistraturas eran siempre gratuitas; pero el ejercicio de las funciones senatoriales y ecuestres estaba retribuido. Los sueldos anuales de las funciones senatoriales se escalonaban desde 300 000 a un millón de sestercios*; los de las funciones ecuestres desde 60 000 a 300 000 sestercios.

carreteras ***(viae).*** Como es sabido, la red de carreteras de Italia* y de las provincias* era una de las glorias de la civilización romana. En la mayoría de los casos, eran carreteras estratégicas y, cuando era posible (aunque fuese a costa de importantes obras técnicas), eran rectas.

La primera gran carretera pavimentada fue la *Via Appia* (construida bajo la censura de Claudio* *[Appius Claudius Caecus]* en el año 312): unía Roma con Capua y más adelante fue prolongada hasta Brindisi. Al final de la República*, toda Italia disponía de una red densa y

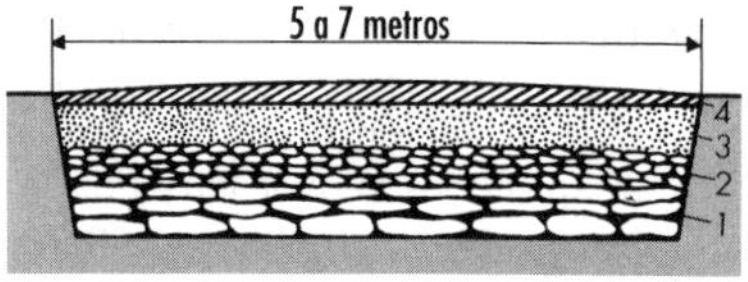

Corte teórico de una carretera romana, según P. Salama, las *Carreteras romanas de África.*
1. Statumen *(encachado de cimentación) 0,30 m a 0,60 m;* 2. Rudus *(cimentación de piedras planas) 0,25 m ;* 3. Nucleus *(cimentación de materiales finos) 0,30 m a 0,50 m;* 4. Summum dorsum *(revestimiento de losas o de hormigón) 0,20 m hasta 0,30 m.*

en buen estado de conservación, pero las provincias estaban peor provistas: los emperadores* repararon aquel retraso. Desde Lusitania (Portugal) hasta Asia Menor, el Imperio quedó surcado de carreteras; frecuentemente, las vías modernas han repetido el trazado de aquéllas.

Bajo la República, los censores* eran los encargados de las carreteras de Italia; las provinciales estaban a cargo de los gobernadores*. Bajo el Imperio, su cuidado quedó a cargo de los curadores*, los *curatores viarum.*

Es probable que el Tesoro* público, las autoridades locales y los propietarios de los terrenos a través de los cuales pasaban las carreteras compartieran los gastos.

Los ingenieros romanos habían depurado sus técnicas de construcción; se comenzaba trazando dos surcos paralelos que delimitaban el ancho de la carretera, después se cavaba el terreno hasta encontrar rocas resistentes. Luego se tendían, en principio, cuatro capas de materiales diversos: una capa de cimentación de piedras planas *(statumen);* encima una capa de grava *(rudus);* después una capa base de piedras machacadas trabadas con cal grasa *(nucleus);* y finalmente el pavimento de losas trabadas con mortero *(summa crusta).* El espesor de las diversas capas variaba según las características del terreno y, por supuesto, no todas las carreteras tenían la misma calidad. Se construían combadas para permitir que el agua fluyese; podían llegar a tener unos diez metros de ancho. A lo largo de las rutas había miliares* y también escalones que permitían montar a caballo; y también se disponían apartaderos para facilitar los cruces.

Las carreteras de Italia más conocidas eran, además de la *Via Appia*, la *Via Aurelia* (desde Roma hasta Arles), la *Via Flaminia* (desde Roma hasta Rimini) y la *Via Salaria*, (desde Roma hasta el Adriático). Era frecuente que las carreteras llevasen el nombre del magistrado* que las había mandado construir o el nombre del país que atravesaban.

Cartago, colonia fundada por los fenicios en el año 814 o 663 a. JC.

Dido* habría sido su primera reina. La situación geográfica de Cartago la convirtió rápidamente en una ciudad comercial, rica y poblada, en relación con el Mediterráneo occidental y oriental. En los siglos VI y V, los cartagineses se aliaron con los etruscos* en contra de los griegos; firmaron tratados con Roma en los años 508 y 348 a. JC. Después de las guerras* púnicas y la destrucción de Cartago, en el año 146, Tiberio Graco* «dirigió» una colonia* que fue rápidamente suprimida. Augusto* la reconstruyó *(Colonia Julia Cartago)*. Bajo el Imperio* era un centro importante cuyo apogeo se sitúa en el siglo III. Apuleyo, Tertuliano y san Agustín le aseguraron un renombre particular en el reino de las letras.

casa → viviendas.

casas de fieras *(vivaria)*. Los romanos poseían casas de fieras y jardines zoológicos, que se podían visitar, en los que criaban y adiestraban animales destinados a la caza*, que se llevaba a cabo en el anfiteatro*, y a las exhibiciones, etc. Las colecciones de animales más hermosas se remontan al Imperio: se cita la de Augusto*, que contaba con 3 500 animales (tigres, leones, guepardos, rinocerontes, elefantes...), la de Heliogábalo (emperador desde el año 218 al 222) y la de Gordiano I (emperador en el año 238). Los resultados que lograban los domadores *(mansuetarii)* parecen haber sido notables.

casco *(galea)*. Hasta Mario*, los cascos utilizados por el ejército* romano eran del tipo helénico. En esa época, aparecieron los cascos propiamente romanos, entre los que se distinguen dos tipos: uno con un cubre-nucas horizontal y otro que proporcionaba una protección más eficaz (un cubre-nucas que descendía hasta la base del cráneo, con una campana que cubría la frente hasta las cejas). A veces, estos cascos estaban adornados por penachos, plumas verticales o crines de caballo. Bajo el Imperio*, se caracterizaban por su lujo.

catacumbas, cementerios subterráneos cristianos.

Los cristianos*, que practicaban la inhumación, habían tenido cementerios* al aire libre (en Oriente y en África) y también cementerios subterráneos, que recibieron el nombre de catacumbas. La palabra proviene de uno de ellos, situado cerca de la actual iglesia de San Sebastián, en la parte suroriental de Roma, y que se hallaba cerca de una depresión, lo que hizo que en griego se llamara *katā kumene* (*ad catacumbas* en latín).

El uso de cementerios subterráneos no pertenece sólo a los cristianos, pero en los alrededores de Roma las catacumbas de los cristianos se extendieron de un modo particular. Por otra parte, hasta principios del siglo II, las sepulturas paganas y las cristianas estaban unas cerca de las otras en los mismos cementerios; después, los cristianos prefirieron disponer de un sitio para sus muertos en el que pudieran celebrar el culto. Las primeras catacumbas se excavaron en terrenos de propiedad privada, cuyo nombre actual recuerda el del propietario, por ejemplo la de Pretextato o también la de Domitila, la sobrina del emperador Domiciano; más adelante, los cristianos, agrupados en «colegios fúnebres», adquirieron terrenos funerarios. Celebraban el culto en las catacumbas para honrar a sus muertos y colocarse bajo su protección, y también porque estos terrenos funerarios tenían una existencia legal. Pero, a finales del siglo III, fueron desprovistos de esta protección. Las catacumbas, gracias a sus numerosas galerías y sus niveles diferentes, fueron utilizadas a veces como refugio.

A partir de finales del siglo II, los cristianos decoraron los muros de las catacumbas: esas primeras pinturas murales no marcaron una ruptura con la pintura «pagana» contemporánea; se repitieron los mismos temas bajo el punto de vista cristiano: Orfeo se convierte en el «Buen Pastor»; el filósofo maestro en Cristo Doctor, etc.; después, progresivamente, los artistas representaron escenas del Nuevo y del Antiguo Testamento.

catastro. Las técnicas de la agrimensura* permitieron poco a poco el establecimiento de catastros en todo el Imperio*. El plan catastral se organizó respecto a dos trazados perpendiculares: el *cardo* maximus* y el *decumanus maximus,* lo cual permitía obtener un cuadriculado de parcelas cuadradas o rectangulares, cuya unidad era la centuria (= 50 hectáreas). Hoy en día, la fotografía aérea todavía permite reconocer los rastros de esa centuriación (carreteras*, senderos, fosos). Para los romanos, la única propiedad individual era la que había sido medida. Dentro de lo posible, el plano de las ciudades romanas respetaba el catastro.

Catilina *(L. Sergius Catilina),* lugarteniente de Sila (h. 108-Pistoia 63 a. JC).

Célebre por la conjuración que dirigió durante dos años (65-63) y que reunía a los ciudadanos decepcionados, los propietarios arruinados y los anarquistas. Esta conjuración estaba apoyada secretamente por César* y Craso*. Cicerón* la hizo fracasar, y pronunció en aquella ocasión cuatro célebres discursos: las *Catilinarias.* Catilina murió junto a los suyos en el campo de batalla de Pistoia (Etruria). Salustio* le consagró una monografía.

Catón el Censor o **Catón el Viejo *(M. Porcius Cato),* político, militar, literato y orador (Tusculum 234-149 a. JC).**

Nacido en Tusculum en el seno de una familia de pequeños propietarios, combatió durante las guerras* púnicas bajo las órdenes de Fabio* Cunctator, de M. Claudio Marcelo y, en el año 205, como cuestor* de Escipión* el Africano, con el que no se entendía; en el año 199 fue edil*; al año siguiente se convirtió en pretor* y le encargaron el gobierno de Cerdeña. En el año 195, se convirtió en cónsul* y defendió la ley* *Oppia,* en contra del lujo femenino. Pacificó Hispania y, por sus éxitos, obtuvo los honores del triunfo* en el año 193. En el 185 ejerció la censura; tomó abiertamente partido en contra de la creciente influencia del helenismo* y, en particular, de las costumbres griegas, sinónimos de blandura e inmoralidad. La política de este «hombre nuevo» siguió dos grandes líneas directrices: desconfianza ante las grandes personalidades demasiado influyentes, como la de Escipión el Africano, y oposición frente a la oligarquía senatorial; tanto en los unos como en los otros veía una amenaza seria para el equilibrio de las instituciones romanas.

Sus obras literarias reflejan el ideal «romano antiguo» que lo guiaba en su política. Escribió siete libros de *Orígenes* (una historia de Roma, desde sus comienzos hasta su propio tiempo) y diversas obras destinadas a su hijo: sobre la medicina, el arte marcial y el derecho*. De esta obra, que inaugura la tradición enciclopédica en Roma, el único título que nos llegó es *Tratado sobre la* *agricultura,* donde se mezclan puntos de vista sobre la modernización de la agricultura* romana y toda clase de informaciones diversas. A lo largo de su carrera política tuvo la oportunidad de pronunciar numerosos discursos de una elocuencia vigorosa y combativa. Le debemos la definición del orador* romano: «un hombre de bien que sabe hablar». Más adelante, Cicerón profundizaría este concepto.

Catón de Útica ***(M. Porcius Cato),*** **sabio estoico (95-Útica 46 a. JC).**

Catón de Útica, biznieto de Catón el Censor*, encarnó para la posteridad la tipificación del sabio estoico*, preocupado por el bien público e intransigente. Se opuso sucesivamente a Pompeyo* y a César*. Pero después de Farsalia*, se unió a los pompeyanos en África, comandados por Cecilio Metelo (llamado Pío Escipión); después de la victoria de César en Tapso (en el año 46), se suicidó en Útica (a una treintena de kilómetros al norte de Cartago).

Catulo ***(C. Valerius Catullus)*** **poeta (Verona h. 87-Roma h. 54 a. JC).**

Pertenecía a una importante familia de Verona, su ciudad natal. Pero pasó una gran parte de su vida en Roma, donde quedó prendado de Clodia, hermana de Clodio*, el enemigo de Cicerón*. Era el más original de los «poetas nuevos»: un cenáculo formado por poetas que se apartaron de los clásicos griegos, prefiriendo los alejandrinos. Catulo dejó una colección de 116 piezas de una inspiración y un ritmo diversos: pequeñas epopeyas de estilo alejandrino *(Las bodas de Tetis y Peleo, La Cabellera de Berenice, Atis),* poemas dedicados a Lesbia, a sus amigos, invectivas... Introdujo la poesía personal en Roma. (→ círculos literarios)

cautiverio → ciudadano romano, guerra, prisionero, triunfo.

caza. En Roma, la caza fue un entretenimiento deportivo y un espectáculo*, pero parece que sólo se honró tardíamente. No cabe duda de que, hacia principios del siglo II a. JC, las grandes propiedades de pastos y praderas permitieron que los romanos se dedicaran a un deporte cuya existencia y reglas habían descubierto en el paraíso de Macedonia. Los romanos distinguían la caza de aves *(aucupicum)*—para la cual utilizaban trampas, cebos y cola— de la caza de cuadrúpedos *(venatio)*: se levantaba al animal al que perseguían (a pie o a caballo), ayudados por perros, hacia las redes. Las armas de los cazadores eran la espada, la lanza, la maza y el machete. Son célebres las grandes cacerías coloniales de Adriano*: este emperador, viajero y turista, cazó prácticamente en todos los sitios por los que pasó; sus cacerías más importantes fueron en Misia, Egipto y Grecia; el oso y el león fueron sus piezas más hermosas.

Pero la caza también fue un espectáculo*, practicado en el anfiteatro* durante los juegos*. Las primeras cacerías ofrecidas a los romanos fueron las del año 186 a. JC por M. Fulvio Nobilior, para celebrar su victoria sobre Etolia. Los romanos quisieron recrear las condiciones de una cacería real en sus anfiteatros (con la intervención de cazadores orientales o africanos y el montaje de un decorado natural): el anfiteatro, convertido bruscamente en coto de caza, evocaba el paraíso de Macedonia y de Oriente).

El apogeo de la caza se da bajo el Imperio. Se importaban las especies más raras desde países lejanos, que se criaban en las casas* de fieras y los jardines zoológicos. Para variar el espectáculo, a veces se obligaba a las fieras a enfrentarse entre ellas; otras veces, se presentaban números de doma. Tiberio*, Nerón* y sobre todo Cómodo bajaron a la arena para realizar la demostración de la *virtus** imperial, igual a la de Hércules. Al dominar o domar a las fieras, el emperador desplegaba su poderío y triunfaba, simbólicamente, sobre las fuerzas del mal. De esta manera, a través del sesgo de la mística imperial, las cacerías a veces recobraban un valor religioso, que de hecho nunca habían perdido por completo. Efectivamente, antes del año 186, durante ciertas fiestas *(Floralia, Cerealia)*, se soltaban cabras, liebres o zorros en el circo: un ritual agrario para la protección de las cosechas. Pero de una manera más general, cualquier cacería era un sacrificio sangriento *(mactatio)* y, como tal, apaciguaba los poderes infernales y glorificaba el ser al que estaba dedicada. Las cacerías llevadas a cabo en la arena *(munera)*, al igual que los combates de los gladiadores*, eran un sustituto de los sacrificios* humanos. Pero las cacerías en el campo también tenían un carácter religioso netamente marcado (plegarias y sacrificios antes y después de la cacería, consagración de los despojos, de las armas, etc.). De este modo, no había ruptura entre la cacería-entretenimiento y la cacería-espectáculo; bajo el Imperio, la segunda fue el remate de la primera y permitía que se manifestara la *virtus romana*.

cementerios. Estaban situados en las afueras de las ciudades. La ley* romana, en efecto, sólo permitía las sepulturas* urbanas en el caso de las vestales* o, excepcionalmente, para algún personaje al que se quería honrar de manera especial. Las sepulturas se disponían a lo largo de las carreteras* a la entrada de las ciudades y esta fórmula constituía un uso extendido por todo el Imperio*. (→ catacumbas)

cena, comida principal que se tomaba hacia la 9ª o 10ª hora (las 14 o las 15 horas), es decir, cuando acababa la jornada laboral.

La *cena* se dividía en tres partes: 1° los entremeses *(gustatio)*, cuya base eran los huevos y durante el cual se bebía vino con miel *(mulsum)*; 2° la *cena* propiamente dicha, que podía incluir varios servicios *(cena prima, secunda...)* y durante la cual se consumía poco vino; y 3°, finalmente, después de una oración* y una ofrenda al lar*, venía el postre *(secundae mensae)*, compuesto por frutas y pasteles. En los banquetes, las *secundae mensae* se convertían en una *comissatio* ('fiesta'): los convidados se coronaban con flores*, se perfumaban, elegían a un «rey del festín» *(magister bibendi)*, que fijaba la cantidad de copas que cada uno debía beber, la proporción en la que convenía rebajar el vino, etc. Se solía jugar a los dados, escuchar a flautistas, mirar a juglares y payasos, y efectuar lecturas. Generalmente, las mujeres se retiraban en el momento de la *commissatio*, que podía prolongarse hasta muy entrada la noche. Para las cenas importantes, los invitados vestían un «traje de noche» *(vestis cenatoria, synthesis)* sobre el cual hay poca información. A menudo, la abundancia y la duración de las cenas romanas se juzgan con extrema severidad y se imaginan de un modo superficial como orgías.

La realidad era diferente: en conjunto, los romanos eran frugales (sólo comían una vez al día) y los ejemplos citados (Nerón*, Vitelio o el Trimalcio de Petronio*) no dejan de ser excepcionales. Por otra parte, en Roma no había espectáculos* nocturnos, por lo tanto, los romanos hacían que los artistas (bailarines, acróbatas, músicos) vinieran a domicilio, lo que podía prolongar estas cenas-espectáculo hasta muy tarde.

censo ***(census).*** El censo se refiere al mismo tiempo al empadronamiento de los ciudadanos* y al monto de sus fortunas. El empadronamiento tenía lugar cada cinco años y lo efectuaban los censores* *(lustrum)*. Los ciudadanos se repartían en tribus*, clases diferentes y centurias*. Para pertenecer a la orden* ecuestre hacía falta tener un censo de 400 000 sestercios*; para pertenecer al orden senatorial (bajo el Imperio) hacía falta un censo de un millón de sestercios.

censor ***(censor)*****, magistrado que se ocupaba de empadronar a los ciudadanos* y evaluar la cifra de su fortuna.**

La censura fue instaurada en el año 443 a. JC para que los cónsules* no tuvieran que ocuparse de los antedichos menesteres. Existían dos censores, elegidos cada cinco años por los comicios* centuriados; pero su cargo duraba dieciocho meses. El deceso de uno de ellos implicaba la abdicación del otro. Eran inviolables, irresponsables y no reelegibles. Su tarea era triple: 1° estimar la fortuna de todos los habitantes, inscribirlos en los registros de las tribus* y distribuirlos en clases y centurias*; 2° establecer la lista de los senadores y caballeros*; y 3° redactar la lista de los ingresos* y los gastos* del Estado. Estas funciones les daban el derecho y la oportunidad de ejercer como policías de las costumbres y de dirimir las diferencias entre el Estado y los particulares. Hacia finales de la República*, los censores perdieron prácticamente todos sus atributos. Bajo el Imperio*, éstos fueron confiados a curadores; no obstante, ciertos emperadores tomaron el título de censor. Hubo dos censores particularmente célebres: Claudio* *(Appius Claudius Caecus)* y Catón* el Censor.

centunviro → justicia civil.

centuria ***(centuria)*****, agrupación de ciudadanos según su fortuna.**

La tradición atribuye a Servio Tulio el reparto de los ciudadanos* en cinco clases, cada una de las cuales comprendía un cierto número de centurias: este reparto se llevaba a cabo según las riquezas de cada uno. Se considera que esta organización, que integraba a los plebeyos en la ciudad —sin duda con el fin de hacerlos servir en el ejército*— y que sirvió de cuadro a los comicios* centuriados, sólo se remonta a los siglos V o IV a. JC; por otra parte, aun reconociendo esta fecha más tardía, esta organización presentaba numerosos problemas.

Este reparto permitía que las 18 centurias ecuestres y la 1ª clase tuvieran la mayoría en los comicios centuriados. Por este motivo, a lo largo del siglo III a. JC tuvo lugar una reforma: se combinaba el sistema del reparto por tribus con el de reparto por centurias. Por otra parte, la cantidad de centurias de 1ª clase se redujo a 70, sin modificar el número total de centurias (193), de modo que la mayoría absoluta ya no estaba en poder de las 18 centurias ecuestres y las 70 centurias de la 1ª clase. Pero la preponderancia asegurada a las fortunas se conservó.

A esta reforma le siguieron otras, pero hay muy poca información al respecto.

Hay que tener en cuenta que las primeras clases, las más ricas, eran naturalmente las menos numerosas, de manera que las centurias tampoco incluían el mismo número de ciudadanos. Por otra parte, cada centuria estaba dividida en *seniores** y en *iuniores* (más y menos de 46 años). [*ver* cuadro p. 54]

centuria prerrogativa ***(centuria praerogativa)*****, la que el azar designaba como la primera en votar.**

Su voto* podía influir en las siguientes, porque los romanos le atribuían el valor de un indicio. Primitivamente, la centuria prerrogativa se decidía por azar entre las 18 centurias ecuestres; en el siglo III a. JC, fueron privadas de este privilegio; entonces comenzó a practicarse la designación al azar entre la 1ª clase*.

centurión ***(centurio)*****, oficial subalterno que comandaba unos 100 hombres (una centuria).**

Entre los centuriones de una misma legión* existía una jerarquía: el primero era el *primipilo*. Los centuriones eran nombrados por los tribunos* militares; su insignia era una cepa de vid.

cerveza. En Italia*, su consumo estaba muy poco extendido; pero en las provincias* se utilizaban diversos tipos, obtenidos a partir de la cebada, el trigo, el centeno, la avena... En Panonia, por ejemplo, se bebía *sabaia*, cerveza de cebada o de trigo; en Galia, *cervesia*, pero no se sabe exactamente de qué estaba hecha. Era una bebida* muy barata.

césar *(Caesar).* Originalmente, se trata del apodo de la *gens* Iulia*, a la que pertenecen César*, Augusto*, Tiberio* y Calígula. Claudio, el primer emperador que no pertenecía a la familia de los *Iulii*, lo retomó y de ahí en adelante todos los emperadores lo llevaron. A partir de Adriano*, este *cognomen* también fue atribuido a los personajes oficialmente designados para suceder al emperador*.

César *(C. Iulius Caesar)*, triunviro, militar, literato y urbanista (Roma 102-*íd.* 44 a. JC).

César pertenecía a una vieja familia patricia que él hacía remontar hasta Julo, hijo de Eneas* y, a través de éste, a Anquises y Venus. Al principio de su carrera topó con Sila* y, para evitar las proscripciones*, abandonó Roma en el año 88 y sólo regresó después de la muerte del dictador* (78). En el año 73, fue elegido para el colegio de pontífices* y pronto participó en las medidas que tendían a abolir las reformas de Sila. En el año 68 fue cuestor* en Hispania; en el 65 fue edil* curul y, en esa oportunidad, organizó unos juegos que siguen siendo célebres y para los que tuvo que contraer unas deudas considerables. En el 63 fue *pontifex maximus* y en el 62, pretor*. Favoreció secretamente a Catilina* e intentó evitar la muerte de los conjurados. En el 61 fue propretor* en Hispania, con tres legiones*. En el 60 formó el primer triunvirato*, junto a Craso* y Pompeyo*. Finalmente, en el año 59 obtuvo el consulado. Se hizo atribuir el gobierno de tres provincias (la Cisalpina, la Iliria y la de Narbona), hizo votar dos leyes* agrarias y creó el diario oficial de Roma. Antes de partir para gobernar las provincias, favoreció la elección de Claudio* al tribunado de la plebe y le encargó la ejecución de la reforma de los *populares*. En el año 58 emprendió la conquista de las Galias*: para ello le bastó con un pretexto. La «guerra de las Galias» terminó en el año cincuenta; entretanto, el triunvirato se disolvió y César se negó a dejarse despojar de su ejército. En enero del año 49, cruzó el Rubicón, que marcaba el límite de la provincia Cisalpina, persiguió

Reparto de las centurias y las clases

Centurias ecuestres		18 centurias		
1ª clase		80	"	(100 000 ases)
2ª "		20	"	(75 000 ases)
3ª "		20	"	(50 000 ases)
4ª "		20	"	(25 000 ases)
5ª "		30	"	(11 000 ases)
No clasificados:	obreros	2	"	
	músicos	2	"	
	capitae censi (sin fortuna)	1	"	
		193 centurias		

a Pompeyo hasta Brindisi, entró en Roma el 1 de abril, derrotó a los pompeyanos de Hispania y después se hizo nombrar dictador*. En el 48 fue cónsul por segunda vez y, en agosto del mismo año, venció a Pompeyo en Farsalia*, casi sin combatir. En Asia derrotó al hijo de Mitrídates, que había vuelto a ocupar el Ponto y, en octubre, regresó a Roma donde se hizo elegir cónsul durante cinco años. En abril del 46, derrotó a los pompeyanos en África, en Tapso, y en marzo del 45 en Munda en Hispania. Durante sus breves estancias en Roma, promulgó reformas destinadas a debilitar el Senado, halagó al pueblo y soñó con reestablecer la monarquía. En las fiestas de las Lupercales (febrero del 44), Marco* Antonio le tendió la diadema, pero él la rechazó. El 15 de marzo siguiente fue asesinado por Bruto* y Casio. Roma cayó en la anarquía y pronto la sucesión de César enfrentó a Octavio* y Marco Antonio. César había intentado instaurar una monarquía militar; Augusto eligiría una fórmula de apariencia más republicana, el principado. Pero César también fue un urbanista, cuyos proyectos grandiosos (se trataba de cambiar el plano de Roma desviando el curso del Tíber) no pudieron ser llevados a cabo; de todos modos, tuvo tiempo suficiente como para hacer construir el foro* que lleva su nombre, la curia* y la basílica* Julia (que Augusto terminó); finalmente, César fue un hombre de letras: escribió una tragedia, poesías, un tratado de gramática y sobre todo unas *Memorias* («Comentarios sobre la guerra de las Galias», «sobre la guerra civil») en las que hace aparecer los acontecimientos de una manera, al mismo tiempo, precisa y tendenciosa, susceptible de ser útil para sus proyectos.

cetro *(sceptrum)*, insignia de las divinidades.

Se refería en particular a la de Júpiter, aunque también designaba las del rey, de los cónsules* y del emperador*. Habitualmente era un bastón de marfil adornado con un águila en el extremo.

Cicerón *(M. Tullius Cicero)*, político, orador y filósofo (Arpino 106-Formias 43 a. JC).

Nacido en Arpino, a un centenar de kilómetros al sudeste de Roma, perteneciente a una familia ecuestre, cónsul en el año 63, este «hombre nuevo» fue el orador* y el político más importante de Roma. Toda su vida subordinó el estudio y la reflexión a la acción política, para servir a la República*, adecuándose a la idea que él se hacía del interés general. Sus grandes éxitos políticos van aparejados a sus éxitos como orador: el voto* de la *lex Manilia*, en el año 66, que otorgó a Pompeyo los plenos poderes en su lucha contra Mitrídates *(Para la ley Manilia)* y, en el año 63, la lucha contra Catilina* y sus cómplices *(Catilinarias)*, que fue su triunfo en una época en la que pensó que finalmente había logrado la unión de los *optimates** alrededor de su persona. Pero pronto se vio enfrentado a unos amargos reveses: los hombres del primer triunvirato* lo abandonaron y en el 58 fue exilado por Clodio*, por haber hecho ajusticiar a los cómplices de Catilina de manera ilegal. Más adelante, durante el conflicto entre Pompeyo* y César*, dudó largamente acerca de qué partido debía tomar y, finalmente, se unió a Pompeyo en junio del 49. Después del asesinato de César (44), creyó poder jugar un papel de primera fila y favoreció a Octavio*; entre septiembre del 44 y abril del 43, pronunció las *Catorce Filípicas* contra Marco* Antonio. Pero Octavio y Marco Antonio se unieron y Cicerón fue la víctima de este acuerdo temporal. Fue asesinado a finales del 43 entre Formia y Gaeta mientras intentaba huir; su cabeza y su mano derecha fueron expuestas en los rostrums*.

La obra de Cicerón es inmensa: discursos *(Contra Verres, Defensa de Sestio, Defensa de Milón...)*, obras de retórica *(Acerca del Orador, Bruto, El orador)*, de filosofía *(Acerca de la vejez, Acerca de la amistad, Acerca de los deberes)*, de política *(Acerca de la república, Acerca de las leyes)*, sin contar su *Correspondencia*. Pero la unidad de una obra tan variada resulta evidente; de hecho, Cicerón nunca dejó de meditar respecto a la mejor forma de gobernar («que una parte corresponda a la influencia de los nobles y que ciertas cosas estén reservadas al juicio del pueblo») y sobre el mejor hombre de estado, que debe reunir las cualidades de orador, de jefe militar y de filósofo: es el *princeps* (el Premier) ideal. Su pensamiento, centrado en la noción de la devoción cívica, ha quedado como el símbolo de un pensamiento humanista. Marcó profundamente la romanidad.

ciencias. La contribución de los romanos al progreso de las ciencias es intrascendente. Reservada a los especialistas, el estudio de las ciencias ocupaba poco lugar en la enseñanza* que dispensaban las escuelas. Se trata, sin duda, de un aspecto del genio latino, poco dado a la investigación desinteresada. Además hay que destacar que en la época helenística, la enseñanza de las ciencias tampoco se desarrolló excesivamente. Por otra parte, en la Antigüedad, todo lo perteneciente al reino de la física, entendida en su sentido más amplio (astronomía, meteorología, fenómenos naturales, etc.), dependía de la filosofía y en aquella época los filósofos se interesaban sobre todo por los problemas morales; los conocimientos de «física» se consideraban ya adquiridos. Por lo tanto, no hay que asombrarse demasiado por esta indiferencia de los romanos con respecto a la «ciencia», ya que ésta depende de unas circunstancias históricas definidas.

Además, no dejaron de lado los logros de los griegos; Lucrecio*, Manilio* y Séneca* reunieron una documentación «científica» que podía proporcionar elementos de respuesta a problemas relativos a la moral o la metafísica. Plinio el Viejo escribió una *Historia Natural*, amplia compilación que demuestra una evidente curiosidad científica.

Es posible hacerse una idea del «bagaje» científico que poseía un romano culto: tenía nociones de aritmética, geometría, astronomía y sobre todo de ciencias naturales; una cultura que, en definitiva, era suficiente en una sociedad en la que las carreras políticas atraían a los mejores. Sin embargo, la contribución de los romanos al progreso de la técnica es más importante: sus ingenieros supieron mejorar los sistemas de agrimensura*, de construcción (carreteras*, puentes, bóvedas...), la fabricación del vidrio y la metalurgia.

cifra. Para los números inferiores a la unidad, los romanos recurrían al sistema duodecimal; por otra parte, para ellos se trataba menos de fracciones que de realidades concretas. En efecto, no decían 1/12, 1/4, 1/2..., sino una *uncia*, un *quadrans*, un *semis*, etc. Si las operaciones relativas a los múltiplos de la unidad eran sencillas, la aritmética de los números duodecimales era muy compleja. (→ cálculo)

Cincinato *(L. Quinctius Cincinnatus)*, dictador romano.

Fue dictador* en los años 458 y 439 a. JC. La tradición cuenta que entre los dos ejercicios de este cargo regresó a sus tierras, más allá del Tíber, y las cultivó. Encarna al romano fiel a la tierra.

Cinna *(Cn. Cornelius Cinna)*, biznieto de Pompeyo*.

Conspiró contra Augusto* durante su estancia en la Galia* (¿16-13 a. JC?). A instancias de Livia*, el emperador le concedió el perdón y Cinna llegó a ser cónsul* en el año 5 d. JC. Se le conoce sobre todo por el tratado *Acerca de la clemencia* de Séneca y la tragedia de Corneille que lleva su nombre. Pero su papel en la historia fue menos importante que el de su padre, *L. Cornelius Cinna*, durante la guerra civil entre Pompeyo y César* y sobre todo que el de su abuelo, *L. Cornelius Cinna*, varias veces cónsul (en los años 87, 86, 85 y 84 a. JC), partidario de Mario* y, después de la muerte de este último, jefe del partido popular, asesinado en el 84 en Brindisi mientras se preparaba para combatir a Sila* en Oriente.

cipo *(cippus)*, pilar de piedra que servía de miliar o de estela* funeraria. (En este último caso indicaba el emplazamiento de la inhumación o que allí estaban las cenizas.)

circo *(circus)*, cuadrilátero muy alargado en que se organizaban sobre todo carreras de carros.

Los lados pequeños de dicho cuadrilátero formaban dos curvas asimétricas. En el centro de la arena estaba la *spina* ('espina'), que dividía gran parte de su largo, un montículo de tierra o un muro de ladrillos: en cada uno de los extremos estaban dispuestos dos miliares. Los carros debían correr alrededor de esta *spina*. Alrededor de la arena se elevaban las gradas. En los circos se organizaban sobre todo carreras de carros, pero también cacerías y todos los espectáculos de gran despliegue: desfiles, procesiones, cortejos triunfales... En Roma, el más antiguo y el más grande es el Circo Máximo *(Circus Maximus)*, construido en el valle de Murcia, entre el Aventino y el Palatino: sus primeras instalaciones se remontarían a la época de los reyes. Bajo el Imperio, su capacidad era de casi 400 000 espectadores. Entre los otros circos importantes se encuentra el de Flaminio (finales del siglo III a. JC) en el Campo de Marte, el de Calígula, emplazado en el terreno de la actual plaza de San Pedro, y el de Majencio, en la tercera milla de la *Via Appia*. Fuera de Roma, sólo hay circos en las provincias*, porque Augusto* prohibió las carreras en Italia* y esa prohibición nunca fue levantada.

Tabla de números romanos

1	I	50	L
2	II	100	C
3	III	200	CC
4	IV	500	D
5	V	600	DC
6	VI	900	DCCCC
7	VII	1 000	C(I) o M o $\overline{I}$
8	VIII	2 000	C(I) C(I) o MM o $\overline{II}$
9	IX	5 000	(I) o $\overline{V}$
10	X	10 000	CC(I) o $\overline{X}$
11	XI	20 000	XXM o $\overline{XX}$
12	XII	50 000	LM o $\overline{L}$
etc.		100 000	CM o $\overline{C}$
19	XIX	1 000 000	$\overline{\vert X \vert}$
20	XX	5 000 000	$\overline{\vert L \vert}$
40	XL	100 000 000	$\overline{\vert M \vert}$

círculos literarios. En Roma, los círculos cerrados y los salones literarios no eran desconocidos. Fue bastante famoso uno de los primeros, el que los historiadores llamaron el «Círculo de los Escipiones» (mediados del siglo II a. JC). Se constituyó alrededor de Cornelia*, la madre de los Graco*, y de su yerno, Escipión* Emiliano; allí se reunían hombres jóvenes, impregnados por la cultura griega y abiertos a la filosofía. Estaban Lelio, apodado *el Sabio*, Terencio*, Lucilio* *(Caius Lucilius)*, el poeta trágico Pacuvio, Polibio, el historiador griego, que fue llevado a Roma como rehén en el año 168, Panecio, fundador del estoicismo medio, que adaptó la filosofía griega al espíritu latino. Los problemas políticos también tenían cabida: Polibio se interesaba por las instituciones romanas, por las que sentía una gran admiración; y Escipión se oponía a las reformas agrarias, de las que eran partidarios sus propios cuñados. Durante la primera mitad del siglo I a. JC, un grupo de poetas constituyó un «cenáculo»; rompiendo con el clasicismo griego y las costumbres de los trágicos romanos, se inclinaron por el alejandrinismo: Calímaco, Euforio de Calcis y Filetas de Cos eran los modelos de estos «nuevos poetas». Unos escribían epopeyas sabias, otros epigramas, poesías didácticas o eróticas; algunos no renunciaron a las epopeyas nacionales. Pero los unía el gusto por un arte refinado, culto y más preocupado por el detalle que por la totalidad. De sus obras, si excluimos a Catulo*, no quedan mucho más que los títulos: Helvio Cinna había escrito una epopeya breve, *Esmirna*, que tardó nueve años en componer; Licinio Calvo redactó epigramas y una pequeña epopeya *(Io)*; Valerio Cato, su jefe de filas, obras gramáticas y poesías *(Lydia)*; Cornificio también escribió un epilión, *Glaucus*. Algunos serían los enemigos de César*, como Casio de Parma y Furio Bibáculo. Su escuela fue eclipsada durante la generación siguiente por Virgilio* y Horacio*, pero Cicerón, su contemporáneo, ya se burlaba de su «arte poético» y los llamaba irónicamente «los panegiristas de Euforio» *(cantores Euphorionis)*. De la época de Augusto se conocen tres círculos. Asinio* Polio, que frecuentó a los «nuevos poetas» durante su juventud, lanzó la moda de las lecturas* públicas y creó la primera biblioteca* pública; se rodeó, mientras fue gobernador* de la provincia Cisalpina (43 a. JC), de un círculo cultivado en el que participaba Cornelio Galo (69-26 a. JC), autor de elegías, y sobre todo Virgilio*, que en aquella época escribió las *Bucólicas*. Es posible que este grupo se designara con el término «arcadios», como los pastores de Virgilio. Pero en el año 40, Polio fue obligado a abandonar la Cisalpina y ya siempre mantuvo las distancias con Augusto*. Mecenas* por su parte, pronto reunió a su alrededor a Virgilio, Horacio y Propercio*. Sin embargo, la poesía no era el único vínculo: Mecenas, al igual que Horacio y Virgilio —al menos durante su juventud—, había sido seducido por las doctrinas de los epicúreos*; también les animaba un cierto ideal político y este círculo ocupó un lugar importante en la formación de la ideología de Augusto. Finalmente, en la misma época también existía el círculo de Mesala (64 a. JC-8 d. JC), hombre de armas, orador* y poeta; sirvió fielmente a Augusto, pero sin renunciar a sus convicciones republicanas. Se rodeó de poetas; los más conocidos entre ellos eran Tibulo*, Lígdamo y Cornelio Severo, además de su propia sobrina, Sulpicia. Este grupo era más independiente y menos político que el anterior. Lo más probable es que existieran otros círculos, pero casi no los conocemos. Las lecturas* públicas que se desarrollaron bajo el Imperio* dan fe del gusto de los romanos por las reuniones y las conferencias literarias. También sabemos, a través de las *Cartas* de Plinio* el Joven, por ejemplo, que a los romanos ilustrados siempre les agradó reunirse y conversar, mezclando en alguna *villa** agradable los encantos del *otium** y las preocupaciones intelectuales.

cirujano (*chirurgus*; del griego *kheir*, mano y *ergon*, trabajo; o *medicus vulnerum*, médico de heridas). Los cirujanos eran de una gran audacia y habilidad, como lo demuestran las operaciones que practicaban: las traqueotomías, trepanaciones y amputaciones eran habituales (sin asepsia ni anestesia, o casi). Por otra parte, los descubrimientos arqueológicos y las ilustraciones figurativas nos ofrecen una idea bastante precisa de los instrumentos que contenía el estuche del cirujano: escalpelos, sondas, fórceps, grapas metálicas, pinzas, ventosas, agujas, etc. Entre los grandes médicos se puede citar a Filóxeno y Amonio (siglo I a. JC), Rufo, Sorano de Éfeso y Antilo (siglo II a. JC).

cítara (*cithara*), instrumento de cuerda más perfeccionado que la lira*.

Su caja de resonancia era de madera; el número de cuerdas, bastante elevado, podía llegar a 18. Era el instrumento de los músicos profesionales; acompañaba la poesía lírica.

ciudad → Italia, provincias, urbanismo, urbs.

ciudad federada (*civitas foederata*), ciudad aliada de Roma.

Después del fracaso de la liga latina (→ latinos), Roma siguió aliándose con ciertas ciudades conquistadas. Su estatus no era uniforme y variaba según las cláusulas o los tratados. Las ciudades más favorecidas firmaron con Roma un *foedus aequum* (por ejemplo, Nápoles, Preneste y la mayor parte de las ciudades de Umbría y Etruria), o incluso un *aequissimum* (Camerino en Umbría, Heraclea de Lucania). Estas ciudades conservaron sus instituciones, su idioma, sus tribunales y el derecho a acuñar moneda; los habitantes adquirían un derecho* de ciudadanía incompleto (sin el derecho de voto). Sin embargo, la mayoría de las ciudades acordaron con Roma un *foedus iniquum* que las colocaba en una situación de inferioridad; renunciaban prácticamente a toda independencia, aunque conservaban una administración autónoma. Sus habitantes tenían más dificultades para obtener la ciudadanía completa. Todas las ciudades federadas tenían que contribuir a Roma con contingentes de tropa, que no quedaban encuadrados en la legión, sino que constituían las *scii Italici* (→ guerra social).

Las prerrogativas de las ciudades federadas eran similares a las de las ciudades llamadas *libres (civitas liberae)*. No estaban sometidas a una obligación financiera y en su territorio no había guarniciones ni magistrados romanos (los curadores*); pero Roma se reservaba el derecho a modificar estas condiciones. En el año 196 a. JC, Flaminio concedió este estatus a las ciudades griegas. La situación de las ciudades federadas en Italia* y en las provincias* era comparable.

ciudadanía → ciudadano romano.

ciudadano romano (*civis Romanus*). La ciudadanía romana *(civitas)* se componía de una serie de prerrogativas disociables, que se podían poseer en su totalidad o en parte. Pero sólo aquel que las poseía todas era un ciudadano completo *(civis optimo iure)*. Por una parte, el derecho de ciudadanía completo comprendía esencialmente unos derechos civiles: el *ius connubii* (el derecho a casarse de manera regular) y el *ius commercii* (el derecho a realizar actos jurídicos) y, por otra parte, unos derechos políticos: el *ius suffragii* (el derecho a votar) y el *ius honorum* (el derecho a ser elegido para una magistratura).

Aquellos que no poseían todos estos derechos se denominaban ciudadanos incompletos *(civis minuto iure)*; era el caso de los manumisos (que no poseían el *ius honorum*), los habitantes de los municipios* italianos (que no poseían el *ius suffragii*) y los habitantes de los municipios provinciales, cuyo estatus era variable.

Se tenía la calidad de ciudadano por nacimiento o por una colación ulterior; se perdía por abandono voluntario *(reiectio civitatis)*, o al hacerse ciudadano de una ciudad independiente (una colonia latina o una ciudad federada) o por caducidad *(deminutio* capitis)*. La ciudadanía comportaba ciertas obligaciones: el servicio* militar y el tributo*.

clases → centuria.

clases sociales. El derecho romano determinaba cuatro categorías de hombres: los hombres libres, los esclavos*, los manumisos y los peregrinos*. Cada una de estas categorías tenía sus derechos y sus deberes, que se definían según el criterio de la ciudadanía* romana.

Entre los hombres libres existían clases diferentes que dependían del origen social o de la fortuna; aunque sería mejor hablar de «orden» más que de clase social, porque la palabra *ordo* implica una definición y un reconocimiento oficiales, que efectivamente existieron.

La primera diferencia que aparece en la historia romana es la del patriciado y la plebe*. Los orígenes de esta última son complejos: es probable que, al menos en un momento dado, los plebeyos fueran ciudadanos no asociados al culto de la ciudad y que tenían prohibidos un cierto número de actos jurídicos; en una fecha difícil de determinar, los plebeyos probablemente recibieron la autorización a formar *gentes*, basadas en el modelo de las *gentes* patricias. Tampoco se conoce el origen del patriciado con exactitud; sin duda, los patricios eran los descendientes de los *patres* de la época de los reyes (los que formaban el Senado o los jefes de familia en general).

Se atribuye a Servio* Tulio (578-534 a. JC) la organización en centurias*, cuyo efecto fue la distribución de los ciudadanos según su fortuna y el acceso al ejército* de los plebeyos. Aunque los reyes etruscos efectivamente hicieron entrar la plebe en la ciudad, es probable que, por el contrario, la organización censataria se desarrollase gradualmente a lo largo de los siglos posteriores. De todos modos, aparece un régimen en el que ya no es el nacimiento sino la fortuna lo que genera los derechos. Asimismo, la creación de los comicios* tributos, también atribuidos a Servio Tulio y basados en el domicilio, tenía el mismo sentido. En el siglo IV, la plebe logró conquistar la igualdad con el patriciado. Poco a poco se asistió a la decadencia del último y al progreso de la primera. También comenzó a constituirse una nueva nobleza patricio-plebeya, la *nobilitas*, que comprendía a todas las familias en las que uno de sus miembros había obtenido una magistratura curul. Esta nobleza era hereditaria, pero comportaba grados, según el prestigio de la familia y las dignidades obtenidas. La elite estaba constituida por el *ordo senatorius*: los senadores. Cuando se opone *nobilitas* a *plebs*, esta última palabra significa, en efecto, «pueblo pequeño» (comerciantes, pequeños propietarios rurales, artesanos...). Sin embargo, por debajo de la *nobilitas* se constituyó la orden* ecuestre, compuesta por propietarios ricos, hombres de negocios, banqueros y publicanos*. Surgieron conflictos entre la nobleza y la orden ecuestre, pero de cara al «pueblo pequeño» constituían la aristocracia. El antagonismo entre el proletariado y aquella aristocracia doble condujo a la formación de los grupos políticos: los *populares** y los *optimates**.

Durante el Alto Imperio, la nobleza senatorial conservó su prestigio: en adelante fue una «verdadera orden». Para poder formar parte de ella, había que poseer un censo* de un millón de sestercios* y haber sido elegido por el emperador; únicamente los miembros de la orden senatorial eran admitidos en el Senado y elegibles para las magistraturas; la dignidad era hereditaria. Pero los magistrados no eran más que los agentes del emperador. Por su parte, la orden ecuestre proporcionaba los elementos esenciales de la administración; por lo tanto, no había homogeneidad en su reclutamiento, porque el censo era relativamente modesto. La nobleza senatorial y la orden ecuestre constituían los *honestiores**, por oposición a los *humiliores*; al margen de la burguesía provincial, cuya prosperidad duró poco.

Con el Bajo Imperio, la diferencia entre los *honestiores* y los *humiliores* se acentuó aún más: de un lado estaban los «poderosos» *(potentes)*: la orden senatorial, la orden ecuestre y los funcionarios; del otro, las clases inferiores: los decuriones* y la plebe urbana y rural. Apareció una nueva categoría jurídica: la de los colonos. El colono era un explotador rural, vinculado al propietario por contrato; era libre, pero estaba sujeto a la tierra, que no podía abandonar. Fue un precursor de los siervos.

cláusula métrica. Los romanos eran muy sensibles a la oposición de las sílabas largas y breves, no sólo en la poesía (su versificación* se basaba en este sistema de alternancias), sino también en la prosa: daban importancia a los finales de frase que, al menos en la prosa artística, estaban sometidos a leyes precisas. Uno de los finales de frase que más agradaban a Cicerón* consistía en la sucesión siguiente: una sílaba larga, una sílaba breve, dos sílabas largas (o una larga y una breve). En prosa había que tener cuidado de no recurrir a las combinaciones métricas propias de la poesía.

clepsidra → relojes.

cliente *(cliens)*, plebeyo bajo la protección de un patricio.

La *gens** primitiva comprendía dos elementos: los patricios y los clientes. Éstos podían ser miembros de familias pobres, antiguos parientes venidos a menos, extranjeros y esclavos* manumisos. El vínculo que unía al cliente a su «patrón» *(patronus)* se fundaba en la noción de la *fides**. El patrón ayudaba a su cliente y éste a su vez le debía respeto y devoción. Posteriormente, la institución de la clientela se generalizó y también degeneró. Su carácter casi sagrado se perdió en provecho de consideraciones más prácticas. Una clientela numerosa era un indicio de poder y un instrumento nada despreciable a la hora de las elecciones*. Todas las mañanas los clientes iban a saludar a su patrón *(salutatio matutina)*, que les hacía entrega de la *sportula**. Hacia el final de la República* y bajo el Imperio*, muchos clientes eran en realidad parásitos.

cloaca *(cloaca)*. A partir de la época de los reyes etruscos*, en Roma se construyó un canal a cielo abierto que posteriormente se abovedó, destinado al drenaje de los llanos pantanosos que se encontraban al pie del Capitolio* y del Palatino: la *Cloaca maxima*, que atraviesa el foro y vierte sus aguas en el Tíber no lejos del foro boario; servía como colector de una amplia red. Restaurada varias veces, la Cloaca máxima aún se utiliza hoy en día. Durante la República, las cloacas estaban bajo control de los ediles (para su cuidado) y de los censores* (para la adjudicación de las grandes obras). Durante el Imperio, las cloacas eran competencia de un curador*.

Clodio *(P. Clodius Pulcher)*, tribuno de la plebe († 52 a. JC).

Era hermano de *Appius Claudius Pulcher*, que fue cónsul* en el año 54 a. JC. Provocó un gran escándalo al introducirse disfrazado de mujer en la casa del pontífice* máximo, que en ese momento era César*, y donde se celebraban los misterios de la Bona Dea, prohibidos a los hombres. Sin embargo, apoyado por César, fue tribuno de la plebe* en el año 58, aunque fuera de origen patricio. La modificación de la ortografía de su nombre, Clodio en lugar de Claudio, se explica por haberse pasado a la plebe *(transitio ad plebem)*. Envió a Cicerón* al exilio*, con el pretexto de que los cómplices de Catilina* habían sido condenados de manera ilegal. Después del regreso de Cicerón, readmitido por el tribuno Milón* (57), Clodio y este último se combatieron abiertamente. Finalmente, Clodio murió a manos de los hombres de su adversario (enero del 52).

Código justiniano, compilación de las constituciones* imperiales.

El orden era cronológico. Las constituciones más antiguas se remontan a Adriano*, las más recientes eran las del propio Justiniano. Hubo dos ediciones del *Código justiniano*, la primera data del 529 y la segunda del 534.

Código teodosiano, codificación de las constituciones* imperiales de los años 312 al 347 d. JC.

Teodosio II, emperador de Oriente, la emprendió en el año 429.

cohorte *(cohors)*, cuerpo de tropa.

1. División de la legión* romana, introducida por Mario*, que comprendía alrededor de 600 hombres (un manípulo* de *hastati*, uno de *principes* y uno de *triarii*) colocados bajo el mando de un centurión* (período republicano), más adelante (Imperio*) bajo el mando de un tribuno de cohorte o de un *praepositus* ('jefe').

2. Había otros cuerpos de tropas que llevaban el nombre de cohorte. Las *cohortes auxiliares*, compuestas por caballeros e infantes, y creadas bajo el Imperio. Las *cohortes urbanas*, que eran cuatro, compuestas primero por 500 y después por 1 000 hombres (ciudadanos), cada una comandada por un tribuno. Augusto creó este cuerpo para que se encargase de la vigilancia de Roma; estaba encabezado por el prefecto de la Ciudad*. Las *cohortes de los vigiles*, que también fueron creadas por Augusto para combatir los incendios y asegurar la seguridad por las noches; hubo siete compuestas primero por 500 hombres y después por 1 000 cada una (manumisos), bajo el mando de un tribuno; el prefecto* de los vigiles comandaba el conjunto. Por último, las *cohortes pretorianas*, bajo la República, que estaban a cargo de la protección de la persona del comandante en jefe; en las provincias*, los gobernadores también tenían una guardia personal; bajo el Imperio constituían la guardia imperial, a título permanente, al mando de dos prefectos* de pretoría. Comprendían 9 y después 10 cohortes, de 1 000 hombres cada una (ciudadanos), comandadas por un tribuno. Estaban acuarteladas en Roma, en el noreste de la ciudad *(castra praetoria)* y gozaban de una organización y un estatuto particulares. A menudo se las ha responsabilizado de las horas sombrías del Imperio, ya que efectivamente jugaron un papel decisivo en la caída y la ascensión de los emperadores. De todos modos, los mismos emperadores fueron muchas veces responsables de estos disturbios; bajo el mando de los mejores emperadores, la guardia obedeció y sirvió fielmente.

colegios *(collegia)*, corporaciones profesionales.

Se atribuye a Numa* Pompilio la creación de nueve asociaciones profesionales *(collegia opificum)*: los flautistas, los orfebres, los obreros de la construcción, los tintoreros, los zapateros, los curtidores, los caldereros, los alfareros y, reunidos en una sola corporación, todos los demás cuerpos profesionales. Pero se crearon otras asociaciones y los comerciantes también formaron diferentes «colegios».

La meta de las corporaciones era de orden religioso (el culto a una divinidad patrona de la corporación; la preocupación por proporcionar funerales* y una sepultura* a los miembros de la asociación) y social (asistencia, socorro y jubilación). De todos modos, estas corporaciones a veces jugaron un papel político y económico y por esta razón fueron vigiladas por César* y los emperadores*. En el Bajo Imperio, algunas agrupaciones consideradas de interés vital (transportadores de trigo, panaderos y carniceros) fueron sometidas a una jurisdicción muy severa: particularmente, en ciertos casos el ejercicio de la profesión se hizo obligatorio.

colonias ***(coloniae).*** Al menos en principio, las colonias eran ciudades fundadas de nueva planta en territorios conquistados y anexados por Roma. El establecimiento de colonias obedecía a un ritual fundacional: inauguración, delimitación y consagración del territorio de la nueva ciudad (→ urbanismo). Bajo la República*, los colonos eran «conducidos» *(deductio coloniae)* por una comisión formada por tres miembros *(tres viri coloniae deducendae agroque dividundo)*; bajo el Imperio*, por un legado* o un curador*. Se pueden distinguir tres tipos de colonias.

1. LAS COLONIAS ROMANAS *(coloniae civium Romanorum).* La meta de estas colonias consistía en asegurar el dominio romano sobre puntos estratégicos (en Italia* y, más adelante, en las provincias*). Estaban constituidas por ciudadanos romanos (en general, eran originariamente 300), que conservaban todos sus derechos de ciudadano* y gozaban de ciertos privilegios (exención del pago de impuestos* y, teóricamente, del servicio* militar). Las colonias romanas eran «imágenes» de Roma y se conferían a sí mismas unas instituciones municipales calcadas de las romanas. En cuanto a la población indígena del territorio anexado, vivía en aldeas *(vici, conciliabula)*, cuyo estatus era variable: podían ser sometidas, federadas o asimiladas (ciudadanía incompleta) a la colonia.

2. LAS COLONIAS LATINAS *(coloniae latinae).* Se componían de latinos, con los que a veces se mezclaban los romanos (que entonces perdían su ciudadanía* completa); el número de colonos era generalmente más elevado que en las colonias «romanas». Las primeras colonias latinas (Velitrae, Antium, Ardea...) fueron fundadas por la liga latina (→ latinos); en el año 338, después de la disolución de ésta, Roma, como capital del Lacio, siguió fundándolas en Italia hasta principios del siglo II a. JC. Pero su estatus evolucionó de manera desfavorable a partir del año 268 (fundación de Ariminum). En efecto, las primeras colonias latinas recibieron un trato igual que las ciudades federadas más favorecidas; los habitantes incluso tenían el derecho de voto* en Roma y obtenían la ciudadanía completa (el derecho a ser elegido) cuando se instalaban en Roma. Pero las últimas en ser fundadas, desde el año 268 hasta el 181 (Cremona, Placentia, Valentia...) tuvieron derechos restringidos (el *ius commercii* y, excepcionalmente, el *ius connubii*), comparables con los de las ciudades federadas peor tratadas. A diferencia de las colonias romanas, esencialmente marítimas, las colonias latinas se situaron en el interior del país. De hecho, su fin era la explotación del suelo. La guerra* social puso fin a la diferencia entre las colonias romanas y latinas en Italia*. Pero Roma también fundó colonias latinas en las provincias*; la diferencia con las colonias romanas también se borra después de la guerra social, ya que los latinos habían obtenido el derecho de ciudadanía completo. A partir del siglo I a. JC, todas las nuevas colonias son «romanas». Pero entonces el «derecho latino» *(ius Latii)* fue otorgado a ciertas regiones del Imperio (los Alpes, Hispania) como una etapa hacia la ciudadanía completa.

3. LAS COLONIAS DE VETERANOS* *(coloniae veteranorum).* Aparecen bajo Mario* y

se desarrollan a partir de César*; las tierras conquistadas fueron entregadas a las tropas como recompensa. Estas colonias se difundieron por todo el Imperio.

En su conjunto, las colonias jugaron un papel civilizador de primer orden.

columbario (de *columbarium*, palomar), nicho excavado en la pared de una cueva donde se depositaban las urnas* funerarias. (Encima del nicho había una inscripción* con el nombre y los títulos del difunto.)

columna triunfal. Levantar una columna *(columna)* en honor de un individuo o un acontecimiento glorioso era una manera de celebrarlo y conservar su memoria (→ rostrum). Bajo el Imperio, se levantaban columnas a los emperadores*; la más célebre es la de Trajano*, obra del arquitecto Apolodoro de Damasco. Es a la vez un monumento a la victoria y una tumba. La base contenía efectivamente las cenizas del emperador y, en el fuste de la columna (17 tambores de mármol de Carrara superpuestos), una larga franja esculpida en espiral relata las campañas de Trajano contra los dacios (107 d. JC). El monumento mide unos cuarenta metros de altura. Una estatua de san Pedro ha reemplazado, desde el siglo XVI, la de Trajano.

comercio. El comercio romano se desarrolló a medida que la conquista de Italia* y de las provincias* se extendía, pero la Roma de los reyes ya era una ciudad comercial y en este sentido la navegación a lo largo del Tíber jugó un papel determinante. Roma se ocupaba de la exportación de las mercancías alimenticias (trigo, aceite...) que el Imperio* necesitaba y algunas materias primas como el hierro, que podían servir para la fabricación de armas. Por el contrario, importaba objetos y mercancías de lujo (piedras preciosas, perfumes, especies, tejidos...). El tráfico se llevaba a cabo por tierra (el desarrollo de la red de carreteras facilitaba los intercambios) y también por mar (la navegación marítima era a menudo el sistema de transporte más veloz). Toda la actividad económica y comercial del Imperio convergió hacia Italia, y particularmente hacia Roma. Los puertos de Ostia y de Pozzuoli poseían grandes almacenes* donde se depositaban las mercancías; también en Roma, la cantidad de almacenes no cesaba de aumentar. Las mercaderías importadas sufrían un impuesto que se pagaba en la aduana*. Los romanos distinguían entre los *negotiatores,* comerciantes mayoristas que a menudo eran banqueros y comerciantes al mismo tiempo, y los *mercatores,* que tenían una tienda en la vía pública. Las actividades comerciales no gozaban de gran prestigio y, al menos en teoría, estaban prohibidas para la orden senatorial. Por el contrario, los caballeros* y los publicanos* estaban frecuentemente mezclados en los grandes negocios comerciales. El comercio detallista (en los mercados, en las tiendas) estaba en manos de la pequeña gente, manumisos o esclavos*. Los precios eran libres, salvo en el caso de los aumentos considerados excesivos. La tentativa de intervención más célebre fue la de Diocleciano*: estableció un «edicto del máximo», válido en todo el Imperio, pero éste no tuvo efecto. De todos modos, las intervenciones del Estado se hicieron cada vez más frecuentes y paralizaron la actividad económica del Imperio.

comicios *(comitia),* asambleas del pueblo.

Con este término (plural de *comitium**) se designaban las distintas asambleas del pueblo: los comicios* curiados (los más antiguos), los comicios* centuriados (que tal vez se remontan a principios del siglo V a. JC) y finalmente los comicios tributos*, que plantean numerosos problemas cronológicos y de origen.

Durante el período republicano, los comicios eran, junto a los magistrados* y el Senado*, uno de los tres órganos del Estado romano. El elemento básico de los comicios era el ciudadano completo, que tenía el derecho al voto *(ius suffragii)* y el derecho a ser elegido magistrado *(ius honorum)*. Aunque los manumisos poseían el *ius suffragii*.

Los grandes debates políticos tenían lugar en los comicios: el nombramiento de los magistrados dependía de sus votos y por lo tanto también indirectamente el reclutamiento del Senado y la adopción de leyes*. Pero también tenían atribuciones judiciales importantes. Por lo tanto, su autoridad era mayor que la del Senado e incluso que la de los magistrados.

Los comicios sólo podían reunirse durante ciertos días, llamados *dies comitiales* (184 por año); sus reuniones se anunciaban por medio de carteles, con tres *nundines** de anticipación; previamente se celebraban unas reuniones informativas (las *contiones**). En los comicios, el voto* no era individual sino colectivo, es decir que cada curia, centuria o tribu sólo tenía una voz que representaba a la mayoría que se manifestó en esa sección. Por lo tanto, no era la mayoría de los ciudadanos la que decidía el resultado sino la mayoría de las secciones (curias, centurias o tribus).

Una vez anunciados, sólo los motivos de orden religioso y el ejercicio del derecho de *intercessio** podían impedir que los comicios se reunieran.

A finales de la República*, sus competencias judiciales disminuyeron progresivamente a causa de la institución de los jurados permanentes. Bajo el Imperio*, su papel legislativo y electoral, puramente formal al principio, pronto desapareció y se suprimió su atributo judicial.

comicios centuriados *(comitia centuriata)*, asamblea del pueblo convocada por las centurias*, es decir, entre los cuadros militares que, como tales, no podían permanecer en el interior del *pomoerium, sino que se reunían en el Campo de Marte.**

Los comicios centuriados tenían competencias en materia política (elección de magistrados* superiores), legislativa (votación de las leyes* propuestas por los cónsules*; pero este papel perdió importancia en provecho de los comicios* tributos), militar (participación en las decisiones relativas a las declaraciones de guerra* y los tratados de paz) y finalmente judicial (jurisdicción criminal, juicio en la corte de apelaciones en los procesos* que traían aparejados la muerte, el exilio* y la flagelación). [→ *provocatio ad populum*]

comicios curiados *(comitia curiata)*, asambleas populares más antiguas, reunidas por curias*, llevadas a cabo en el *Comitium y que se remontan a la época de los reyes.**

Los comicios curiados elegían por votación al rey escogido por el Senado*, decidían sobre la oportunidad de hacer la guerra* o la paz, opinaban acerca de asuntos de orden social, religioso y político. Junto con el rey y el Senado, los comicios curiados eran el tercer órgano de gobierno. No se sabe exactamente en qué fecha fueron admitidos los plebeyos (con seguridad antes del siglo III). Bajo la República*, los comicios curiados pronto perdieron el poder: los comicios* centuriados y después los tributos hicieron que su papel perdiera mucha importancia. En el siglo II a. JC, los comicios curiados estaban constituidos de manera simbólica por treinta lictores*, que representaban a las treinta curias. Su competencia se redujo a votar la ley* curiada, a «inaugurar» el *rex* sacrorum* y las flámines* mayores, a autorizar la adrogación* y a aprobar un tipo de testamento* poco habitual.

comicios tributos *(comitia tributa)*, asambleas de patricios y plebeyos repartidos en tribus*.

Los orígenes y la razón de ser de esta asamblea no son claras. Para algunos, los *comitia tributa* surgieron de las asambleas* plebeyas *(concilia plebis)*, tal vez a mediados del siglo V, pero con mayor seguridad a principios del siglo III; para otros, los *comitia tributa* siempre fueron independientes de las *concilia plebis*, cuyo funcionamiento imitaron: los cónsules y los pretores* los convocaban y presidían. Las atribuciones de los comicios tributos eran de *orden político* (elección de los magistrados* inferiores: cuestores* y ediles* curules, a los que habría que añadir los tribunos* y los ediles de la plebe, si en cierta época las asambleas de la plebe se convirtieron en los comicios tributos), de *orden legislativo* (la votación de las leyes* y, a partir del siglo III, la comodidad de las convocatorias y de la vigilancia de las sesiones convirtió los comicios tributos en la verdadera asamblea legislativa) y, finalmente, de *orden judicial* (derecho a juzgar ciertos delitos).

comida. Los romanos tomaban tres comidas, pero una sola era importante y se servía en el triclinio* *(triclinium)*. Antiguamente, tomaban un «desayuno» por las mañanas al despertarse: el *ientaculum*, muy sobrio (galletas, pan, ajo, bizcochos para los niños); a mediodía (a la 7ª u 8ª hora*) tomaban la comida principal, la *cena**; por las noches (a la 11ª u 12ª hora), una cena ligera, la *vesperna*. Pero las costumbres cambiaron hacia el siglo II a. JC, tal vez con el fin de no «cortar» la jornada por la comida principal. Por lo tanto, por las mañanas al despertarse (1ª o 2ª hora), se tomaba el *ientaculum*; hacia la 6ª-7ª hora (es decir, alrededor del mediodía), se tomaba sin reclinarse un almuerzo rápido y ligero, el *prandium* (pescado, legumbres, fruta); finalmente, se tomaba la *cena**, hacia las 15 horas (9ª-10ª hora).

Comitium, emplazamiento delante de la Curia*, reservado a los comicios* curiados y tributos.

En su extremo suroriental se hallaban los rostrums*, desde los cuales los oradores* se dirigían a la multitud. A partir del año 145 a. JC, los comicios tributos se celebraron en el foro*. Ésta fue una innovación importante, que permitió reunir asambleas más numerosas, religiosa y políticamente más libres, porque el foro no era, como el *Comitium*, un *templum**.

condenas *(poenae)*. Los magistrados* castigaban los delitos sencillos con una multa en virtud de su poder coercitivo, sin otra formalidad que la constatación del flagrante delito.

Los delitos a cargo de los tribunales* civiles (robos, daños, etc.) se castigaban con una multa que se añadía a los daños y perjuicios reclamados por la parte civil. Para los crímenes de derecho común y los políticos, que competían a los tribunales criminales, se preveían condenas de dos categorías. Por un lado, las penas capitales, la muerte física o la civil *(deminutio* capitis)*; estaban acompañadas por la confiscación de los bienes del condenado; se le prohibían «el agua y el fuego», pero el condenado podía evitarlo exiliándose. Por el otro, las penas no capitales (multas, infamia, encarcelamiento, exilio*, relegación*). Las condenas impuestas por los tribunales criminales y algunas de las impuestas por los tribunales civiles implicaban la infamia (privación de los derechos políticos o de ciertos derechos privados); pero la infamia podía borrase por la amnistía *(indulgentia)*.

La igualdad ante la ley era un principio proclamado por la ley* de las XII Tablas; de hecho, las condenas eran más duras cuando el condenado estaba situado en la parte inferior de la escala social. Bajo el Imperio, incluso hubo dos tipos de penas previstas para los mismos crímenes. (→ honestiores)

condimentos *(condimenta)*. Además de los condimentos acostumbrados (sal, vinagre, etc.), los romanos usaban hez de vino y sobre todo el *garum*, un extracto de pescado, cuyo uso estaba generalizado en la cocina refinada. (→ gastronomía)

consagración ***(consecratio),*** **acto religioso mediante el cual los pontífices* convierten una cosa profana en sagrada.**

Es una transferencia de propiedad en favor de los dioses. Las ciudades, y todos los lugares y edificios religiosos (templos*, santuarios, bosques sagrados) se consagraban de esta manera después de inaugurados (→ inauguración). La ceremonia inversa es la «profanación» que devuelve las cosas consagradas a su uso profano, «laico».

La ceremonia de la consagración, que era diferente de la de la dedicación*, no era separable de ésta.

Aplicada a las personas, la consagración tenía tres sentidos. En primer lugar, podría tratarse de una condena* civil y religiosa: el individuo que la sufría era declarado maldito *(sacer),* al igual que sus bienes. Esta *consecratio capitis et bonorum* comportaba la muerte o el exilio*.

El segundo caso era la *devotio**. Finalmente, bajo el Imperio*, la consagración podía designar la apoteosis* de los emperadores, que los convertía en *divi* ('dioses').

consejo del príncipe ***(concilium principis),*** **órgano deliberativo.**

Fue creado por Augusto* y comprendía a miembros de su familia, amigos, senadores, y caballeros*, elegidos por él según sus aptitudes. Este consejo asumía toda clase de asuntos. Adriano* le dio su forma definitiva apelando a jurisconsultos*, que constituyeron el elemento permanente, y otorgando una paga a los «consejeros». A partir de los Severos, el *consilium principis* deja al Senado en la sombra y se convierte en el elemento esencial del gobierno y la administración.

Constantino* lo transformó en el «consistorio sagrado» *(consistorium sacrum),* muy jerarquizado, cuya competencia abarcaba todos los asuntos administrativos y financieros: el emperador presidía sentado, los miembros estaban de pie.

Constantino I ***(C. Flavius Valerius Constantinus),*** **primer emperador cristiano (Naissus, actual Niš, 280 d. JC-Nicomedia 337).**

Fue emperador desde el año 306 hasta el 337. Era hijo de Constancio Cloro al que Diocleciano* había asociado a la tetrarquía*; combatió en Bretaña junto a su padre y, a la muerte de éste, fue proclamado emperador y se instaló en Tréveris. Pero, aliado con su cuñado Licinio, tuvo que enfrentarse a Maximino Daya, emperador de Oriente, y a Majencio, proclamado emperador en Roma, al que venció en el puente Milvio, sobre el Tíber (312). En febrero del 313, promulgó el «edicto de Milán», que aseguraba la libertad religiosa en todo el Imperio. Su alianza con Licinio no duró; finalmente lo condenó a muerte en el 324; a partir de entonces, Constantino fue el amo de todo el Imperio y figuró como emperador cristiano. Los historiadores no se ponen de acuerdo sobre si, en el año 313, Constantino era cristiano o no lo era; de hecho, fue sobre todo a partir del 324 cuando favoreció a los cristianos*, interviniendo incluso en las disputas teológicas y erigiendo Bizancio en capital —que se convirtió en Constantinopla (330)— frente a la Roma pagana.

constituciones imperiales ***(constitutiones principis),*** **acciones legislativas del emperador*.**

A partir del siglo II, tuvieron fuerza de ley* en todos los dominios. Se dividían en cuatro categorías: 1° los edictos *(edicta),* de carácter general, aplicables en todo el Imperio* (los emperadores siguientes los confirmaron con frecuencia); 2º los rescriptos *(rescripta)*, que eran las respuestas dadas por el emperador a un particular o un magistrado* y que tenían un alcance limitado a la persona que había pedido la consulta; 3º los decretos *(decreta)*, que eran las decisiones tomadas por el emperador durante los procesos* (a menudo hacían jurisprudencia); y 4º los mandatos *(mandata)*, que eran reglamentaciones administrativas, dirigidas a los gobernadores* de provincias*.

Durante el Bajo Imperio, las constituciones imperiales adquirieron el nombre de *leges* (leyes*).

construcción (aparejos de). Primitivamente, los romanos, como los etruscos*, construían con piedras talladas, en seco, sin mortero. Según la disposición y la forma de las piedras empleadas —irregulares o, por el contrario, regulares y en forma de paralelepípedos—, estas técnicas se denominaban *opus siliceum*, en el primero de los casos, y *opus quadratum* en el segundo. Pero la originalidad de la construcción se manifestó en el siglo II a. JC, cuando los arquitectos utilizaron el *opus caementicum*, una mezcla de fragmentos de piedra y mortero que se vertía en un encofrado de tablas. Esta técnica tenía dos ventajas: permitía la construcción de arcos y bóvedas sólidas y de una luz muy amplia; era rápida y económica. Generalmente, tanto por la solidez como por la estética, este *opus caementicum* se cubría con revestimientos diversos: pequeños bloques de piedra irregulares *(opus incertum)*; pequeños bloques en forma de rombo que imitaban la malla de una red *(opus reticulatum)*; mezclas de piedra y ladrillo *(opus mixtum)*; o un revestimiento constituido sólo por ladrillos *(opus testaceum, latericium)*, técnica que se generalizó bajo el Imperio*, dada la manejabilidad de los ladrillos y la facilidad para aplicar enlucidos y moldeados sobre ellos. Los ladrillos («ladrillos crudos», hechos de arcilla y de paja cortada, y «ladrillos cocidos») eran cuadrados, rectangulares, triangulares o circulares y de distintos tamaños; llevaban un sello (con el nombre del fabricante, a veces del propietario o de la legión*, cuando se trataba de edificios militares). Por supuesto, algunas superficies podían disimularse debajo de un revestimiento de estuco o mármol.

cónsul *(consul)*, magistratura suprema. El consulado era la magistratura suprema, ya que heredó las prerrogativas del rey, al que reemplazó; pero éstas estaban limitadas por la anualidad y la colegialidad (dos cónsules). A principios de la República*, los cónsules tenían que ser patricios, pero las leyes licinianas (367 a. JC) abrieron el consulado a los plebeyos. La edad necesaria para ejercer esta magistratura varió: 37 años hasta los Graco*, después 43 años y finalmente 33 años bajo el Imperio*.

Durante el período republicano, los cónsules eran elegidos por los comicios* centuriados; el comienzo de su cargo marcaba el principio del año civil (1º de enero a partir del año 153 a. JC) y estaba acompañado por una ceremonia en el Capitolio*. Ambos cónsules ejercían el poder por turno: un mes cada uno si estaban en Roma; de lo contrario, uno ejercía sus funciones en Roma mientras que el otro se encargaba de una misión en el extranjero (por ej. dirigir la guerra). Sus atribuciones eran: *políticas* (convocación del Senado*, de comicios, ejecución de decretos...); *jurídicas* (éstas les fueron paulatinamente retiradas); *administrativas* (poco a poco limitadas de derecho y de hecho); *militares* (reclutamiento de las legiones, mando y dirección de los ejércitos*); y *religiosas* (presidencia de las ferias latinas). Estaban revestidos del *imperium**, disfrutaban de los auspicios* mayores y, finalmente, eran epónimos. En principio, para ser elegido cónsul había que haber ejercido las magistraturas inferio-

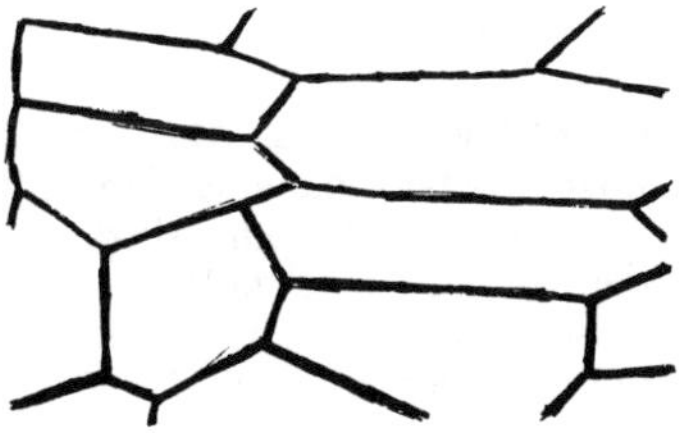

OPUS SILICEUM
(grandes bloques irregulares)

OPUS INCERTUM *(pequeños bloques de piedra colocados sin orden)*

OPUS QUADRATUM
(bloques en forma de paralelepípedo)

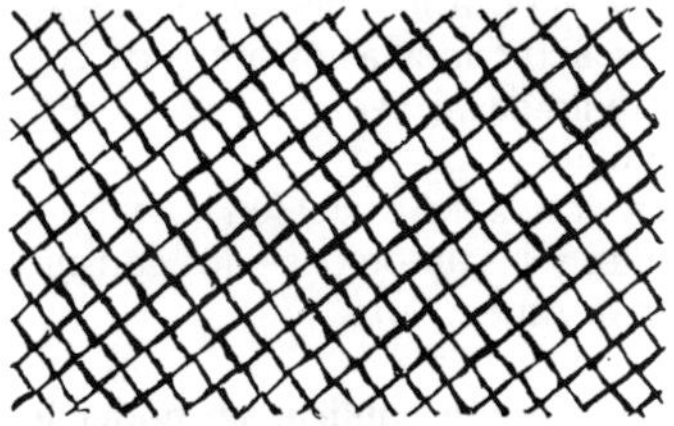

OPUS RETICULATUM *(bloques colocados imitando la malla de una red)*

OPUS TESTACEUM o LATERICIUM
(ladrillos)

OPUS MIXTUM
(reticulado y ladrillos)

res y teóricamente era obligatorio dejar un intervalo de diez años entre dos gestiones consulares. El prestigio de la función consular era muy grande, aunque su autoridad política fue disminuyendo. Desde el siglo IV hasta la época de Cicerón*, sólo una quincena de cónsules no pertenecían a las grandes familias y eran «hombres nuevos». Bajo el Imperio*, el consulado perdió toda su independencia; a partir de Tiberio*, los cónsules fueron nombrados por el Senado, que también estaba en manos del emperador; en el siglo III eran nombrados directamente por el emperador. Por otra parte, se estableció la costumbre de nombrar, además de los dos cónsules ordinarios, cónsules «sustitutos», que les sucederían durante el año. A pesar de las restricciones impuestas a la función, el consulado ejerció un cierto prestigio, pero durante el Bajo Imperio llegó a ser extremadamente costoso (fiestas y ceremonias). Los signos externos de respeto eran: la escolta de doce lictores*, los fasces*, el llevar la toga* pretexta y la silla curul. Bajo el Imperio se incrementaron aún más.

consular ***(consularis).***
1. Personalidades consulares: durante la República* eran los antiguos cónsules*. Gozaban de diversos privilegios: un rango especial en las deliberaciones del Senado*, posibilidad de ser nombrados maestros de la caballería* y gobernadores* de provincia. Bajo el Imperio*, el emperador podía nombrar consulares a las personalidades que no habían sido nombradas cónsules, por lo tanto, era un título honorífico que, por otra parte, daba derecho a los mismos privilegios que los acordados a los antiguos cónsules (entrada al Senado, gobierno de una provincia...).
2. Provincias consulares: son las más importantes y las atribuidas a los consulares (Asia, África, Siria...).

contio, reunión pública, sin poder legislativo, que se celebraba bajo la presidencia de un magistrado*.
La multitud escuchaba consejos o informaciones de orden general, político, militar... Todos los ciudadanos podían tomar la palabra. Estas reuniones se celebraban los días fastos* cerca de los rostrums*. Se toleraba la presencia de los no ciudadanos.

coraza ***(lorica).*** Hacia el siglo III a. JC, las corazas de tipo helenístico (coraza bivalva metálica, coraza de cuero*, coraza corta provista de lambrequines o faldón) fueron sustituidas por la cota de malla, copiada de los galos. Hasta el siglo I a. JC, continuó siendo la armadura común del soldado* romano. De todos modos, en esa época apareció (o volvió a aparecer) la coraza de escamas. Hacia finales del siglo I d. JC, los romanos adoptaron un tipo nuevo, la coraza articulada en tres sectores: partes superiores del torso y de la espalda (desde las axilas a la cintura) y parte de los hombros; las láminas de hierro se fijaban a un tejido. Esta coraza pasa por ser característica del armamento* romano, pero en realidad su uso efectivo sólo duró dos siglos (desde fines del siglo I hasta el siglo III d. JC). En el siglo III se volvió a utilizar la coraza de cuero.

Coriolano ***(Gnaeus Marcius Coriolanus),*** **general romano (siglo V a. JC).**
Héroe de un episodio, sin duda legendario, de la guerra de Roma contra los volscos (488-486 a. JC). Patricio exilado por los tribunos* en el año 491, Coriolano se unió a los volscos y volvió para asediar Roma al frente de un ejército. Finalmente, los ruegos de su madre y su mujer lo convencieron, pero los volscos lo mataron.

Cornelia, hija de Escipión* el Africano (h. 189-h. 24 a. JC).
Cornelia fue esposa de Tiberio Sempronio Graco y madre de los Graco*. Era el prototipo de la matrona* romana, en el sentido más elevado del término. Mujer culta, al enviudar (153 a. JC), se dedicó a la educación* de sus hijos.

cornu (cuerno), término que designa distintos objetos de cuerno, y en particular un instrumento de música* militar.
En el ejército*, quienes tocaban el cuerno *(cornicines),* junto con los que tocaban la *bucina*,* integraban la fanfarria. También trasmitían a las tropas los movimientos que debían efectuar. En tiempo de paz, estaban empleados en distintas funciones, como en los comicios* y los tribunales*, para anunciar las convocatorias, marcar los tiempos de las ceremonias, etc.

corona. Los romanos usaron profusamente las coronas (de hojas, con o sin flores, y de metal). Incluso había un oficio especializado en su fabricación (los *coronarii*). Llevaban coronas para ciertas ceremonias religiosas, en días especiales de la vida de una persona (un nacimiento*, una boda) y en los banquetes.
La corona también era una recompensa militar y, en este sentido, los ro-

manos tenían una gama completa: la *corona triumphalis* para los triunfadores, la *corona ovalis* ofrecida a los generales que habían recibido la ovación*, la *corona classica* que se concedía al primer marino que había pasado al abordaje de un navío enemigo, la *corona castrensis* para el primer soldado que había franqueado un baluarte enemigo, etc. Por último, la corona era una recompensa cívica, pero se necesitaba autorización para llevarla en público.

correos *(cursus publicus)*. En la época de Augusto*, el correo pasó a ser un servicio del Estado, y como tal estaba reservado a la correspondencia oficial. Había postas *(mutationes)* y albergues de etapas *(mansiones)* donde los correos *(speculatores)* podían descansar. Pese a ciertas disposiciones, los gastos (mantenimiento de los caballos, alimentos...) siguieron corriendo a cargo de las ciudades por las que pasaba el servicio de correos. Pero los particulares (como los magistrados* durante la República) siguieron recurriendo a unos esclavos* personales *(tabellarii, cursores)*. Las postas de despacho eran variables, según las regiones y las estaciones. Se calcula que la velocidad media del correo romano era de 80 km diarios. Pero las noticias urgentes se comunicaban más deprisa: el motín de los ejércitos del Rin, el 1 y 2 de enero del 69, fue conocido en Roma nueve días después, lo que corresponde a una carrera de 250 km diarios, aproximadamente. En invierno, la navegación estaba prácticamente suspendida y la transmisión de las noticias se retrasaba mucho.

cortinas *(vela)*. Los romanos usaban mucho las cortinas, que a menudo servían de puertas* interiores. Decoraban con ellas los asientos*, las camas* y las paredes. Con vivos colores y ricos adornos, eran signos de lujo.

costumbre (*mos majorum*, la usanza de los antepasados). La costumbre, derivada del consentimiento general, tuvo un importante papel en la formación del derecho* romano. En efecto, proporcionó a Roma lo más importante de la organización gentilicia y familiar, y reguló las relaciones entre individuos hasta la ley* de las XII Tablas, que inauguró el régimen del derecho escrito *(ius scriptum)*. Muchas de las disposiciones de este último reflejan un estado más antiguo del *mos maiorum*. Pero junto al derecho escrito, los *mores* (actos de uso), antes de ser incluidos explícitamente en la lista de las fuentes del derecho (en el Bajo Imperio), también tuvieron un importante papel para los jurisconsultos*: en efecto, los *mores* poseían un carácter más amplio que el derecho y permitían adaptar la ley* a los casos particulares, respetando la dignidad de cada uno, así como la equidad.

De un modo más amplio, el *mos maiorum* designaba las costumbres de los antepasados, su disciplina, su virtud, su piedad*, en una palabra, todas las cualidades que dieron su grandeza a Roma. En este sentido, el *mos maiorum* abarcaba todas las actividades humanas (ámbito religioso, intelectual, político) y se impuso como un ideal. Pero este último no era estático, sino que permitía asimilar las novedades e integrarlas en una continuidad.

Craso *(Marcus Licinius Crassus)*, político romano (Roma 114-Carres 53 a. JC).

Partidario de Sila*, fue encargado de luchar contra Espartaco*. Obtuvo el consulado en el 70, el mismo año que Pompeyo*, de quien era aliado. Después de ser favorable a Catilina*, tuvo la habilidad de guardar las distancias con él. En el 60, con Pompeyo y César*, formó parte del primer triunvirato*. Murió durante la guerra contra los partos. Craso, apodado *Dives* ('el Rico'), representa el poder del dinero en las postrimerías de la República*.

cristianos. En Roma* hubo cristianos desde mediados del siglo I, aunque los paganos aún les confundían con los judíos. San Pablo predicó en Roma entre el 61 y el 64. San Pedro también estuvo en la ciudad durante el mismo período. La primera persecución de los cristianos fue desatada por Nerón*, que los culpó del incendio de Roma (64). Las acusaciones de onolatría, homicidio ritual e incesto, el hecho de ser tildados de «odiar al género humano», permitió dirigir contra ellos el descontento popular. La segunda persecución fue llevada a cabo por Domiciano. Hasta mediados del siglo III, se sucedieron los períodos de persecución y de tolerancia o indiferencia. En efecto, no se promulgó ninguna ley* contra los cristianos, pero su suerte era precaria y siempre estaban bajo la amenaza de un movimiento popular. A mediados del siglo III, la situación cambió. Decio decretó una persecución oficial, ordenando que todos los ciudadanos participaran en un sacrificio general (249), con lo que los cristianos se vieron obligados a darse a conocer o abjurar. Estas persecuciones no cesaron hasta la muerte de Valeriano (259). Luego, hasta el 303, la Iglesia gozó de una relativa tranquilidad, pero entre el 303 y el 304 Diocleciano*, bruscamente, desató la persecución más sangrienta. Por fin, en el 313, Constantino* proclamó la libertad de cultos (edicto de Milán). Dos años antes, Galerio ya había reconocido oficialmente el cristianismo en Oriente. Las costumbres cristianas calaron rápidamente en la sociedad. Tras la breve reacción pagana de Juliano (361-363), Teodosio* proclamó el cristianismo como religión de Estado en el año 380. LAS PRIMERAS IGLESIAS CRISTIANAS. Los primeros cristianos, por desapego a las realidades materiales y por oposición al paganismo, no construyeron edificios de culto y celebraron los oficios religiosos en casas particulares, designadas generalmente con el nombre de sus propietarios (por ejemplo, *titulus Clementis,* en Roma). Luego construyeron iglesias propiamente dichas (San Clemente, San Martino ai Monti, etc.), a veces sobre sus ruinas. Pero los primeros edificios, que no tienen un estilo arquitectónico característico, aparecen a principios del siglo III. Reciben los nombres de *ecclesiae, domus Dei, tituli* o *basilicae.* Hasta la paz de la Iglesia (313) no apareció una arquitectura cristiana original. Se construyeron sobre todo tres tipos de monumentos, diferentes por su planta y las funciones a las que estaban destinados: las basílicas (las más antiguas de Roma datan de la época de Constantino, como San Juan de Letrán y San Pedro), los *martyria* (edificios construidos en memoria de los mártires, derivados de los mausoleos paganos; fueron numerosos en los siglos V y VI) y los baptisterios. La única basílica constantiniana que se conserva casi intacta es la iglesia de la Natividad de Cristo de Belén. A finales del siglo IV algunos edificios paganos fueron transformados en lugares de culto, pero los cristianos tardaron mucho en utilizar los templos antiguos (en general no lo hicieron antes del siglo IX, como con el templo de Antonino y de Faustino).

cuero *(corium).* Los romanos, como los griegos y los egipcios, sabían curtir, zurrar y teñir las pieles. Utilizaban el cuero para hacer calzado*, odres y corazas*.

cuestor *(quaestor),* magistrado* menor.

La cuestura se creó al mismo tiempo que el consulado. Los cuestores (20 en el siglo I a. JC) eran elegidos por los comicios tributos*. Pero a partir de Sila*, la cuestura permitió el acceso al Senado. Los cuestores que estaban en Roma tenían a su cargo el Tesoro (*quaestores urbani* o *Aerarii Saturni*), recaudaban los impuestos*, las multas y el producto de las confiscaciones y las ventas públicas. Por otra parte, pagaban el dinero destinado al sueldo de las tropas y a las obras públicas. Por último, guardaban en depósito los originales de los registros elaborados por los censores* y de todos los contratos aprobados por los demás magistrados*.

Los que estaban destinados en Italia* controlaban la administración financiera local. En las provincias*, había cuestores a disposición de los generales o los gobernadores, a quienes asistían. Dirigían el Tesoro militar, efectuaban pagos con el dinero que recibían de sus colegas de Roma y llevaban la contabilidad. A veces, a las funciones de cuestor sumaban las de propretor* *(quaestor pro praetore).*

Durante el Imperio*, los cuestores ya no se hicieron cargo de la administración del Tesoro, confiada a pretores o prefectos*. Sus funciones se repartieron del siguiente modo: dos cuestores estaban al servicio del emperador como secretarios *(quaestores principis),* dos estaban a cargo de los archivos* *(quaestores urbani),* cuatro eran secretarios de los cónsules *(quaestores consulum)* y los doce restantes acompañaban a los gobernadores de las provincias con el título de *quaestor pro praetore.*

culto. Las prácticas de culto y las ceremonias religiosas *(sacra)* ocupaban un lugar muy importante en la vida diaria de los romanos. Los actos principales eran las oraciones*, los sacrificios* y las lustraciones*. Se pueden distinguir dos grandes categorías de cultos. Por un lado, los cultos privados *(sacra privata),* que comprendían el culto doméstico oficiado por el paterfamilias* (culto a los lares*, los penates* y los manes*, así como las prácticas religiosas con motivo de las fechas importantes de la vida familiar, nacimientos*, matrimonios* y funerales*), y el culto gentilicio, tributado por todas las familias pertenecientes a una misma gens* o por los miembros de un colegio* a una divinidad común. Por otra parte, había un culto público, por el que velaba especialmente el colegio de pontífices* y que estaba asegurado por el Estado, responsable y organizador de las ceremonias, tanto de las que participaba el pueblo (cultos populares, *sacra popularia*), como de las de una delegación de sus magistrados* y sus sacerdotes* (cultos oficiales, *sacra publica*). Al principio, la religión* romana no requería edificios propios ni representaciones en imágenes de los dioses*. Los cultos más antiguos se celebraban en lugares donde se notaba especialmente la presencia divina: un bosquecillo, una fuente, una cueva. Bastaba con unos tepes de césped para formar un altar* sobre el que se ponían las ofrendas*. El primer templo* de Roma fue el que los reyes etruscos construyeron en el Capitolio*. Luego proliferaron rápidamente, pero se mantuvo la tradición romana del altar sin templo, ya que en el 13 a. JC se elevó un altar, y no un templo, a la Paz *(Ara Pacis).*

El calendario* religioso de los romanos incluía varias fechas fijas, y otras variables, en las que se rendía culto a determinados dioses con «ferias» (fiestas religiosas) o juegos* (juegos del anfiteatro*, del circo*, cazas*, naumaquias* y representaciones teatrales*). Cada vez fueron más numerosas y, en el siglo II d. JC, uno de cada dos días estaba dedicado a fiestas o juegos.

Entre las fiestas principales cabe citar las *Lupercalia* en febrero, los *Parilia, Cerialia* y *Vinalia* en abril, los *Vestalia* y *Matralia* en junio, los *Consualia* y *Vulcanalia* en agosto, los *Saturnalia* y *Opalia* en diciembre, y el *Armilustrium* en marzo y en octubre.

Los juegos principales eran: los *ludi Ceriales* en abril, *Florales* en mayo, *Apollinares* en julio, *Romani* en septiembre, *Pleibeii* en noviembre y, además, en principio una vez cada siglo, los *ludi Saeculares,* los más famosos de los cuales fueron los que celebró Augusto* en el año 17 a. JC, para los que Horacio* compuso el *Carmen saeculare.*

culto imperial. El principado* no sólo tenía aspectos institucionales y políticos, sino que también se basaba en una mística y una ideología, que garantizaron sus comienzos. A decir verdad, desde hacía mucho tiempo la actitud de los romanos hacia algunos hombres, a los que consideraban héroes, allanó el camino al culto imperial. Se llegó a pensar que Escipión* el Africano, Sila*, Pompeyo* y César* cumplían una misión divina, y el propio Cicerón* admitía sin reservas que algunos hombres, por su actuación pública, se habían elevado por encima de la humanidad común y merecían unos honores especiales. Dentro de esta mentalidad hay que entender también los honores reservados a los triunfadores. De modo que los romanos no se sorprendieron ni indignaron cuando el culto imperial se fue imponiendo poco a poco. César, que alardeaba de descender de Venus, recibió después de Munda (marzo del 45) unas pruebas de respeto y honor dignas de un dios. En el 42, los triunviros le deificaron. Después de Actium*, Octavio* autorizó a las poblaciones de Asia y Bitinia a dedicarle un templo*. Los títulos que ostentó *(Augustus, Pater patriae)* tienen resonancia religiosa, sobre todo el primero. El *imperium** y la autoridad* tribunicia le permitieron manifestar concretamente esta naturaleza casi divina que le fue atribuida. De todos modos, Augusto procuró no alimentar en exceso este movimiento de fervor popular, y prudentemente moderó las iniciativas espontáneas en favor de su divinización. En las provincias su culto estuvo asociado al culto a Roma. En Italia y en Roma se tributó culto al genio* de Augusto, asociándolo al de los *lares* compitales.* A su muerte, Augusto fue divinizado *(divus)*, se elevó un templo en su honor y se creó un colegio de sacerdotes consagrados a su culto (los *augustales**). Al mismo tiempo, se desarrollaron ciertos temas (cada vez más numerosos) susceptibles de convertirse en abstracciones divinizables: la Virtud, la Paz, la Seguridad, la Suerte... Augusto.

Los sucesores de Augusto adoptaron distintas actitudes, según su carácter y la importancia de su reinado. En general, el culto imperial se reforzó, aunque los emperadores sólo eran *divi* después de su muerte, si el Senado* decretaba su apoteosis*. Pero Aureliano* rompió con esta tradición al proclamarse dios en vida *(deus)* y emanación del Sol. Diocleciano* afirmó que era Júpiter en la tierra y exigió que le adorasen (genuflexión, beso en el faldón de la púrpura imperial). Los emperadores cristianos no pudieron aceptar la divinización, pero conservaron un carácter sagrado. En el consistorio imperial sólo se sentaba el emperador. A veces, la familia del emperador fue asociada a su culto.

curador (*curator*; de *curo*, ocuparse de), funcionario encargado de una administración por cuenta del Estado romano.

La función de curador existió durante la República*. Había curadores encargados de llevar el registro de estado civil de las tribus*, recaudar ciertos impuestos*, etc. Pero fue durante el Imperio* cuando se crearon y desarrollaron las grandes curatelas, por lo general a cargo de miembros del orden senatorial. Desempeñaron funciones que en otro tiempo habían correspondido a los distintos magistrados*: mantenimiento de las carreteras* *(curatores viarum)*, de los acueductos *(curatores aquarum)*, del Tíber y sus cloacas* *(curatores alvei Tiberis et riparum et cloacarum)*, verificación de las finanzas municipales *(curatores reipublicae)*, etc.

curia, Senado* de Roma, y también la principal asamblea de las ciudades de provincia* y de Italia*, así como su lugar de reunión o, por último, lugar de reunión en general.

En Roma la *Curia Hostilia* (atribuida al

rey Tulo* Hostilio), o sencillamente la *Curia*, se incendió en el año 52 a. JC durante los agitados funerales* de Clodio*. Fue reconstruida casi en el mismo lugar (aunque con una orientación distinta) en la época de César*, por lo que lleva su nombre, *Curia Iulia*, que aún se conserva tras varias restauraciones en el lado norte del foro. En el siglo VII fue transformada en iglesia, pero las restauraciones modernas le han devuelto su antiguo aspecto. La planta es sencilla, rectangular, con una sala de sesiones (cuya puerta permanecía abierta durante las reuniones del Senado), un vestíbulo y unas oficinas. En las otras ciudades, la curia, al igual que la basílica*, no podía faltar en el foro*.

curias *(curiae)*, las 30 divisiones de las tres tribus* primitivas (ramnes, titios y lúceres).

Esta cifra no aumentó. Según la tradición, en la época de la realeza*, cada tribu proporcionó cien infantes (centuria), diez caballeros (decuria) y diez «padres» al Senado*. Formaron el marco de la primera asamblea, los comicios* curiados. No se sabe con exactitud en qué fecha fueron admitidos los plebeyos. Cada curia participaba en un culto propio cuyo sacerdote era el curión.

d

damnatio memoriae (condena de la memoria), pena impuesta a los convictos de atentado contra la majestad del pueblo romano *(crimen maiestatis).*

Consistía en prohibir que los descendientes llevaran el nombre del condenado y destruir sus imágenes.

Durante el Imperio*, el Senado podía votar una *damnatio memoriae* póstuma contra el emperador* difunto. A consecuencia de este voto* se destruían las estatuas del emperador condenado, su nombre se borraba de los monumentos y sus actos se anulaban teóricamente con efecto retroactivo. Calígula, Nerón* y Domiciano fueron objeto de una *damnatio memoriae.* Algunos, como Caracalla y Cómodo, fueron rehabilitados más tarde. El procedimiento contrario a la *damnatio* era la apoteosis* *(consecratio),* con la que el Senado divinizaba a un emperador difunto.

danza *(saltatio).* La danza como diversión mundana nunca fue vista con buenos ojos por los romanos. En todo caso, no formaba parte de la educación* y los hombres tenían que abstenerse de bailar. En cuanto al oficio de bailarín o bailarina, no se tienen noticias de su existencia, aunque los espectáculos* de danza eran uno de los elementos de la vida lujosa y elegante. Se bailaba cantando y con acompañamiento de un instrumento musical. Pero había danzas rituales, ejecutadas durante ciertas ceremonias religiosas, en las que participaban los fieles. Se conoce la danza de los salios*, que durante el mes de mayo bailaban con un ritmo grave y una sucesión de saltos y brincos alrededor del altar* de Marte, sosteniendo un bastón y un escudo al que hacían resonar.

decenviro (de *decem;* diez, y *vir,* hombre), miembro de un colegio de diez magistrados.

Los decenviros eran diez miembros de una comisión encargada de distintos cometidos. Por ejemplo, los *decemviri legibus faciundis* elaboraron la ley* de las XII Tablas, los *decemviri sacris faciundis,* más tarde *quindecemviris s. f.,* estaban especializados en la interpretación de los *Libros* sibilinos.* (sobre el papel de los *decemviri litibus iudicandis* → vigintisevirato)

decreto (*decretum,* decisión). Durante la República* los decretos eran o bien «avisos» del Senado (→ senadoconsulto), o bien ordenanzas de los magistrados, o bien decisiones tomadas por los colegios sacerdotales, en particular por los pontífices*.

Durante el Imperio* los decretos eran los juicios del emperador. (→ constituciones imperiales)

decumano → cardo, urbanismo.

decurión *(decurio),* miembro de un Senado* municipal.

Este último tenía 100 miembros y una competencia similar a la del Senado de Roma. La función de decurión se consideró un honor durante mucho tiempo, pero a partir del siglo II fue una carga cada vez más pesada.

dedicación *(dedicatio)*, ceremonia unida a la consagración*.

La segunda era un acto religioso, mientras que la primera era un acto civil realizado por un magistrado*.

En efecto, para que un pontífice pudiera transferir a los dioses la propiedad de una cosa, un magistrado tenía que ceder antes a los dioses lo que pertenecía a los hombres. El pontífice consagraba *(consecrat)* lo que el magistrado dedicaba *(dedicat)*. En la práctica, bastaba con que el magistrado y el pontífice asistieran juntos a la misma ceremonia. La dedicación más importante, la de los templos, correspondía a los magistrados superiores (cónsules*, pretores* y censores*) o a una comisión especial *(cura)* formada por dos miembros, los *duoviri aedi dedicandae*. Estaba acompañada de juegos* y festejos.

delator. El ministerio público no existió en la Antigüedad. En Roma, la acusación en un proceso* corría a cargo de un particular, que debía reunir una serie de condiciones y ser aceptado por un magistrado*. Durante el Imperio* se alentó la delación y llegó a convertirse en un verdadero azote.

deminutio capitis (disminución de la personalidad). En cierto modo era una muerte civil, pero se pueden distinguir en ella varios grados: la *deminutio minima* sólo se refería al derecho privado, la *deminutio media* era la pérdida del derecho de ciudadanía, conservando la libertad personal, y la *deminutio maxima* era la pérdida del derecho de ciudadanía* y de la libertad personal, es decir, la reducción a la esclavitud. Esta anulación de la libertad jurídica se podía revocar total o parcialmente.

dentista. Los romanos no poseían una palabra especial para referirse a los dentistas y les llamaban sencillamente *medici* (médicos). Su ingenio y habilidad fueron muy grandes desde épocas antiguas, pues la ley* de las XII Tablas (450 a. JC), que prohibía poner objetos de oro en las tumbas, hacía una excepción en el caso de que el difunto tuviera puentes de oro (*cui auro dentes iuncti erunt*, 'aquel que tenga los dientes unidos con oro'). Los dentistas sabían tratar las caries, la piorrea alveolar, etc. Su técnica de la prótesis era muy avanzada.

deportación *(deportatio)*, durante el Imperio*, pena de exilio* más severa que la relegación*.

Estaba acompañada de la pérdida de los derechos políticos y civiles, y de la confiscación de los bienes. La deportación y la relegación se reservaban generalmente a los *honestiores** (clases altas). Por los mismos crímenes, las clases bajas eran castigadas con trabajos forzados o la muerte*.

deporte. El atletismo, que jugó un papel importante en la educación de los griegos, se impuso en Roma de forma muy tardía, pues durante mucho tiempo para los romanos la afición a la competición deportiva fue algo poco serio y sin sentido. Los jóvenes hacían ejercicios físicos en el Campo de Marte, pero se trataba de un entrenamiento militar: manejo de las armas, carrera, equitación, natación en el Tíber... Sin embargo, Agripa* preparó unos terrenos deportivos en el Campo de Marte, inspirados en los gimnasios griegos, para que los jóvenes romanos pudieran practicar deportes que no estuvieran relacionados directamente con la guerra. Más tarde, en la misma línea, Domiciano construyó un estadio, también en el Campo de Marte. Fue restaurado por Severo Alejandro y tenía un aforo de treinta mil espectadores; al parecer, fue el único que se construyó en Roma. Por otra parte, los particulares construyeron estadios, gimnasios e «hipódromos» en sus villas*, como Domiciano en su palacio del Palatino. En ellos realizaban ejercicios físicos, pero lo hacían para mantenerse en forma siguiendo la prescripción de los médicos*. Más que ejercicios deportivos propiamente dichos eran ejercicios de higiene.

En realidad, la juventud romana prefería el circo*, donde practicaba la cuerda floja y el carrusel, y el anfiteatro*, donde hacía esgrima y se enfrentaba a las fieras en cazas*. Éstos eran los deportes preferidos por los jóvenes, que a partir de la época de Augusto* formaban parte de clubes elegantes y aristocráticos, los *collegia iuvenum.* Estos deportes enlazaban más con la tradición romana que el atletismo.

derecho ***(ius).*** Es de sobra conocido que una de las aportaciones más importantes de la civilización romana es el derecho. A los romanos se les debe no sólo la noción del derecho enfocado como teoría, sino también gran parte de la teoría jurídica (teoría de la personalidad, capacidad jurídica, teoría de las cosas, de los contratos, etc.). Pero antes de llegar a esta definición de los preceptos esenciales del derecho, «vivir honradamente» *(honeste vivere),* «no perjudicar a los demás» *(alterum non laedere)* y «dar a cada cual lo que le corresponde» *(suum cuique tribuere),* en los que se establecen los vínculos entre la moral y el derecho, éste tuvo inicialmente en Roma un carácter sobre todo privado: la parte lesionada perseguía en persona la restitución de su derecho. Por otra parte, la práctica jurídica precedió a la teoría del derecho; la justicia* funcionó sin una obra legislativa desarrollada. Fueron los jurisconsultos* quienes elaboraron el derecho romano. Bajo la influencia de Aristóteles y los estoicos*, poco a poco subordinaron el derecho a ciertos conceptos éticos, definiendo términos como equidad *(aequitas),* costumbre* *(mos maiorum)* o dignidad *(honestas, dignitas).*

El derecho romano está contenido en la costumbre*, las leyes*, los senadoconsultos*, los plebiscitos*, las constituciones* imperiales, los edictos* de los magistrados y las respuestas de los jurisconsultos*. No todas estas fuentes funcionaron al mismo tiempo. Algunas aún no existían cuando se manifestaron otras. Los jurisconsultos las clasificaron al final de la República, y de una forma más sistemática a comienzos del siglo III d. JC. Distinguieron entre un derecho natural *(ius naturale)* común a todos los seres animados; por encima, pero a menudo confundido con él, el derecho de gentes *(ius gentium),* común a todas las naciones; por último, el derecho civil *(ius civile),* formado por las reglas de una ciudad y que, entendido en sentido amplio, englobaba el derecho «honorario» o «pretoriano» emanado de los edictos de los magistrados. En cuanto a la distinción entre derecho público y privado, no corresponde a la actual. Los romanos entendían por derecho público *(ius publicum)* el derecho emanado de una fuente oficial (ley, edicto) y por derecho privado *(ius privatum),* el derecho emanado de un acto privado (un contrato, por ejemplo).

derecho de ciudadanía → ciudadano romano.

derecho latino → latinos.

destino ***(fatum, fortuna).*** La noción de destino se designa en latín con estos dos términos, cargados de resonancias religiosas y filosóficas. El primero es un participio neutro sustantivado del verbo *fari,* que significa 'decir, hablar'. De modo que el *fatum* es, propiamente, 'lo que está dicho, predicho': el destino impuesto a los hombres, inevitable. Corresponde a la *moira* de los griegos. Pero esta última es sobre todo trágica, y las Erinias eran su personificación. En cambio, el concepto romano de *fatum* está influido por el estoicismo. Para éste, el destino es una fuerza divina y cósmica, y se identifica con el orden universal, formando un todo con la Providencia. (La palabra latina ha dado origen, entre otras, a la española *hada*.)

Fortuna corresponde a la *tique* griega, azar, bueno o malo, irracional, con sus imprevistos e incoherencias. Este concepto de destino es más propio de las ideas epicúreas. Naturalmente, la distinción no está tan clara en los escritores, y se crea cierta confusión entre *dii* (los dioses*), *fatum* y *fortuna* a la hora de designar un principio que explique los acontecimientos del mundo o la conducta de los hombres. Por otra parte, la *fortuna* puede designar el destino personal de cada cual, caso particular del orden universal.

Aunque el *fatum* fue divinizado —existía la diosa *Fata*—, la verdadera divinidad del Destino era *Fortuna*. Tenía muchos templos* y se le rendía culto, según los casos, con el nombre de *Fortuna virilis* (Fortuna viril), *Fortuna muliebris* (Fortuna femenina), *Fortuna populi romani* (Fortuna del pueblo romano), etc. Durante el Imperio* su culto* estaba asociado al del emperador: *Fortuna Augusta*.

devotio, acto religioso por el que una persona era consagrada, o se consagraba espontáneamente, a los dioses* infernales para aplacar su ira o restablecer el orden alterado.

Este tipo de sacrificio* tiene orígenes mágicos muy lejanos. En la época histórica, lo practicaron ciertos jefes militares (por ejemplo, P. Decio Mus en el año 295 a. JC).

día → calendario.

Diario oficial. César decidió publicar todos los días las actas de las reuniones del Senado* y de las asambleas*, así como los informes de los acontecimientos importantes: los *Acta diurna populi Romani*, fijados en el foro* y difundidos en la ciudad. De hecho, la crónica mundana ocupaba tanto espacio en él como la parte oficial. Los originales se conservaban en los archivos* públicos.

dictador *(dictator)*, magistrado* extraordinario dotado de poderes excepcionales por un tiempo limitado.

Nombrado en casos graves por decisión del Senado* y elegido por un cónsul* entre los antiguos magistrados, su mandato no podía durar más de seis meses. Mientras el dictador ejercía sus funciones, los demás magistrados eran sus subordinados. Era omnipotente, irresponsable e independiente. Tenía derecho a 24 fasces*. Pero se impuso la costumbre de que le asistiera un jefe de la caballería* *(magister equitum)*. Entre los dictadores célebres cabe citar a Cincinato*, Camilo*, Fabio* Cunctator, Sila* y César*, pero estos dos últimos lo fueron ilegalmente. La dictadura fue abolida por Antonino* en el año 44 a. JC.

Dido o **Elisa** → Cartago, Eneas.

Digesto de Justiniano, título dado a una recopilación de la literatura jurídica realizada por Triboniano por encargo de Justiniano (533 a. JC).

Es una obra aún más voluminosa que el *Código**. Comprende cincuenta libros, divididos en títulos, bajo los cuales se incluyen fragmentos de los jurisconsultos*, con indicación del autor y la obra de la que se han extraído. El *Digesto* se designa a menudo con su nombre griego, las *Pandectas*.

diócesis → Diocleciano, Italia, provincias.

Diocleciano *(C. Aurelius Valerius Diocletianus)*, emperador romano del año 285 al 305 (cerca de Salónica, Dalmacia, 245 d. JC-*íd.* 313).

Hijo de un liberto, hizo la carrera de oficial y fue proclamado emperador por sus soldados a la muerte de Carino. Tuvo que sofocar las rebeliones en las provincias* y reforzar las fronteras contra las invasiones. Las circunstancias le llevaron poco a poco a crear el sistema de gobierno conocido como la tetrarquía*, al que permanece asociado su nombre. Reformó y unificó el Imperio: separación de las funciones civiles y militares, división del Imperio en doce diócesis*, al frente de cada una de las cuales había un vicario que dependía directamente del emperador, extensión del derecho* romano a todo el Imperio, reforma del impuesto*, de la moneda* y desarrollo de la burocracia. Acentuó el carácter sagrado del emperador y su política religiosa incluyó las persecuciones contra los cristianos*.

dioses ***(dii).*** Es difícil hacer una clasificación adecuada de los dioses romanos, tan distintos por su origen y sus funciones, multiplicados por la distinción de los *numina* y la divinización de abstracciones. La que realizaron los propios antiguos no siempre responde a la realidad. De todos modos, partiendo de las fiestas religiosas más antiguas del viejo calendario* romano, se puede tener una idea de las principales divinidades veneradas por los romanos a finales del siglo VI y principios del V a. JC.

Algunos dioses mayores tenían una relevancia especial: Júpiter, Marte y Quirino (la tríada indoeuropea primitiva, a la que sucedió la tríada etrusca: Júpiter, Juno y Minerva), Juno y Jano. Luego estaban las divinidades del fuego y el agua: Vesta, Vulcano, Volturno y Neptuno; las de la fecundidad: Terra Mater, Ceres, Venus, Saturno y Conso; y las de la familia y los muertos: Lucina, Mater Matuta y Bona Dea. A partir del siglo V a. JC, fueron introducidos otros dioses en Roma: la tríada ctónica de Ceres, Liber y Libera, los Dioscuros Cástor y Pólux, Mercurio, Hércules y Apolo. Por otra parte se establecieron equivalencias, más o menos completas, entre los dioses griegos y los romanos: Júpiter y Zeus, Juno y Hera, Minerva y Atenea, Diana y Artemisa, Marte y Ares, Venus y Afrodita, Neptuno y Poseidón, etc. Por último, ciertas abstracciones personificadas fueron objeto de culto: Fides, Victoria, Libertas o Concordia. La segunda guerra* púnica, por su duración y sus vicisitudes, provocó una grave crisis del sentimiento religioso. Roma acogió a la diosa anatolia Cibeles y en los sacrificios* adoptó el rito griego. Se propagaron los misterios de Dioniso, pese a la reacción ocurrida en el 186 a. JC (asunto de las Bacanales), y la diosa egipcia Isis fue introducida en Roma en el siglo I a. JC.

Aunque Augusto* trató de regenerar la religión* nacional y volver a los ritos que habían caído en desuso, Roma estuvo abierta a las corrientes místicas y a las religiones que procedían de Oriente (culto de Mitra, divinidades sirias, culto solar, etc.).

diplomacia. Los romanos, como los otros pueblos de la Antigüedad, no tenían un cuerpo diplomático especializado y permanente. Tampoco había embajadores acreditados en los estados extranjeros. Durante la República*, el Senado* dirigía la diplomacia: recibía a los embajadores extranjeros y enviaba al exterior a los embajadores romanos *(legati)*, que también eran senadores. La misión constaba de un número variable de miembros (de dos a diez) y recibía distintos encargos diplomáticos: renovación de alianzas, arreglo de conflictos, petición de ayuda, cumplimiento de un tratado, quejas, declaración de guerra* o tratado de paz. Los «legados», en sus gestiones, estaban asistidos por los feciales*, ya que los actos políticos tenían que seguir un ritual para no turbar la paz de los dioses*. Durante el Imperio* el emperador sustituyó el Senado. Recibía personalmente las delegaciones extranjeras y elegía a quienes le debían representar en los países extranjeros.

Para esta tarea contaba con la ayuda de un servicio de cancillería*, la oficina *ab epistulis*.

divorcio *(divortium)*. Los divorcios, escasos al principio de la República*, se hicieron más numerosos al final de la misma y durante el Imperio*. El matrimonio* se rompía sin formalidades, por mutuo consentimiento o por voluntad de uno solo (en este caso se trataba del repudio, *repudium*). La fórmula usual era: *tuas res tibi habeto*, 'coge tus cosas'. Pero en este caso la esposa sólo podía tener la iniciativa si estaba casada *sine manu*, por lo menos hasta el final de la República.

El matrimonio por *confarreatio* era el único que requería una ceremonia inversa a la de la unión de los esposos, la *diffarreatio*. Al parecer, en un principio, el matrimonio por *confarreatio* era indisoluble y la *diffarreatio* sólo se permitía en casos muy especiales.

Durante el Bajo Imperio los emperadores cristianos lucharon contra el divorcio.

dominado, término empleado por los historiadores modernos para referirse al régimen imperial a partir del final del siglo III, en vez de «Bajo Imperio», al que se suele dar un sentido peyorativo.

De esta forma, la oposición entre Alto Imperio y Bajo Imperio se sustituye por la oposición entre principado* y dominado, que refleja mejor las diferencias políticas e ideológicas entre los dos períodos. Pero este término nunca fue empleado en tal sentido por los romanos. Los modernos lo han adoptado basándose en la importancia que cobra entonces el carácter sagrado y monárquico del emperador, que se hace llamar en vida *Dominus* y *Deus* ('amo' y 'dios'). No obstante, ya en el principado algunos emperadores ostentaron el título de *Dominus* (Calígula, Domiciano). Plinio* el Joven se lo daba a Trajano en las cartas que le escribió. A partir de los Severos (193-235), la costumbre se generalizó cada vez más y Aureliano* se llamó *Deus et Dominus natus* ('nacido dios y amo').

El dominado se caracteriza por tres hechos principales, que no son del todo nuevos pero adquieren una mayor relevancia. 1° El *absolutismo*: el emperador era un amo absoluto y sagrado. El ceremonial que le rodeaba y la mística de que era objeto reflejan su poder. 2° El *reparto del poder*: esta idea se remonta a Augusto* y nunca se había olvidado del todo. Diocleciano* trató de resolver el problema del gobierno y el de la sucesión con la creación de la tetrarquía*. Constantino*, una vez restablecida la unidad del Imperio, volvió en su testamento al régimen de gobierno colectivo. En el año 364, Valentiniano y Valente se repartieron el Imperio (Occidente y Oriente). A partir de esta fecha, exceptuando dos períodos cortos, se mantuvo la división del Imperio en dos partes. Pero este reparto de hecho, con dualidad de emperadores y capitales (Tréveris, Milán y Rávena por un lado, Constantinopla por otro), no destruyó la unidad teórica y jurídica de la *Romania*. Esta unidad estaba simbolizada por el hecho de que existían dos cónsules comunes para todo el Imperio. Pero a pesar del prestigio que aún tenía Roma, la diferencia de culturas y tradiciones entre la parte oriental y la parte occidental del Imperio fue en aumento. 3° La *burocracia*: la administración estaba centralizada, organizada de forma racional, pero era muy gravosa. Las magistraturas republicanas eran honoríficas, mientras que los funcionarios* eran numerosos y estaban rigurosamente jerarquizados. El emperador era el amo absoluto de esta administración.

dominio público → *ager publicus*.

domus, casa, por oposición a *insula y *villa**.**

Los primeros habitantes de las aldeas situadas en las colinas de Roma cons-

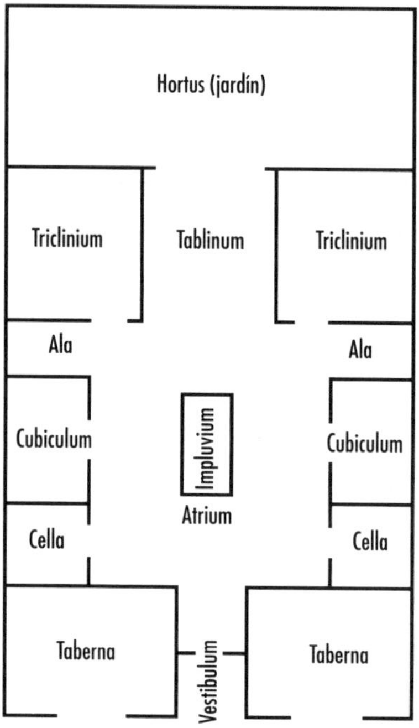

Vestibulum, *vestíbulo;* taberna, *taller;* cella, *habitación de usos múltiples (granero, antecocina, despensa, cuarto de los esclavos, etc.);* cubiculum, *cuarto;* ala, *habitación de uso poco claro, que servía para ventilar e iluminar la* domus. *En una de ellas se colocaba el larario y las «imágenes» de los antepasados. La cocina* (culina) *no tenía sitio fijo. Al principio, los romanos cocinaban en el* atrium, *y luego en una pequeña habitación.*

truían cabañas ligeramente ovaladas, como se puede apreciar por las huellas que han dejado bajo la toba del Palatino (siglo VIII a. JC) y por las urnas* cinerarias que reproducen su forma. Estas cabañas primitivas fueron mejorando con el empleo de la piedra. Por influencia de los etruscos*, la casa adoptó una planta cuadrangular y se organizó por dentro alrededor de un patio central, el *atrium*. Al principio, éste pudo ser abierto o cerrado; a partir del siglo V a. JC el *atrium* se cubrió con un tejado de dos aguas, con una abertura cuadrada en el centro. En el suelo, bajo esta abertura, se encontraba el *impluvium*, un estanque que recogía el agua de lluvia. La entrada a la *domus* era axial. Frente a ella, al otro lado del *atrium*, se encontraba el *tablinum**, donde vivía el dueño. Pero en la época de las guerras* púnicas la casa romana se desdobló, sin duda por influencia del helenismo*. Conservó su planta rectangular y axial, pero a la parte antigua que rodeaba al *atrium* se añadió, por detrás, un conjunto centrado en el peristilo*. Estas dos partes de la nueva casa romana tenían funciones distintas. La parte anterior (con el *atrium*) se reservaba a las recepciones «oficiales», mientras que la posterior, dispuesta en torno al peristilo, eran las habitaciones privadas, donde también se recibía a los amigos. El *oecus* era el salón mundano o íntimo, mientras que el *tablinum* era el

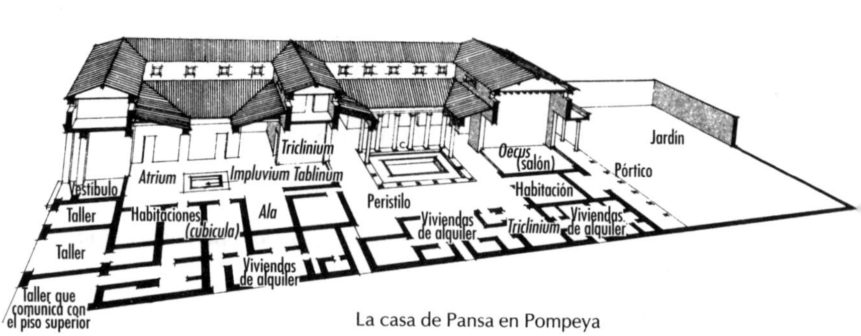

La casa de Pansa en Pompeya

«despacho» oficial. Ambos estaban ubicados del mismo modo con respecto al peristilo y el *atrium*, exactamente en el eje de la entrada. La *domus* romana, ya fuera «sencilla» (con *atrium*) o «doble» (con *atrium* y peristilo), estaba orientada hacia el interior, de espaldas al exterior. Por lo general tenía un piso, con balcones *(maenina)*. En principio, cada habitación estaba dedicada a un solo uso.

duunviro (*duumvir*, de *duo*, dos, y *vir*, hombre), miembro de una comisión de dos personas.

Por ejemplo, los *duumviri aedi locandae* estaban encargados de adjudicar la construcción de un templo* a un empresario; los *duumviri viis extra urbem purgandis* estaban encargados de la conservación de las carreteras* fuera de Roma. (→ vigintisevirato)

e

ebanistería. En la fabricación del mobiliario se empleaba mucha menos madera que en la actualidad. Pero esto no fue obstáculo para que la técnica de la ebanistería alcanzara una gran perfección. Para los muebles más elegantes se recurría al contrachapado y a la marquetería, y en estos casos la tuya era una madera muy apreciada. Los muebles más lujosos tenían incrustaciones de concha de tortuga, asta y metales preciosos. La herramienta de los carpinteros y ebanistas *(lignarii)* era prácticamente igual que la que se utiliza hoy. Para ensamblar los elementos usaban clavos, clavijas, cola de pegar y colas de milano. (→ mobiliario)

edades de la vida. En líneas generales, los romanos eran menos precisos que nosotros cuando decían la edad de alguien. Desde el nacimiento hasta los 7 años el joven romano era *infans* ('que no habla'). Hasta los 16 era *puer.* Al cumplir los 17 alcanzaba la mayoría de edad política. En una ceremonia celebrada el 16 de marzo, fiesta de Baco *(Liberalia),* el joven se desprendía de la toga* pretexta y vestía la toga viril, completamente blanca. Al mismo tiempo depositaba su «bula* de oro» y se la dedicaba al lar* de la casa*. Era conducido solemnemente al foro*, símbolo de su entrada en la vida pública, en la que empezaba a participar (derecho de voto, servicio militar). Pero en el ámbito del derecho privado no alcanzaba la mayoría hasta los 25 años. Era *adulescens* hasta los 30 años, *iuvenis* de 30 a 45, *senior* de 46 a 60 años y *senex* de 60 a 80. Si pasaba de esta edad, le llamaban *grandis natu* o *provectus aetate* ('de avanzada edad'). A los 14 años los romanos ya podían casarse. Podían ser movilizados de los 17 a los 60 años (de los 17 a los 46 años formaban parte del ejército* activo y de los 46 a los 60 años del ejército sedentario).

Las edades de las romanas dependían de su «estado civil». Hasta los siete años la romana era *infans,* luego se llamaba *puella.* A los doce años ya se podía casar. Entonces era *uxor* (esposa), *matrona** y *mater* (madre de familia). La mujer anciana se llamaba *anus.*

edictos de los magistrados *(edicta magistratuum),* ordenanzas de los magistrados* pronunciadas al entrar en funciones para dar a conocer el espíritu con el que pretendían llevar su magistratura.

Es el *ius edicendi.* Entre los distintos edictos, los de los magistrados judiciales (cuestores*, ediles*, gobernadores* y, sobre todo, pretores*) tuvieron una importancia fundamental en la evolución del derecho*, del que constituyeron una fuente viva y original hasta la época de Adriano*. Estos magistrados, y ante todo los pretores, aconsejados por los jurisconsultos*, adaptaron el derecho a las circunstancias particulares, previendo los casos en que organizarían un proceso *(iudicium dare)*. Al reconocer que esta situación merecía ser protegida, el magistrado creaba un derecho nuevo. En principio, los edictos sólo eran válidos el año durante el cual ejercían sus funciones los magistrados. Pero, de hecho, los sucesores en la magistratura conservaban y mejoraban los edictos de sus antecesores. Fue así como se desarrolló, en contacto con la realidad, el derecho llamado pretoriano *(ius praetorium)*, si se refería sólo a los edictos de los pretores, y honorario *(ius honorarium)*, si se trataba de los edictos de todos los magistrados con función judicial. Por supuesto, el paulatino abandono de las acciones* de la ley, procedimiento rígido, en beneficio del procedimiento* formular, más flexible, hizo que la concepción del derecho evolucionara en el mismo sentido.

Pero a principios del siglo II d. JC la iniciativa de los pretores se vio frenada y aparecieron dos nuevas fuentes del derecho, la jurisprudencia* y las constituciones* imperiales. El derecho pretoriano se «fijó» y Adriano hizo que lo codificaran. A partir de entonces dejó de ser una fuente viva. No obstante, siguió siendo una guía para los jueces*.

edil *(aedilis)*, magistrado* encargado de funciones municipales y de la organización de los juegos*.

La edilidad fue una magistratura creada al mismo tiempo que el tribunado de la plebe, en el año 494 a. JC. Hasta el 366 fue una magistratura plebeya. Los ediles de la plebe *(aediles plebis)* eran dos, elegidos por las asambleas de la plebe. Al principio, su labor consistía en ayudar a los tribunos de la plebe en el desempeño de sus funciones. Al igual que ellos, eran inviolables. Pero en el 366, a los ediles de la plebe se sumaron los ediles curules *(aediles curules)*. También eran dos, elegidos por los comicios tribunos, y no tenían inviolabilidad, pero sí derecho a la silla curul y poseían auspicios*. Pronto la edilidad plebeya y la curul se fundieron en una sola edilidad compartida en dos colegios solidarios. Los ediles, que tenían la *potestas* pero no el *imperium**, desempeñaban las siguientes funciones: policía de los mercados, vigilancia del avituallamiento, cuidado y policía de la ciudad, y organización y vigilancia de los juegos públicos. Además, los ediles tenían una jurisdicción relacionada con sus funciones. Sus edictos* formaron un código de comercio. Durante el Imperio* su papel y sus funciones se redujeron de forma considerable.

educación → enseñanza.

Egatas *(Aegates)*, islas situadas al oeste de Sicilia, frente a Drepanum (Trápani).

La flota romana de C. Lutacio consiguió allí una resonante victoria sobre la de Cartago*, dirigida por Hannón. Lutacio hundió cincuenta navíos*, apresó setenta e hizo diez mil prisioneros (primavera del 241 a. JC).

ejército *(exercitus)*. La composición y organización del ejército romano evolucionaron mucho con el paso del tiempo y se pueden distinguir en ellas varios períodos.

1. EL EJÉRCITO REAL. Al principio sólo los patricios y sus clientes* servían en el ejército. Cada curia* proporcionaba cien infantes y diez caballeros, de modo que en total, con treinta curias, había tres mil infantes y trescientos caballeros. Este conjunto formaba una «leva» (*legio*, 'legión').

2. LA ORGANIZACIÓN «SERVIA». La división de los ciudadanos (patricios y plebeyos) en clases y centurias* cambió profundamente el ejército romano. Las 18 centurias ecuestres formaban la caballería. Las cinco clases siguientes la infantería, pesada (las tres primeras clases) y ligera (las dos últimas clases). Por último, las centurias más pobres formaban los cuer-

pos de ingenieros y de la música* militar. Se creó así una jerarquía en el equipamiento y el armamento, con arreglo a la fortuna personal, algo normal dado que los ciudadanos sufragaban su propio equipo.

La obligación de servir abarcaba desde los 17 años hasta los 60, pero mientras los *iuniores* (17 a 46 años) formaban el ejército activo, los *seniores* (46 a 60 años) formaban el ejército sedentario sin salir de Roma*. La legión contaba con unos cuatro mil hombres. El orden de combate era la falange, una línea continua de soldados en seis filas.

3. El ejército del siglo iv. La tradición atribuye a Camilo* una serie de reformas: creó el sueldo, que se hizo necesario por la prolongación de las campañas pasado el verano y por la distribución de las tropas con arreglo al valor y la edad, y no a la fortuna personal. Por otra parte, eligió como unidad táctica el manípulo (ciento veinte hombres, dos «centurias» de 60 hombres), y la legión estaba formada por 30 manípulos. En formación de combate los manípulos se colocaban en tres filas, al tresbolillo. En la primera fila estaban los más jóvenes *(hastati)*, en la segunda los hombres de edad madura *(princips)* y en la tercera los legionarios más experimentados *(triarii)*. Esta infantería estaba apoyada por otra infantería más ligera (los vélites), por la caballería legionaria (300 caballeros repartidos en diez escuadrones *[turmae]*) y por las tropas aliadas* (italianos) y auxiliares (mercenarios no italianos: infantería gala, arqueros cretenses, honderos de Baleares, caballeros númidas...). En total, la legión y sus tropas auxiliares contaban con unos 4 200 hombres. En el siglo iv, se reclutaban normalmente cuatro legiones, pero si era necesario Roma podía movilizar hasta diez.

4. Reformas de Mario*. Mario creó un ejército profesional, permitiendo el ingreso de los más pobres en el ejército romano. Los soldados se alistaban por un período de 16 años, durante el cual no dejaban de llevar las armas. Esta decisión le permitió reclutar un ejército numeroso, hasta el punto de que en el año 89, a raíz de la guerra* social, toda Italia recibió el derecho de ciudadanía*, incluida la Galia* Cispadana. Por otra parte, Mario adoptó como unidad táctica la cohorte (600 hombres), que comprendía un manípulo de *hastati*, otro de *princeps* y otro de *triarii*. Había diez cohortes por legión, a las que se sumaban 1 000 caballeros extranjeros.

5. El Imperio*. Augusto* no introdujo muchos cambios en la organización del ejército, aunque incorporó algunas modificaciones en la caballería legionaria. Pero sobre todo abrió el ejército a los provinciales, que cuando se alistaban obtenían el derecho de ciudadanía. La abundancia de alistamientos voluntarios hacía innecesario recurrir a todos los ciudadanos. El servicio duraba veinte años y era permanente. El ejército de Augusto constaba de 25 legiones, unos 150 000 hombres. Pero además estaban las tropas auxiliares (cohortes de infantería, de caballería, cohortes mixtas), más o menos igual de numerosas. En ellas, el servicio duraba 25 años. Estos cuerpos se reclutaban en las provincias (las tropas auxiliares ya no eran sinónimo de «extranjeras»). Por último, hay que sumar los cuerpos especiales: cohortes pretorianas, vigiles urbanos, etc.

En una legión, la jerarquía militar era la siguiente: 1° durante la República, a la cabeza estaban los tribunos* militares, a cuyas órdenes estaban los centuriones*, oficiales subalternos y luego los suboficiales *(principales)*; 2° en el Imperio, el mando de la legión pasó al legado de legión y el grado de tribuno militar pasó a ser honorífico.

Durante la República* los magistrados* en posesión del *imperium** (por lo tanto, los cónsules* en primer lugar) eran los comandantes generales de los ejércitos. Durante el Imperio* el emperador era el jefe permanente de los ejércitos.

elecciones. Sólo se puede hablar de verdaderas elecciones en el período republicano, pues durante la realeza*, por los datos que poseemos, lo que hacía el pueblo era ratificar al soberano, más que elegirle, y durante el Imperio* tampoco hubo una verdadera elección de los magistrados*, prácticamente impuestos al sufragio de las asambleas* por el emperador.

En cambio, durante toda la República* las elecciones tuvieron mucha relevancia en la vida* política de los ciudadanos*, tanto para quienes se presentaban como para los que apoyaban a sus candidatos. Es sabido, además, que los romanos no concebían una carrera brillante que no fuera política. El candidato a una magistratura presentaba su candidatura haciendo una declaración pública *(professio)* en el foro* y entonces el magistrado que debía presidir los comicios* le inscribía en la lista de candidatos. Generalmente, esta declaración se hacía el día en que se publicaba el edicto de convocatoria de los comicios, tres *nundines* (27 días) antes de su celebración. Este período era el de la campaña oficial. El candidato se ponía una toga* blanca (*toga candida*, de ahí el nombre de *candidatus*, candidato) y trataba de convencer personalmente y con la ayuda de sus clientes* a los ciudadanos para que le votaran. Los discursos electorales podían ir acompañados de regalos, repartos de dinero y banquetes. No obstante, había leyes* que reprimían la intriga y la corrupción. A veces se recurría a la fuerza y, sobre todo al final de la República, las campañas electorales solían ser muy agitadas.

Llegado el día de las elecciones (en julio o agosto durante el siglo I a. JC), los magistrados que presidían los comicios (cónsules*, pretores* o tribunos*, según los casos) resolvían la legalidad de las candidaturas. Tenían facultad para anular una candidatura antes del voto*, o una elección después del mismo.

Desde el momento de su elección hasta la fecha de su entrada en funciones (por lo general el 1 de enero, a partir del siglo II a. JC), los magistrados se llamaban *designati* (designados) y ejercían virtualmente los poderes propios de su dignidad. En particular, podían proclamar su edicto*. Cuando el magistrado entraba en funciones debía ser confirmado por los dioses tomando los auspicios*. Los magistrados con *imperium* debían ser ratificados por los comicios* curiados, pero sólo se trataba de una formalidad. Las ceremonias de investidura terminaban con una solemne procesión al templo de Júpiter Capitolino, durante la cual los magistrados prestaban juramento* de servir las leyes.

Elisa → Dido.

elogio *(laudatio)*, discurso solemne en honor a una persona.

Se pronunciaban elogios en los juegos* públicos y en los funerales* *(laudatio funebris)*. Los elogios fúnebres se guardaban en los archivos* familiares.

empadronamiento → censo, censor.

emperador → dominado, principado. (*ver* cuadro pp. 88-90)

Eneas *(Aeneas)*, héroe troyano, hijo de Anquises y Afrodita (Venus).

Se distinguió por sus hazañas en la guerra de Troya, durante la cual aparece como un héroe protegido por los dioses. Tras la caída de la ciudad, su importancia fue en aumento. Según ciertas tradiciones, se retiró al monte Ida con su padre, su hijo y los dioses de Troya, y fundó una ciudad. Pero la leyenda más conocida es la de sus viajes, recogida por Virgilio*. Eneas y sus compañeros partieron de la Tróade en dirección al occidente mediterráneo, deteniéndose en Tracia, Macedonia, Creta, Epiro y Sicilia. Una tempestad les arrojó a las costas cartaginesas, donde Eneas se ena-

Emperadores romanos hasta la caída del Imperio de Occidente

Augusto y la dinastía Julio-Claudia (27 a. JC-68 d. JC)	Augusto	(27 a. JC-14 d. JC)
	Tiberio	(14 d. JC-37)
	Calígula	(37 d. JC-41)
	Claudio	(41 d. JC-54)
	Nerón	(54 d. JC-68)
Crisis del 69	Galba	(jul. 68-ene. 69)
	Otón	(ene. 68-abr. 69)
	Vitelio	(abr. 69-dic. 69)
dinastía flavia (69-96)	Vespasiano	(69-79)
	Tito	(79-81)
	Domiciano	(81-96)
dinastía antonina (96-192)	Nerva	(96-98)
	Trajano	(98-117)
	Adriano	(117-138)
	Antonino	(138-161)
	Marco Aurelio	(161-180)
	L. Vero (asociado al Imperio)	(161-169)
	Cómodo	(180-192)
época de los Severos (193-235)	Pertinax	(193 [87 días de reinado])
	Didio Juliano	(193 [66 días de reinado])
	Septimio Severo	(193-211)
	Caracalla y Geta	(211-212)
	Caracalla	(212-217)
	Macrino	(217-218)
	Heliogábalo	(218-222)
	Severo Alejandro	(222-235)
período de anarquía militar (235-268)	Maximino I	(235-238)
	Gordiano I y Gordiano II	(238 [mayo-junio])
	Balbino y Pupieno	(238)
	Gordiano III	(238-244)
	Filipo el Árabe	(244-249)
	Decio	(249-251)
	Galo	(251-253)
	Valeriano	(253-260)
	Galieno	(260-268)

emperadores ilíricos (268-284)	Claudio II el Gótico	(268-270)
	Aureliano	(270-275)
	Tácito	(275-276)
	Probo	(276-282)
	Caro	(282-283)
	Numeriano	(283-284)
	Carino	(283-285)
la tetrarquía (284-310) (A: Augusto; C: César)	Diocleciano [A]	(284-305)
	Maximiano [A]	(286-305)
	Constancio Cloro [C]	(293-305)
	Galerio [C]	(293-305)
	Constancio Cloro [A] Galerio [A] Severo [C] Maximino Daya [C]	(305-306)
	Galerio [A] Severo [A] Constantino [C] Maximino Daya [C]	(306-307)
	Galerio [A] Licinio [A] Maximino Daya [C; A en 308] Constantino [C; A en 310]	(307-310)
dinastía constantiniana (306-363)	Constantino y Licinio	(306-324)
	Constantino, emperador único	(325-337)
	Constantino II [Occidente]	(337-340)
	Constante [Italia, África, Occidente d. 340]	(337-350)
	Constancio II [Oriente]	(337-350)
	Constancio II, emperador único	(350-361)
	Juliano el Apóstata	(361-363)
	reinado de Joviano	(363-363)
dinastía valentiniana (364-395)	Valentiniano I [Occidente]	(364-375)
	Valente [Oriente]	(364-378)
	Graciano	(375-383)
	Valentiniano II [Iliria, Italia, África]	(375-392)
	Teodosio [Oriente]	(379-392)
	Teodosio, emperador único	(392-395)

emperadores de Occidente (395-476)	Honorio	(395-423)
	Valentiniano III	(425-455)
	Petronio Máximo	(marzo-mayo 455)
	Avito	(jul. 455-oct. 456)
	Mayoriano	(457-461)
	Severo	(461-465)
	Antemio	(467-472)
	Olibrio	(abr. 472-dic. 472)
	Glicerio	(473-474)
	Nepote	(474-475)
	Rómulo Augústulo	(475-476)

moró de Dido. Pero Cartago* se convirtió en rival de Roma, y Eneas abandonó a Dido y desembarcó en Cumas, en la costa de Campania: éste es el argumento del canto VI de la *Eneida*, en el que Virgilio cuenta la visita que le hace Eneas a la Sibila y su descenso a los Infiernos. Luego, Eneas siguió la costa hasta la desembocadura del Tíber. Allí luchó contra los rútulos, dirigidos por su rey Turno. Dejando a sus compañeros, Eneas remontó el Tíber hasta la ciudad de Pallanteum, donde más tarde se construyó la ciudad de Roma, y pidió ayuda al viejo rey Evandro. Siguiendo su consejo, se unió a los etruscos*, sublevados contra su rey Mecencio. Mientras tanto, Turno había atacado a los troyanos, pero la llegada de Eneas con sus aliados cambió la situación; Eneas mató a Turno en combate singular. Allí se detiene la *Eneida*. Otras tradiciones relatan los acontecimientos posteriores o difieren en algunos puntos. La leyenda de Eneas daba a Roma sus cartas de nobleza, al hacer remontar sus orígenes hasta los dioses, ya que Rómulo era descendiente de Eneas, y la *gens** Julia pretendía descender de Julia, la hija del héroe troyano. Dicha leyenda inspiró con frecuencia a los artistas romanos (frescos* y mosaicos*).

***Eneida* (la)** → Eneas, Virgilio.

enemigo *(hostis)*. Al principio, este término designaba tanto al enemigo como al extranjero. Pero la desconfianza hacia los extranjeros estaba moderada por los derechos del *hospitium* ('hospitalidad'), en virtud de los cuales el «huésped» estaba protegido por convenios de amistad, privados *(hospitium privatum)* o públicos *(hospitium publicum)*. Por otro lado, a mediados del siglo III a. JC, se creó el estatuto de peregrino*, que protegía a todos los hombres libres establecidos en Roma o a aquellos que estaban de paso y no gozaban de la ciudadanía* romana ni del derecho* latino.

Desde entonces, *hostis* pasó a ser el enemigo público, a diferencia de *inimicus*, el enemigo particular, el adversario privado, y también a diferencia de *latro*, el bandido, el que no respetaba el derecho de guerra*. Un ciudadano sedicioso era declarado enemigo público.

Ennio *(Quintus Ennius)*, poeta romano (Rudia, Calabria, 239-Roma 169 a. JC).

Ennio pertenece a la segunda generación de poetas latinos. Sirvió en el ejército* romano como centurión* y, luego, en Roma, dio lecciones de griego. Conocía el latín, el griego y el osco, lengua de su país natal. Fue distinguido y protegido por los grandes personajes de la época: Catón*, Escipión* el Africano y M. Fulvio Nobilior. Escribió tragedias inspiradas en Eurípides, comedias y una traducción de Evémero. Pero su gran obra es la epopeya *Anales*, donde en 18 libros hace un canto de la historia romana desde los orígenes hasta su tiempo. Abandona el verso saturnio y adapta al latín el hexámetro dactílico. Pese a algunas torpezas y simplezas, la inspiración poética está presente en su obra. Era pitagórico y se consideraba una reencarnación de Homero. Durante mucho tiempo fue considerado el «padre de la poesía latina», aunque Catulo* y los poetas nuevos le despreciaron. Pero Horacio* lo apreciaba y Virgilio* lo imitó. No obstante, la poesía de la época augustal lo relegó en el olvido. En el siglo I d. JC, Quintiliano* volvió a prestarle atención.

enseñanza. En Roma, existían tres grados de enseñanza equivalentes a los actuales (primaria, secundaria y superior).

1. Cuando el niño cumplía 7 años, se le enviaba a estudiar con un maestro *(litterator, magister ludi)*, que solía ejercer de forma modesta en un local cercano al foro* y enseñaba a leer, escribir y contar. Sólo las personas humildes enviaban a sus hijos al *litterator*. En las grandes familias, la educación primaria corría a cargo de la madre o de un familiar que inculcaba al niño las grandes virtudes morales. Un maestro privado, normalmente un esclavo* o un liberto de la casa, realizaba la labor pedagógica.

2. Hacia los 11 años, el pequeño escolar romano acudía a las lecciones del gramático *(grammaticus)*, que le enseñaba el uso correcto de la lengua* y le comentaba los autores clásicos. En la época de Augusto*, estos autores eran, esencialmente, Terencio*, el dramaturgo humanista, Salustio*, el historiador moralista, Cicerón*, el maestro de la elocuencia, y Virgilio*, el poeta por excelencia. El estudio de los autores daba pie a explicaciones históricas, mitológicas, geográficas, etc., que aclaraban el texto pero también colmaban el deseo de erudición. Los conocimientos impartidos eran más literarios que científicos. A lo largo de estos «estudios secundarios», el adolescente también aprendía griego y comentaba los grandes autores griegos. El conocimiento de esta lengua resultaba muy útil a la hora de «especializarse».

3. El tercer grado era la enseñanza impartida por el rétor *(rhetor)*, que enseñaba al joven de 17 años el arte de la palabra, que tanta falta le haría para su carrera política. Pronto se convertía en hábil retórico, se ejercitaba en la declamación en público *(declamatio)* y pronunciaba discursos ficticios, que los rétores dividían en dos géneros: el de la *suasoria* (elocuencia deliberativa: por ejemplo, Aníbal*, después de la batalla de Cannas*, se pregunta si debe marchar sobre Roma); y el de la *controversia* (elocuencia judicial: por ejemplo, discusión acerca de dos textos de ley contradictorios). Un profesor de derecho* *(magister iuris)* podía completar la educación del futuro orador*. Los estudios de retórica culminaban con un viaje a Grecia, donde un filósofo o un rétor de renombre completaban la educación y la cultura del estudiante.

Junto a esta enseñanza de cultura general, había otros estudios que se impartían en griego y estaban destinados a formar «especialistas»: arquitectos, agrimensores, médicos*, etc. Había un tipo original de enseñanza superior que merece una mención aparte: la del derecho*. El futuro orador no sólo asistía a las clases del rétor, sino que también recibía una enseñanza teórica del derecho con el *magister iuris*. Al parecer, estos estudios existieron desde el final de la República*. El propio Cicerón* escribió un libro sobre esta cuestión, *¿Cómo convertir el derecho civil en arte?*, es decir, cómo exponer el arte del derecho de forma cómoda y eficaz. En el siglo II d. JC, había escuelas públicas de derecho cerca de los templos*, sin duda para estar cerca de las bibliotecas*. También había manuales: *Institutas, Responsa, Digesta.* Pero más antigua que esta enseñanza teórica, y después complementaria, fue la enseñanza práctica del derecho. El joven se iniciaba con los jurisconsultos*, asistiendo a sus consultas. Se considera que Tiberio Coruncario, cónsul en el año 280 a. JC, fue quien estableció la costumbre de las consultas públicas.

enseñas comerciales ***(signa).*** Lo mismo que hoy, los comerciantes llamaban la atención de los transeúntes con enseñas: pinturas o esculturas referentes a sus actividades, y a veces mosaicos en el suelo, delante de sus tiendas. (→ comercio)

enseñas militares ***(signa).*** Entre las numerosas reformas del ejército*, Mario* redujo las enseñas de las legiones* a una sola, el águila *(aquila).* Consistía en un asta derecha con un águila de bronce en la punta, cuyas alas estaban abiertas y tenía un rayo entre las garras. Los manípulos* también tenían su enseña, un haz de heno en lo alto de una pica. Más tarde, este haz de heno fue sustituido por unas hojas de metal o una mano. Las astas estaban adornadas con distintas decoraciones. Por otra parte, las formaciones temporales o destacadas tenían por enseña el *vexillum,* un estandarte sostenido por una barra horizontal sujeta a la punta de una lanza.

epicúreos, partidarios de las doctrinas de Epicuro.

Durante mucho tiempo, en Roma se vio con recelo a los epicúreos, ya que profesaban una física que no dejaba ningún resquicio a la intervención de los dioses* en los asuntos humanos, rechazaban la noción de Providencia y tenían una moral* susceptible de interpretaciones vulgares y nefastas, que parecía incitar al sabio a desinteresarse de los asuntos públicos. También provocaron una reacción de desconfianza en los medios senatoriales, ya contrarios a la influencia helénica. Así, en el año 173 (¿o 154?) a. JC, el Senado* desterró a los filósofos epicúreos Alcio y Filisco. A decir verdad, esta expulsión se debía tanto a su condición de filósofos como a su pertenencia al epicureísmo. Pero esta filosofía* logró adeptos en Roma y, al final de la República*, los epicúreos eran numerosos, sobre todo en la alta sociedad, si bien al parecer no pusieron en práctica las máximas de la escuela. En la época en que Lucrecio* escribió su poema *De la Naturaleza,* predominaban las intenciones morales. También parece que fue en este período cuando los epicúreos fueron abandonando poco a poco la idea de que el sabio no debía participar en la vida pública. De hecho, en la época de César muchos de ellos se metieron en política. Un filósofo y poeta epicúreo, Filodemo de Gadara, llegó a escribir un tratado *Sobre el buen rey según Homero,* que bien podría ser un manifiesto político con una doctrina del poder monárquico, ideal que César podría encarnar. Tiempo después, Horacio* y Virgilio*, que asistió a las lecciones de Siron, estuvieron influidos por el epicureísmo.

eponimia, palabra griega que significa 'que da su nombre'.

Al igual que el arconte en Atenas, en Roma los dos cónsules* daban su nombre al año durante el cual ejercían su magistratura. Por eso los años se solían datar con los nombres de estos magistrados: «siendo cónsules Fulano y Mengano, tuvieron lugar estos hechos...». Debido a su comodidad, este sistema de datación era muy corriente en la vida práctica. Para más precisión había que referirse a los fastos* consulares, que tenían la lista de los cónsules desde la fundación de la República*.

Por otra parte, en la Antigüedad había una eponimia divina. En efecto, había dioses epónimos de una ciudad, como Apolo de Apolonia, nombre de muchas ciudades (en Tracia, Macedonia e Iliria), Heracles (Hércules) de Heraclea (ciudad de Sicilia, de Tesalia...) o Herculano, Venus de Venusia, etc.

epulones (de *epulum,* comida sagrada), sacerdotes que secundaban a los pontífices* en la organización del banquete sagrado ofrecido a Júpiter Capitolino y a sus invitados (senadores, magistrados*...).

El banquete se celebraba una vez al año, el 13 de noviembre. Su colegio* se creó a principios del siglo II a. JC. Al principio tenía tres miembros, luego siete y por último diez, y siempre estuvo sometido a los pontífices.

Durante el Imperio* los epulones se encargaban de organizar los banquetes públicos ofrecidos por el emperador. Se cree que durante mucho tiempo sólo los plebeyos podían ingresar en el colegio de los epulones.

erario (*aerarium;* de *aes,* cobre, moneda), tesoro público depositado en el templo* de Saturno, al pie del Capitolio*, de ahí su nombre de *Aerarium Saturni.*

Durante la República* lo administraban dos cuestores*; durante el Imperio*, lo hacían dos prefectos*. Pero en esta época perdió su importancia, porque además estaba el tesoro del emperador *(fiscus).* En el siglo III d. JC, el *Aerarium Saturni* sólo era una caja municipal.

El *Aerarium sanctius* era un fondo de reserva especial formado por lingotes de oro.

El *Aerarium militare* era la caja militar creada por Augusto* para servir de caja de retiro de los soldados*.

Escipión el Africano *(P. Cornelius Scipio Africanus),* general romano (235-Liternum 184 a. JC).

Escipión el Africano es una de las grandes figuras de la República romana. Pertenecía a una familia ilustre que entre el año 259 y el 146 a. JC administró quince veces el consulado y ejerció tal influencia que los historiadores modernos llaman a este período «el siglo de los Escipiones».

Edil* curul en el 213, dos años después Escipión el Africano se encontraba en Hispania luchando contra los cartagineses. En el año 209 tomó Cartagena, una acción rápida que le dio gran renombre. Pero en el 208 no pudo impedir que Asdrúbal atravesara los Pirineos para reunirse con su hermano Aníbal*. En el 207, tras una serie de victorias, expulsó a los cartagineses de Hispania. Cónsul en el 205, quiso llevar la guerra a África, mientras Aníbal todavía se encontraba en el sur de Italia*, una decisión que no contó con el apoyo del Senado*. Pero Escipión, gracias a la presión popular, fue autorizado a llevar adelante su propósito, aunque no le dieron los medios materiales para ello. Con un ejército* formado en parte por voluntarios, en la primavera del 204 desembarcó cerca de Útica. En el 202 venció a Aníbal en Zama*, poniendo fin así a la segunda guerra* púnica. Obtuvo los honores del triunfo y el apodo de *Africano.* Pero siguió enfrentado al Senado, que no le dio el mando en la campaña contra Antíoco, en la que sólo pudo participar como lugarteniente de su hermano L. Cornelius Scipio Asiaticus, cónsul en el año 190. Ambos lograron la victoria de Magnesia (Lidia) en el 189. Pero, quizá por instigación de Catón*, los dos hermanos fueron acusados de quedarse con parte del botín de guerra en Siria. Aunque la acusación no se pudo probar, Escipión se retiró de la vida política y vivió en Liternum, en el litoral de Campania. Hombre de acción, en su época se le consideró descendiente espiritual de Alejandro y protegido de Júpiter Capitolino.

Escipión Emiliano *(Publius Cornelius Scipio Aemilianus),* hijo de Paulo* Emilio (184-Roma 129 a. JC).

Adoptado por uno de los hijos de Escipión* el Africano, Escipión Emiliano estuvo con su padre en Pidna (168). En el 151 se encontraba en Hispania y luego fue embajador cerca de Masinisa. En el año 148, obtuvo la edilidad y al año siguiente el consulado, de manera doblemente ilegal, ya que no tenía la edad requerida y no había cumplido la sucesión de las magistraturas. Recibió el mando de la guerra contra Cartago* y, en el 146, tomó y arrasó la ciudad. Con esta victoria obtuvo los honores del triunfo*. En el 142 fue censor* y en el 134 nuevamente cónsul. En el 133 reprimió los levantamientos de Numancia. Sus éxitos en África y en Hispania le valieron el apodo doble de *Africanus Numantianus.*

Gran aficionado a las letras, organizó el «Círculo* de los Escipiones» que agrupaba a literatos influidos por el helenismo* y el pensamiento estoico*. En política se opuso a las reformas que propuso su primo (por adopción) y cuñado Tiberio Graco*.

esclavo ***(servus).*** El número de esclavos, muy reducido en los orígenes* de Roma, fue en aumento con las guerras* de conquista. Por ejemplo, César* se trajo un millón de esclavos de la Galia*. Se llegaba a la condición de esclavo por nacimiento*, exposición*, cautiverio* e inhabilitación*. El esclavo carecía de personalidad jurídica: no poseía sus bienes, no contraía matrimonio* legítimo ni tenía acceso a los tribunales*. Era la «cosa» del amo, quien tenía poder absoluto sobre él *(potestas dominica).* Hacia el final de la República*, por influencia del estoicismo, esta situación cambió. Se tendió a limitar la *patria potestas* y se le reconoció al esclavo cierta capacidad jurídica (por ejemplo, derecho a representar a su amo en ciertas ocasiones, o a amasar un pequeño peculio). Esta tendencia humanitaria se consolidó durante el Imperio*. La condición servil era hereditaria y sólo cesaba por manumisión*. Había un verdadero comercio de esclavos en el campo y la ciudad; éste se realizaba por subasta y estaba sometido a impuestos*.

La condición real de los esclavos variaba mucho y dependía del carácter de los amos. Los que trabajaban en las casas modestas llevaban una vida bastante aceptable. En cualquier caso, el trato con el amo y su familia era mejor. Los romanos más modestos sólo poseían unos cuantos esclavos, pero en cambio los ricos podían tener 500 o mil, empleados en el campo, donde realizaban todos los trabajos bajo la dirección de uno de ellos, el administrador *(villicus),* o en la ciudad, destinados al servicio de la casa (cada cual con una función determinada: médico*, músico*, portero, masajista, peluquero, cocinero, cochero, porteador de litera, de linterna, etc.), o como obreros en los talleres del amo.

Las grandes casas siempre tenían varios esclavos instruidos a los que se confiaba la vigilancia de los niños (pedagogos*) o los trabajos de secretaría. Por su parte, los hijos de los esclavos acudían a una escuela doméstica donde recibían una instrucción enfocada sobre todo hacia las necesidades del servicio. Pero además de estos esclavos privados *(servi privati),* existía otra categoría, los esclavos públicos *(servi publici),* encargados de los trabajos de limpieza de las calles, conservación de las carreteras*, etc., o empleados en la administración como funcionarios subalternos (servicio de aguas, archivos, carceleros, etc.). En general gozaban de una situación superior a la de los esclavos privados y recibían una paga.

En el ejército*, salvo excepciones, no había esclavos. Durante la República la «guerra servil» aterrorizó a los romanos tanto por las proporciones que alcanzó como por la solidaridad que hubo entre los proletarios libres y los esclavos. Durante el Imperio, gracias a la influencia de la filosofía, y luego del cristianismo, las manumisiones fueron cada vez más numerosas, pero las de carácter masivo fueron limitadas por ley. (→ Espartaco)

escritura. Las primeras letras romanas que se pueden leer en las inscripciones* más antiguas se llaman *quadratae* (de hecho son rectangulares). Son mayúsculas todavía bastante toscas. A mediados del siglo II a. JC aparecieron las zapatillas, es decir, los pequeños rasgos perpendiculares que rematan las patas. Pero se desconoce en qué medida se diferenciaba la escritura corriente de los romanos de la mayúscula grabada, hasta el comienzo de nuestra era.

A principios del siglo I, los romanos utilizaron la *versal rústica* (que a pesar de su nombre no es una escritura descuidada) en libros e inscripciones. Durante el siglo III d. JC, apareció una escritura nueva, la *minúscula primitiva*, de la que surgieron dos grandes tipos: la *uncial*, escritura solemne, y la *semiuncial*, más modesta. Pero durante todo el imperio la versal rústica siguió siendo la escritura de los literatos, que recurrieron a ella para copiar los grandes textos y la poesía. La uncial y la semiuncial eran las escrituras corrientes de los libros cristianos, técnicos y en prosa. Al mismo tiempo, para las actas se adoptó una escritura cursiva, llamada *cursiva reciente*, también derivada de la *minúscula primitiva*.

En los libros* de los tres primeros siglos d. JC, las palabras estaban separadas con puntos. Luego se extendió el uso de la escritura continua *(scriptio continua)* en la que las palabras no están separadas. Así permanecieron hasta la época gótica.

Era casi imposible leer un texto que no se conocía. Antes de la lectura se hacía una «prelectura» *(praelectio)* que consistía en separar las palabras y añadir los signos que indicaban la puntuación, las pausas y la cantidad. (→ lengua latina)

escudo. En Roma* había dos tipos de escudos: el *clipeus*, redondo, de bronce, costoso y pesado; y el *scutum*, de mimbre o madera y forma oval o rectangular. Este segundo tipo se generalizó a partir del siglo V a. JC, pero la caballería usaba un escudo redondo, más ligero y pequeño que el *clipeus*, llamado *parma*, que más tarde pasó a ser un arma de parada conservada por la orden* ecuestre.

En el siglo I a. JC, la infantería empleaba un *scutum* rectangular y cilíndrico, que sin duda procedía del armamento de los gladiadores*, y la caballería un *scutum* oval y plano de pequeño tamaño. Durante el Imperio*, se siguió usando el *scutum* con distintas formas (rectangular, cilíndrico, plano, hexagonal...). Independientemente de su forma, el escudo siempre tenía en el centro una parte abombada *(umbo)* y estaba decorado con emblemas (motivos vegetales, animales o geométricos). Estos emblemas, individuales o colectivos, no eran sólo signos distintivos y podían tener un valor mágico para atraer la protección de los dioses.

escudo sagrado *(ancilia)*, cada uno de los doce escudos conservados por los salios* en la *Regia*, morada del pontífice* máximo.

Según la tradición, un escudo cayó del cielo y Numa hizo otros once basándose en ese modelo. En caso de peligro, estos escudos se ponían en movimiento sin que nadie los sostuviera.

escultura. Al igual que el mosaico* o la pintura*, que siempre se deben situar en el marco para el que se hicieron, la escultura romana estaba subordinada a la arquitectura*, sobre todo en el caso de los relieves, por los que los romanos tuvieron especial afición. Durante el Imperio* se hicieron bajorrelieves en todos los monumentos: templos*, altares*, arcos* de triunfo, columnas*, sarcófagos*, etc. En ellos se combinaban varios elementos, como motivos vegetales, figuras alegóricas o mitológicas, personajes y escenas históricas.

En cuanto a la estatuaria, estaba relacionada tanto con la vida religiosa (aunque la representación de las divinidades fue relativamente tardía y por influencia etrusca) como con la vida privada. Las termas*, las villas*, los jardines* y los cruces de caminos estaban adornados con estatuas. Los temas eran variados: mitológicos, familiares, históricos o caricaturales. Pero los romanos, tan sensibles al prestigio del individuo (aunque propensos a acusarle de tiranía), apreciaron especialmente el retrato. En los retratos romanos (exentos o en relieve) se aprecia una evolución del gusto que no se debe únicamente a la tendencia al realismo. El retrato más antiguo que se conoce data del siglo IV a. JC: el Bruto* del Capitolio*, realizado con un gran acierto psicológico. El rostro del legendario magistrado, fundador de la República, posee una hermosa gravedad idealizada. Pero sólo se conoce la historia del retrato a partir del siglo I a. JC. En esta época la mayoría de los retratos están reducidos a bustos, quizá por influencia de las máscaras* funerarias. Pero de este período datan también unas estatuas de romanos de pie, al estilo griego (personajes desnudos o medio desnudos, cubiertos con una túnica). La insistencia en el realismo que caracteriza a esta época está más marcada en las obras romanas que en las de estilo griego. En cambio, los retratos de la época que va de Augusto* a Claudio se caracterizan con frecuencia por una vuelta al clasicismo griego, más idealizado. En la época de Nerón*, el retrato era romántico o patético. A finales del siglo I d. JC vuelve el clasicismo, que renuncia a la expresión fugaz para expresar un rasgo de carácter destacado (energía, resolución, gravedad...). Pero una renovación técnica (globo ocular rodeado de un trazo y pupila hueca) revela una persistente afición por el realismo. A mediados del siglo II d. JC, los retratos son patéticos o atormentados, volviendo al estilo que había caracterizado la época de Nerón. En cambio, la segunda mitad del siglo III es clasicista. Por último, a partir del siglo IV, el arte del retrato se orienta hacia la estilización y la majestuosidad, no sin cierta frialdad. Esta tendencia, adecuada para los retratos de emperadores, no lo es tanto para los privados, que no pueden alejarse demasiado del realismo. Pero estos últimos no son frecuentes.

espada *(gladius).* A finales del siglo III a. JC, el ejército* romano abandonó su espada corta, poco más larga que un puñal*, y adoptó la espada ibérica, más larga (la hoja solía pasar de 50 cm), puntiaguda y con dos filos. Esta espada se ceñía a la derecha.

Espartaco, jefe de la rebelión de los esclavos († Lucania 71 a. JC).

Espartaco era un esclavo* tracio que encabezó la rebelión de los gladiadores* de una escuela de Capua (73 a. JC). Al parecer, pretendía devolver la libertad a sus tropas, formadas sobre todo por celtas y germanos, llevándoles a sus lugares de origen. Pero, sin que se conozcan los motivos, cuando estaba en la Galia* Cisalpina dio media vuelta y se dirigió al centro de Italia*. Esta decisión fue su perdición. Roma, que había sufrido varios reveses en su lucha contra Espartaco, se atemorizó y dio poderes especiales a Craso*. Al final, la indisciplina de las tropas rebeldes causó la derrota de Espartaco (marzo del 71). Seis mil esclavos fueron crucificados a lo largo de la *Via Appia*. Pero las legiones* romanas habían tenido que luchar durante dos años para acabar con la «guerra servil». Sobre la marcha, Espartaco y su lugarteniente el galo Crixo habían logrado reclutar a 90 000 hombres. Esta guerra reveló a los romanos los peligros de la sociedad esclavista, en la que había hombres que vivían apartados con sus propias costumbres, su religión* y su derecho*.

especias. Los romanos eran grandes consumidores de especias, tal vez porque su comida solía ser cocida y necesitaba aderezo. Entre las especias indígenas que utilizaban cabe destacar las alcaparras, el apio, la albahaca, la menta, el tomillo, el orégano, los piñones, etc. Las secaban o las conservaban en vinagre para poder usarlas todo el año. Pero también importaban especias exóticas: pimienta, jengibre, zumaque, nardo, canela, etc. Durante el Imperio*, las especias exóticas eran muy apreciadas y se utilizaban también en medicina y en perfumería. Pero su precio elevado no las hacía asequibles a todo el mundo. (→ condimentos, gastronomía)

espectáculos → caza, carreras de carros, *cena,* gladiadores, representaciones dramáticas, teatro.

espejo ***(speculum).*** Los romanos utilizaban espejos murales y espejos de mano. Estos últimos son a veces verdaderas joyas. El material de la parte reflectante es plata o una aleación de plomo y cobre; la parte posterior y el mango se cincelaban y tallaban con delicadeza.

esponsales ***(sponsalia).*** Los esponsales eran motivo de una fiesta de familia* en el curso de la cual los padres se comprometían a unir a sus hijos. El novio hacía una donación a la novia y uno y otra se intercambiaban anillos. Los esponsales podían romperse por consentimiento mutuo. A menudo se prolongaban durante mucho tiempo si los padres habían comprometido a sus hijos desde muy pequeños. En teoría, el novio debía tener 14 años para poder casarse y la novia, 12 años.

estela ***(stela),*** **lápida sepulcral que indica el lugar en el que yace un muerto.**

Las estelas son generalmente cuadrangulares, lisas o esculpidas, y a veces se asemejan, por su forma, a los altares* funerarios.

estilete → portaplumas.

estoicos, partidario de la escuela estoica fundada por Zenón de Citia.

Los romanos tuvieron siempre predilección por el estoicismo, cuyas opiniones sobre la providencia y el destino* o la moral* cuadraban bien con su concepción de la grandeza romana y su «trascendencia». La filosofía estoica se implantó definitivamente en Roma desde mediados del siglo II a. JC, cuando Panecio fue admitido en el «Círculo* de los Escipiones», en el que ejerció una gran influencia. Tiberio Graco* tuvo como maestro y consejero al estoico Blosio de Cumas. Más tarde, Cicerón* fue discípulo de Posidonio, quien, junto con Panecio, su maestro, transformó el antiguo estoicismo, más teórico y dialéctico, en el estoicismo medio, más orientado hacia los problemas de moral.

En el Imperio*, muchos escritores sufrieron la influencia de la doctrina del Pórtico (Manilio*, Persio*, Lucano*, Tácito*); otros fueron verdaderos filósofos (Séneca*, Musonio Rufo, Epicteto y Marco* Aurelio). Estos últimos forman el tercer gran período de la historia del estoicismo, el llamado «estoicismo imperial».

El ideal de virtud, de humanismo, tan apreciado por los romanos, está impregnado de estoicismo. El papel de esta doctrina fue también importante en la vida de la ciudad, por ejemplo en la política de los Graco o en la concepción inicial del principado*: efectivamente, para los estoicos, un régimen como ése, mientras estuviera en manos de un «sabio» era susceptible de realizar el bien. De ahí la alarma de la oposición estoica cada vez que el principado parecía desviarse de su línea ideal. (→ epicúreos, filósofos)

estola ***(stola),*** **vestido largo, ceñido al talle, que llevaban las matronas* romanas sobre la túnica*.**

En público llevaban un abrigo* *(palla)*

por encima. La parte inferior de las *stolae* estaba adornada con un bordado *(instita)*. Existía un motivo en concreto, que no se conoce, para adornar las *stolae* de las madres de «familias numerosas» (los padres de tres hijos tenían ciertos privilegios, *ius trium liberorum*).

estrena *(strenae)*, regalo hecho en señal de alegría.

En diferentes ocasiones, pero principalmente durante las calendas* de enero, los romanos se intercambiaban, con buenos deseos y palabras condescendientes, regalos cuyo valor era simbólico y religioso (dátiles, higos, miel), así como regalos en dinero.

estrígila *(strigilis)*, hoja de metal o de hueso encorvado, sin filo, con la que se raspaba la epidermis.

En principio servía para desprenderse del aceite con el que los atletas se untaban el cuerpo con el fin de dificultar la presa del adversario. Pero pronto todos los romanos usaron estrígilas, los hombres tras sus ejercicios físicos, las mujeres para eliminar los ungüentos.

etruscos *(Tusci)*. Desde el siglo VII al II a. JC, se formó en Etruria una civilización brillante, de tipo orientalizante, que fue la primera gran civilización italiana. Sus orígenes son complejos, y se puede decir que existen dos tesis principales: la del origen oriental de los etruscos y la que defiende que eran indígenas. El apogeo de la pujanza etrusca se sitúa en el siglo VI, período en el que su alianza con Cartago* les aseguró el dominio del Mediterráneo occidental. Del año 616 al 509, los reyes etruscos reinaron en Roma. Es muy probable que a ellos se deban: los tres organismos políticos de la realeza (el rey, la asamblea curiada, el Senado*); la entrada de la plebe* en la ciudad; la división de la ciudad en cuatro tribus*, determinadas según el domicilio. El declive de los etruscos empezó con la liberación de Roma y la expulsión de los Tarquinos*. Sólo pueden formularse hipótesis sobre las causas de este declive. Poco a poco, Etruria cayó bajo el dominio romano, pero su civilización no se extinguió bajo ese dominio y continuó ejerciendo influencia sobre Roma. Así, en la época de Augusto* todavía se hablaba la lengua etrusca.

Los etruscos fueron un pueblo agrícola e industrial cuyas ciudades, gobernadas por un rey *(lucumo)* y con un papel político asignado a las mujeres, estaban organizadas en una federación. Su religión tenía semejanzas con las religiones de Oriente: su ritual y teología se conserva en algunos libros. Un colegio de sacerdotes versados en el arte de la adivinación* (los arúspices*) presidía la vida religiosa. El arte etrusco produjo objetos (joyas, cerámica, estatuas) y pinturas de una gran belleza. Aunque la influencia es griega, su originalidad es propia. En cuanto a la lengua, su estudio plantea aún hoy en día problemas difíciles de resolver. La influencia etrusca sobre Roma fue importante: en el terreno lingüístico (copia del alfabeto* y de ciertos términos, en particular nombres propios); en el terreno artístico (templo* de Júpiter Capitolino con triple *cella*, papel del *atrium* en la antigua casa romana, tendencia al realismo en los retratos); en el terreno de la religión* y de las instituciones (adivinación*, culto* a los muertos, ritos de purificación, colegios* sacerdotales, reglas de procedimiento*, triunfos*); además de las aportaciones en el terreno político (señaladas más arriba) durante el tiempo en el que los etruscos reinaron en Roma.

Los romanos no negaban esta influencia y, a pesar de la perplejidad ante ciertas extrañezas de la civilización etrusca, un sentimiento agradecido acabó por imponerse a los prejuicios hostiles.

evemerismo, doctrina de Evémero, griego del siglo IV a. JC, según la cual los dioses* de la mitología no son más que seres humanos divinizados, por miedo o por admiración, por los hombres.

Ennio* adaptó en prosa su *Historia sagrada*. Posteriormente, los Padres de la Iglesia utilizaron esta doctrina para combatir la religión* pagana.

exilio ***(exsilium).*** Durante la República*, todo ciudadano* o peregrino* merecedor de la condena* a muerte tenía derecho a sustraerse de dicha pena por medio del exilio. Se le confiscaban los bienes; «el agua y el fuego se le prohíben». En el último siglo a. JC, el exilio fue una pena por sí mismo. En el Imperio, se privó al condenado del derecho a escoger su residencia y se impuso entonces la deportación* o la relegación*.

exposición de los niños, derecho que posee el padre de no reconocer a su hijo y de exponerlo.

Si se recoge al hijo expuesto, éste será esclavo*. Este derecho proviene de la concepción romana de la autoridad* paterna y no fue abrogado hasta Valentiniano (emperador del 364 al 375 d. JC).

extranjero → enemigo, peregrinos.

f

Fabio Cunctator ***(Q. Fabius Maximus Cunctator),*** **cónsul y dictador romano (275-203 a. JC).**

Fue cónsul* en el 233 y en el 228, y se le nombró dictador* tras la derrota de Trasimeno* frente a Aníbal* (217). Para luchar contra Cartago*, preconizó una política de temporización, origen de su apodo *cunctator,* 'el contemporizador'. Pero su jefe de la caballería*, Minucio, que había obtenido una pequeña victoria, hizo que se abandonara esta táctica, lo que produjo un segundo desastre en Cannas* (216). Cónsul de nuevo en el 215, el 214 y el 209, reconquistó lentamente las provincias meridionales de Italia*.

familia → autoridad paterna, gens, matrona.

farmacéuticos ***(pharmacopolae).*** No fue antes del fin del Imperio cuando se concibió la farmacia en los términos actuales, es decir, como una ciencia auxiliar de la medicina: el farmacéutico prepara (o preparaba) el medicamento prescrito por el médico*. Hasta entonces, en efecto, no existían los farmacéuticos literalmente hablando, sino vendedores de plantas aromáticas, de perfumes, de ungüentos, de incienso, de hierbas diversas, que ofrecían toda clase de pociones y drogas, según la demanda del cliente, sin necesidad de una receta (ese comercio estaba reglamentado por una ley* que data de principios del siglo I a. JC y prohibía la venta de venenos). Así, cuando un médico recetaba un remedio, debía prepararlo él mismo en su laboratorio.

faros (de *Pharos,* isla célebre por su «faro», 200 a. JC).

Los romanos, al igual que los griegos, construyeron faros como guía para los navegantes. Uno de los más famosos fue el que Calígula hizo construir en Bolonia: su altura era de unos 60 m y subsistió hasta el siglo XVII. No se sabe si se conocía el sistema de alumbrado por intermitencia.

Farsalia, ciudad de Tesalia, al sur de Iliria.

En este lugar César* venció a Pompeyo*, que no pudo sacar partido de su superioridad por mar y fue derrotado casi sin luchar (9 de agosto del 48).

fas, noción religiosa y jurídica compleja cuyo sentido es 'permiso, orden, aprobación de los dioses*', 'derecho divino' y por tanto «lo que está autorizado de conformidad con las leyes divinas o naturales».

Fas es diferente de *ius,* que designa al derecho humano, la voluntad de los hombres expresada por las leyes*. El contrario de fas es *nefas,* es decir, lo que es contrario a los dioses y a las leyes naturales y es, por tanto, sacrilegio. Por otra parte, lo que se realiza en contra del *ius* es una *iniuria,* una violación del derecho*, una injusticia.

De todos modos, esta distinción entre fas y *ius* estaba lejos de ser absoluta y sin duda es relativamente reciente. En origen no había más que un derecho *(ius)*, esencialmente religioso, considerado como «derecho divino» *(ius divinum)* cuando se aplicaba a las cosas divinas («derecho pontifical, augural», *ius pontificale, augurale*), y como «derecho humano» *(ius humanum)* cuando se aplicaba a las cosas humanas. De esta manera, la oposición de *ius* y de fas se habría situado en otro nivel: *ius* designaría el cumplimiento de los ritos oficiales que son el derecho y las conductas lícitas, mientras que fas evocaría la aprobación que otorgan los dioses a los actos conformes al orden universal, la consagración divina dada a lo que es «normal».

fasces → lictor, magistrados.

fastos *(fasti)*, calendario en que se registraban las fiestas, juegos y acontecimientos de interés público.

Los antiguos calendarios* romanos comportaban la indicación de las fiestas religiosas fijas (a las que se añadían aquellas cuya fecha fijaban los pontífices*), así como la repartición en días *fastos* y *nefastos.* Los días de trabajo eran fastos, pero no todos con el mismo título. Algunos eran *comiciales (dies comitiales)* y permitían la reunión de los comicios*; otros eran *mixtos (dies fissi, intercisi)*, es decir, de trabajo solamente durante una parte del día. Todos los días festivos eran nefastos *(dies nefasti)*; pero algunos eran *felices* (por ejemplo las 45 fiestas antiguas y fijas del calendario) y otros *funestos.* Durante los días nefastos no era posible ninguna actividad judicial. De ahí la importancia que tuvo la decisión (tomada en el 304 a. JC) de hacer público el calendario, que hasta esa fecha era un secreto mantenido entre los pontífices. En total, bajo la República, 109 días eran nefastos y 235 fastos, de los que 192 eran comiciales y 11 mixtos.

Durante el Imperio, el número de los días nefastos aumentó: en la época de Trajano uno de cada dos días era festivo.

La palabra *fasti* designaba igualmente el calendario en su conjunto, así como ciertas listas: listas de los magistrados*, de los triunfos*, etc.

Faustina *(Faustina)*, nombre de dos emperatrices.

1. Faustina Mayor, esposa de Antonino* Pío. Recibió el nombre de *Augusta* en el año 138.

2. Faustina Menor, hija de la anterior y esposa de Marco Aurelio, al que acompañó en el curso de sus campañas, lo que le valió el título de *Mater castrorum*, 'madre de los campamentos'.

feciales *(fetiales)*, agrupación de veinte sacerdotes* constituidos en colegio.

Se reclutaban por cooptación entre los patricios y los plebeyos. La fundación de este colegio se le atribuía a Numa*. Los feciales eran los sacerdotes del derecho* internacional: no se podía declarar la guerra ni hacer la paz sin su participación y acuerdo. Del mismo modo, acompañaban a las misiones diplomáticas al extranjero. El que dirigía una delegación de feciales llevaba el título de *Pater patratus.* Desde el fin de la República*, y más todavía bajo el Imperio*, su papel fue perdiendo importancia.

Fedro *(C. Iulius Phaeder)*, escritor latino (15 a. JC-h. 50 d. JC).

Manumiso por Augusto*, Fedro era natural de Tracia y escribió más de un centenar de *Fábulas*, que son una imitación de Esopo y sin duda revelan gusto y sabiduría para reflejar los tonos más diversos.

fides (buena fe, rectitud, palabra dada), conducta respetuosa con los compromisos tomados.

Esta palabra representa uno de los fundamentos de la moral romana entendida en su más amplia acepción. El respeto de la *fides* garantizaba explícita o implícitamente la lealtad de las relaciones entre los hombres: era una manifestación de la *pietas**. La conducta de Régulo* ilustra con claridad esta concepción. Muy pronto se construyó en el Capitolio* un templo a Fides divinizado.

fiestas → culto, fastos, juegos, representaciones dramáticas.

Filípicas → Augusto, Cicerón, Marco Antonio.

Filipos, ciudad de Macedonia, cercana al mar Egeo.

Fue en esta ciudad donde Marco Antonio y Octavio* derrotaron en el año 42 a. JC, en dos acciones sucesivas, a los ejércitos* republicanos que comandaban los pompeyanos Bruto* y Casio. El mérito de la victoria corresponde más a Marco Antonio que a Octavio.

filósofos ***(sapientes, philosophi).*** El helenismo* tuvo influencia en Roma desde el inicio del siglo VI a. JC por mediación de los etruscos* y, más tarde, por el contacto con las ciudades de la Magna Grecia (siglo IV). De cualquier modo, la introducción de la filosofía en Roma no es más que un aspecto de esta influencia. Sin ir más lejos, Claudio, censor* del 312, era un pitagórico. En el siglo siguiente, la obra de Ennio* está impregnada de filosofía. Hacia el comienzo del siglo II, al avanzar hacia Oriente la conquista romana, llegaron a Roma personas que tenían la filosofía como profesión, y no siempre eran bien acogidas. Aun así, y a pesar de las reacciones del Senado, la filosofía adquirió derecho de ciudadanía. Paulo* Emilio confió la educación de su hijo, Escipión* Emiliano, a los filósofos. Dos epicúreos, Alcio y Filisco, formaron escuela en Roma: su doctrina, y en particular su moral*, podía parecer contraria a las virtudes romanas y el Senado los expulsó. Pero llegaron otros filósofos, que el pretor* M. Pomponio volvió a expulsar en el año 161. A los retóricos les afectó la misma medida, lo cual tiende a demostrar que apuntaba más a una cierta forma de cultura que a unas doctrinas en concreto. A ojos del Senado, las discusiones eran una pérdida de tiempo y no podían desviar la atención de la juventud, concentrada en actividades más útiles. Dos años más tarde, en el 159, Crates de Mallos, gramático y filósofo, dio una serie de conferencias que obtuvieron gran éxito. Es evidente que los romanos estaban lejos de ser insensibles a las enseñanzas que provenían de Grecia. Por otra parte, las medidas de expulsión no tenían más que un alcance temporal. La célebre embajada del académico Carneades, del estoico Diógenes de Seleucia y del peripatético Critolao, llegados a Roma para defender la causa de Atenas, que tenía ciertas dificultades, se produjo en el año 155. Carneades cosechó un gran éxito: su habilidad para hacer un elogio de la justicia y seguidamente demostrar que no era más que una quimera desconcertó a los senadores, que expulsaron a estos tres filósofos. Entretanto, C. Lelio, el amigo de Escipión Emiliano, se había convertido al estoicismo de Diógenes y nada podía impedir que los ciudadanos pudieran recibir en sus casas a los filósofos. Así fue como, por ejemplo, el estoico Blosio ejerció de consejero de Tiberio Graco*. Del mismo modo, Panecio de Rodas, el fundador del estoicismo medio, fue admitido en el 140, en el Círculo* de los Escipiones, en donde inmediatamente ejercería una gran influencia sobre el gran poeta Lucilio*, entre otros, y a más largo plazo sobre Cicerón* y la filosofía romana.

Desde ese momento se puede decir que la filosofía se implantó en Roma. Escuchar las lecciones de los filósofos se convirtió en un complemento de cultura que las escuelas romanas no proporcionaban. Por otra parte, aparecieron también ciertos filósofos romanos (Lucrecio*, Cicerón, Séneca*, Marco* Aurelio) que aportaron a las diferentes corrientes filosóficas elementos originales, específicamente romanos. Sin duda, algunos tuvieron disputas con los emperadores Nerón* o Vespasiano, pero los motivos eran estrictamente políticos, y las decisiones tomadas contra esos filósofos fueron puntuales. Esquemáticamente, se puede afirmar que existió una filosofía romana cuya corriente dominante era estoica o epicúrea en la República*, estoica en el Imperio y neoplatónica en el Bajo Imperio. Pero la escuela que marcó más profundamente el pensamiento de los romanos fue sin duda el estoicismo. La sabiduría *(sapientia)* de los romanos se mostró ávida de acoger sus enseñanzas.

flámines (*flamines*, palabra sin duda emparentada con el *brahmán* del sánscrito), sacerdotes romanos de una deidad particular.

En Roma, había quince sacerdotes* llamados flámines, pero no constituían un colegio*, ya que cada uno de ellos servía a un dios* particular. Los grandes flámines *(flamines maiores)* eran los de Júpiter *(flamen dialis)*, Marte y Quirino. Los otros doce, llamados *flamines minores*, estaban al servicio de Vulcano, Volturno, Portuno, Pales, Carmenta, Flora, Pomona, Furrina, Falacer, Ceres y otras dos divinidades que ignoramos.

Los flámines debían haberse casado por *confarreatio* y los tres flámines mayores pertenecieron siempre a antiguas familias patricias. Los nombraba el pontífice máximo (y por tanto, a partir de Augusto*, el emperador de Roma). El flamen supremo era el de Júpiter, reconocible en público por su sombrero parecido a un casco puntiagudo *(apex)* y su vestimenta particular, tejida por su esposa *(laena)*, que llevaba permanentemente, ya que se le suponía siempre presto a ofrecer un sacrificio. Se rodeaba de toda clase de tabúes (no podía ver armas, ni tocar caballos, ni podar viñas...), cuyo sentido escapaba a la comprensión de los propios romanos.

Durante el Imperio*, se nombró a los flámines encargados de servir al culto* de los emperadores divinizados. El de más alta dignidad fue el flamen de Augusto*.

Flaminio *(T. Quinctius Flaminius)*, general romano (229-174 a. JC).

Fue cónsul* en el 198. Vencedor de Filipo V de Macedonia en Cinoscéfalos en el 197, liberó a Grecia del yugo macedonio, pero no quiso anexionarla y proclamó su libertad (196).

Flaminio Nepote (Cayo) *[C. Flaminius Nepos]*, general romano († Trasimeno h. 217 a. JC).

Fue tribuno de la plebe* en el año 232 y con el paso del tiempo apareció como el fundador del partido* popular, al haber hecho votar leyes agrarias que favorecían a los plebeyos. Cónsul* en el 217, fue vencido por Aníbal* en Trasimeno*, en donde encontró la muerte. Se le debe la construcción del circo* que lleva su nombre al sur del Campo de Marte. En ese lugar se celebraron durante largo tiempo los juegos* plebeyos (hoy ya no es visible). Por otra parte, hizo construir la *Via Flaminia*, que unía Roma con el Adriático.

flauta → música.

flores *(flores)*. Los romanos no intentaron jamás aclimatar especies exóticas y se contentaban con cultivar las flores indígenas: rosas, lirios, violetas, vincapervincas... eran un elemento de decoración en los jardines* y las utilizaban para la confección de guirnaldas y coronas*. Se valoraban mucho en perfumería y farmacia, y menos en gastronomía*.

el **foro** romano
1 Tullianum (prisión)
2 templo de la Concordia
3 templo de Vespasiano y de Tito
4 pórtico de los '*Dii consentes*'
5 templo de Saturno
(albergaba el *aerarium* o tesoro público)
6 Umbilicus, centro ideal de Roma
7 arco de Septimio Severo
8 miliario de oro, punto de partida de las vías del imperio
9 rostra; 10 columna de Focas
11 antiguas rostra o tribunas para arengas
12 Lapis niger
13 Comitium, antiguo lugar de reunión de los comicios
14 curia y anexos
15 templo de Augusto; 16 basílica Julia
17 Pluteas (relieves trasladados a la Curia)

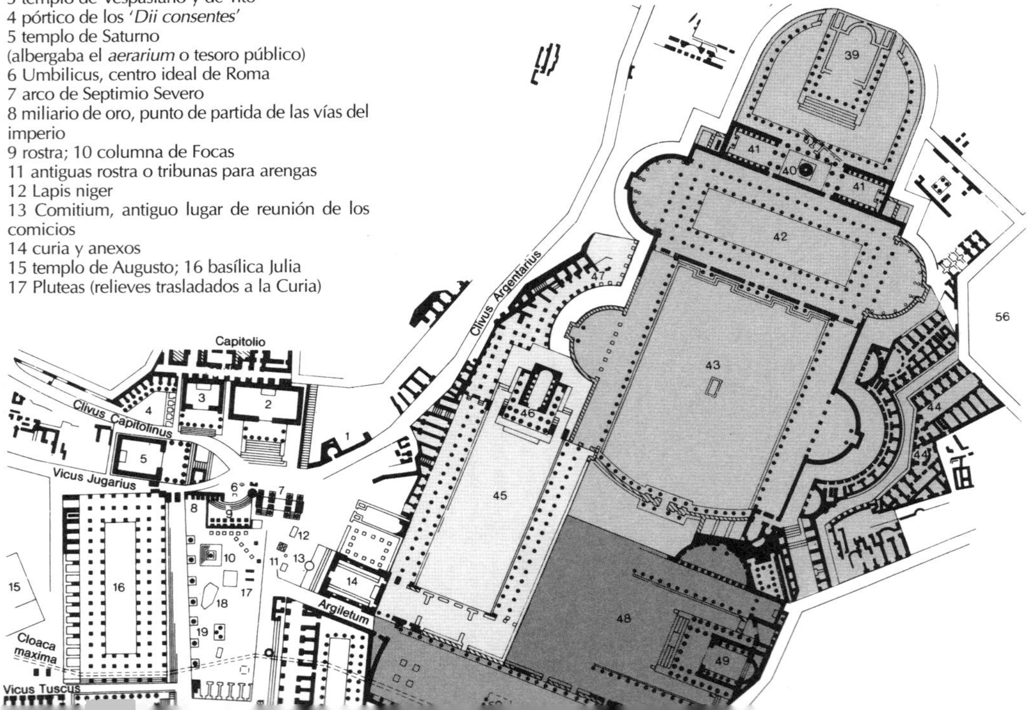

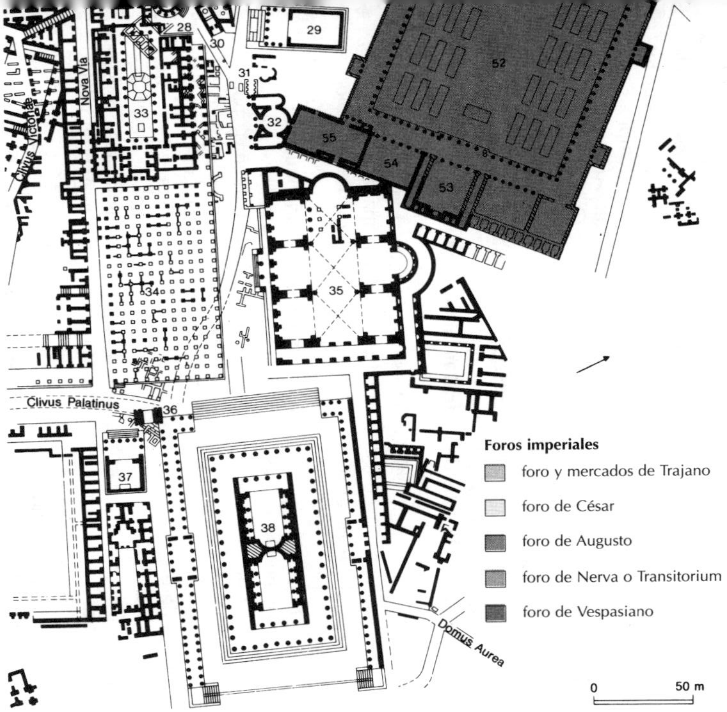

18 Lacus Curtius; 19 pedestales honoríficos
20 basílica Aemilia
21 templo de los Dioscuros
22 entrada del palacio de los Césares
23 dependencia del palacio de Tiberio y de Calígula (S. Maria Antiqua)
24 Lacus Iuturnae; 25 arco de Augusto
26 templo de Divus Iulius (César divinizado)
27 templo redondo de Vesta
28 pequeño santuario de Vesta
29 templo de Antonino y Faustina (S. Lorenzo)
30 Regia
31 emplazamiento de la necrópolis arcaica
32 templo de Rómulo
33 casa de las Vestales
34 pórtico Margaritaria
35 basílica de Majencio y Constantino de la que se conservan importantes ruinas
36 arco de Tito
37 templo de Júpiter Stator
38 templo de Venus y Roma

foros imperiales
39 templo de Trajano; 40 columna trajana
41 bibliotecas; 42 basílica Ulpia
43 foro de Trajano; 44 mercados de Trajano
45 foro de César
46 templo de Venus Genitrix
47 basílica Argentaria; 48 foro de Augusto
49 templo de Marte Ultor
50 foro de Nerva (Transitorium)
51 templo de Minerva
52 foro de la Paz (de Vespasiano)
53 templo de la Paz
54 Forma Urbis (plano de Roma)
55 biblioteca de la Paz (Santos Cosme y Damián)
56 Quirinal

foro *(forum)*, plaza romana en donde se celebraban reuniones políticas y juicios.

En origen el foro era el lugar en el que se celebraba el mercado, pero pronto se convirtió en el centro vital de los asuntos privados y públicos de los romanos.

Alrededor de esta plaza pública se levantan los principales monumentos: basílicas*, templos*, curias* y a veces también tiendas, mercados*, etc. Normalmente el foro se sitúa en la intersección del *cardo** y el *decumanus*, pero según las condiciones del terreno puede ser también excéntrico. Todas las ciudades de Italia* y de las provincias* hicieron de la posesión de un foro a imagen del existente en Roma, el *Forum Romanum*, una cuestión de honor.

El nacimiento de dicho foro se fecha en los inicios del siglo VII a. JC. En esa época, era al mismo tiempo mercado y centro político. El templo de Vesta, cuyo culto dirigían las vestales*, era como el hogar común de la ciudad. Por lo que se puede saber, parece que desde sus orígenes el foro se encontraba en la intersección del *decumanus* (calle que se llamaría «vía sagrada») y del *cardo* (constituido por el Argileto y la calle de los etruscos). Poco a poco, durante la República, el foro perdió su importancia como centro comercial para convertirse sobre todo en un centro político, religioso y judicial, sin que por este motivo dejase de ser un lugar de paseo.

A partir de César*, se modificó su aspecto y se convirtió en un centro monumental (construcción de templos*, basílicas, arcos*, etc.). Al mismo tiempo, con el propósito de engrandecer y airear el centro de la ciudad, César*, Augusto*, Vespasiano, Nerva y Trajano* hicieron construir otros foros, al norte del *Forum Romanum*. Éstos, conocidos como «foros imperiales», responden a una concepción arquitectónica diferente: son cerrados, como las plazas de la época helenística (las *agorai*), y están dispuestos en función de un templo. El más suntuoso es el de Trajano, debido al arquitecto Apolodoro de Damasco. Comprende dos plazas separadas por la basílica Ulpia y la columna trajana, que está rodeada por dos bibliotecas*, a lo largo del lado oeste de la basílica; en la plaza este, la estatua ecuestre de Trajano; en la segunda plaza, al oeste, Adriano* hizo que se levantara un templo a Trajano divinizado.

Otros foros tenían una utilización especial, como el *forum boarium* ('mercado de los bueyes'), feria en la ribera del Tíber, al pie de la vertiente sur del Palatino, y el *forum holitorium* ('mercado de las legumbres'), próximo al anterior, entre el Capitolio y el Tíber.

Los nombres de muchas poblaciones recuerdan que en un principio habían sido mercados o ferias en los que se encontraban los habitantes de las aglomeraciones de la vecindad antes de formar la ciudad en sí. Por ejemplo, *Forum Iulium* (Fréjus), *Forum Alieni*, en el sur de Verona, *Forum Gallorum*, en la Cisalpina, etc.

frescos → pintura.

frutas *(poma)*. Muy pronto, los romanos dejaron de contentarse con las frutas silvestres y se dedicaron al cultivo de los frutales: higueras, manzanos, perales, ciruelos, granados y viñas. También introdujeron en Italia* especies exóticas: melocotoneros, albaricoqueros, nísperos o melones. Los frutos secos no les eran desconocidos (castañas, nueces, almendras, avellanas).

Aprendieron también la técnica de la «conserva» y disponían así de fruta «seca», secándola al sol, o «fresca», según diversos procedimientos: conservación al abrigo del aire, o en miel, o envejecimiento en arena.

fuego *(ignis)*. En sus casas*, los romanos cogían el fuego del hogar* o de un brasero de la cocina, cuyas brasas se mantenían permanentemente bajo ceniza. En el exterior, los pastores, los soldados y los campesinos recurrían a tres técnicas: el eslabón (piedra o metal con el que se golpea un pedernal); el frotamiento de dos trozos de madera (hiedra y laurel); y las mechas azufradas, anuncio de nuestras cerillas modernas.

fuente ***(fons).*** En la Roma antigua, las fuentes eran un elemento de decoración urbana. Las que se pueden ver hoy son sus herederas. Las más simples son cubas rectangulares en las que el agua* cae desde un canalillo. Cuando son más lujosas, la cuba se recubre de mosaicos* y se rodea de un jardín*, y el agua se vierte desde un canalillo situado en el morro de un animal, o en el cuello de un ánfora que lleva un niño... Algunas fuentes alcanzaban las dimensiones de un gran estanque, en cuyo caso se las denominaba «lagos» *(lacus),* y podían formar surtidores *(salientes).* Las más suntuosas eran las ubicadas en lugares consagrados a las ninfas, auténticas arcas de agua, magníficamente decoradas. En el siglo I d. JC, se contaban en Roma más de 600 fuentes. Naturalmente, estas fuentes públicas no eran sólo un motivo ornamental, ya que la gran mayoría de los ciudadanos se proveía en ellas del agua que necesitaba para sus usos domésticos. De todos modos, algunos privilegiados disponían de agua corriente en el atrio. En ciertas *insulae** existía una traída de aguas en la planta baja.

funcionarios imperiales. El Imperio conservó las instituciones republicanas (asambleas*, magistraturas, Senado*), pero no se trata más que de supervivencias, ya que dichos órganos dejaron de disponer de poder real. El cuerpo que jugó un papel cada vez más importante fue el de los funcionarios. En el orden* senatorial se reclutaban el prefecto de la ciudad*, los legados* y los curadores*, y en el orden* ecuestre, los demás prefectos y los procuradores*. Los empleos inferiores de la administración se confiaban a menudo a manumisos. Al contrario que los magistrados, los funcionarios percibían una paga proporcional a su dignidad. Los funcionarios provinciales ocuparon un lugar muy destacado en la administración imperial.

fundación de las ciudades, de las colonias → colonias, urbanismo.

funerales ***(funus).*** Los funerales obedecían a ritos precisos. No observarlos implicaba condenar las almas de los muertos a atormentar en lo sucesivo a los vivientes (→ manes*). Las *libitinarii* ('pompas fúnebres') se encargaban de todos los detalles de las ceremonias.

Desde el momento en que se constataba la muerte se llamaba al difunto por su nombre *(conclamatio).* Una vez realizado el último aseo, se le exponía vestido con sus hábitos de gala en el atrio (los habitantes de las *insulae** organizaban la exposición del cuerpo en el cementerio); ésta podía durar varios días. El lecho fúnebre se adornaba con flores* y unas flautistas tocaban música* fúnebre. Después se celebraban los funerales propiamente dichos: un cortejo acompañaba al cadáver fuera de la ciudad donde tenía lugar el entierro, de noche, y después, según parece, de día. El cortejo comprendía: clientes* o actores* que se ponían máscaras* de los ancestros, de tal manera que toda la ascendencia del difunto, venida del más allá, participaba en sus funerales; detrás, las flautistas y las plañideras que cantaban *nenias** (himnos de alabanza) en su honor; éstas precedían el lecho mortuorio sobre el cual reposaba el cadáver con la cara descubierta; seguían, finalmente, parientes y amigos, con vestidos de duelo (de color para los hombres, vestidos sobrios para las mujeres). El cortejo se desplazaba bajo la luz de las antorchas, incluso en pleno día. Se escuchaban bromas, cargadas de un poder apotropaico. Si el difunto había sido un personaje importante el cortejo atravesaba el foro*, o el familiar más próximo pronunciaba un elogio* fúnebre; en ese caso, un heraldo se encargaba de avisar a la población.

Finalmente, se llegaba al lugar del entierro. En Roma se celebraban tanto el rito de la incineración como el de la inhumación, aunque la primera fue más frecuente durante el período republicano y los primeros tiempos del Imperio. Si se procedía a la incineración, se colocaba el cadáver sobre una hoguera *(rogus)*; las cenizas se depositaban en una urna* *(loculus)* que seguidamente se colocaba en un columbario* o en una tumba. En la inhumación, el cuerpo se depositaba en un ataúd que luego se colocaba en un foso. Antes del entierro de las cenizas o del cuerpo, se llamaba por última vez al muerto. Una comida completaba y ponía fin a los funerales: se celebraba en el mismo lugar del entierro, y el menú era invariable: huevos, legumbres, aves de corral, pan y sal.

Durante los aniversarios* se llevaban flores*, comida y bebidas* a las tumbas. Además, todos los años se consagraba una semana a los parientes difuntos, del 13 al 21 de febrero *(dies parentales)*. (→ cementerios, monumentos funerarios)

g

Galia ***(Gallia),*** **nombre dado en la antigüedad a las regiones comprendidas entre el Rin, los Alpes, los Pirineos y el Atlántico.**

Los romanos distinguían entre la Galia Transalpina y la Galia Cisalpina (respectivamente *más allá* y *más acá* de los Alpes).

1. La TRANSALPINA. Estaba habitada por poblaciones diversas, pero esencialmente celtas. Los galos habían dejado el recuerdo de bárbaros temibles tras la invasión del año 390 a. JC. En la época de la segunda guerra* púnica, habían ayudado a Aníbal en su marcha sobre Roma. A fines del siglo II a. JC los romanos ocuparon la Galia Narbonense (Provenza y Languedoc), que, extendiéndose hasta el territorio de los alóbroges (Dauphiné-Saboya) se convirtió en la Provincia romana (120 a. JC).

Cuando César* inició la conquista de la «Galia cabelluda», es decir, la Transalpina menos la Provincia romana, distinguió tres partes: Aquitania, Céltica o Galia propiamente dicha y Bélgica. En el interior de estas regiones, numerosas tribus se enfrentaban por rivalidades. No existía ningún estado organizado, a pesar del dominio de algunas familias nobles. Entre dichas familias se contaba la poderosa casta de los druidas, que eran a la vez educadores, jueces y sacerdotes; su civilización material era refinada. Tras la conquista, la «Galia cabelluda» quedó reducida a una provincia (51 a. JC): César fundó diversas ciudades, entre las que destacaron Orange y Vienna; Lyon se fundó en el año 43. Augusto* reorganizó el conjunto de la Transalpina en cuatro provincias: Narbonense, Aquitania, Lionense y Bélgica. La primera era senatorial y las otras tres imperiales.

Muy pronto nació una civilización galo-romana, que fue posible gracias a la habilidad de los romanos, generosos en la concesión de la ciudadanía*, y a las facultades de adaptación de los galos.

2. La CISALPINA. Situada entre los Alpes y los Apeninos, había sido ocupada desde siglos atrás por los galos. Los romanos la sometieron parcialmente desde el fin del siglo III a. JC (Milán, Cremona, Piacenza). Su integración a Italia se realizó rápidamente a partir de la guerra* social. Organizada como provincia en el 81, se unió a Italia en el 42 a. JC.

ganadería. La importancia de la ganadería en la vida romana queda demostrada por la tradición, que representa al primer rey de Roma, Rómulo*, como un pastor. Al lado de los sabinos agricultores y de los etruscos artesanos, los latinos habrían sido ganaderos. De hecho, desde el inicio debió existir una economía mixta en la que la ganadería y la agricultura coexistían. Aun así, la palabra que designa la «fortuna», el «dinero» *(pecunia),* designó en principio la riqueza en ganado *(pecus).*

Los animales de la cabaña eran los bovinos (para el tiro, los trabajos agrícolas y la leche), los caballos (para los viajes, los transportes y la caballería), los ovinos (para la lana y la leche), el asno y el mulo (para el porte). Prácticamente, el único animal criado por su carne era el cerdo.

La cría de aves de corral, practicada en las granjas, era relativamente reciente. En un principio no se criaba más que gallinas y palomos. La piscicultura, propia del mundo romano, comenzó en el siglo II a. JC. Fue característica de los grandes propietarios, que hacían construir inmensos estanques de agua de mar y de agua dulce. A principios del siglo I a. JC comenzó a introducirse la ostricultura.

gasto público. El presupuesto del gasto público se reducía a cinco capítulos esenciales.

1. CULTO*. Construcción y mantenimiento de los templos*, altares* y capillas; sueldos de las vestales* y de los flámines*; salarios de los empleados subalternos; gastos ocasionados por las fiestas, los juegos* y las ceremonias extraordinarias.

2. TRABAJOS PÚBLICOS. Construcción y mantenimiento de todos los edificios públicos, de las canalizaciones y de la red viaria en Roma*, en las colonias* y en los municipios*. Bajo el Imperio*, el tesoro* pasó a encargarse solamente de los trabajos realizados en Roma.

3. EJÉRCITO*. En sus inicios, los gastos militares eran limitados, ya que se suponía que los soldados se equipaban y se alimentaban en campaña a sus expensas o a expensas de sus tribus*. Pero a partir del siglo IV a. JC, el tesoro tomó a su cargo el mantenimiento de las tropas en campaña e instituyó la paga. El aumento de los efectivos y la constitución de un ejército de tierra permanente, y luego de una armada, hizo que este gasto se disparase.

4. APROVISIONAMIENTO DE ROMA Y ASISTENCIA PÚBLICA. Como consecuencia de las leyes frumentarias del siglo II y I a. JC, todo ciudadano* domiciliado en Roma tenía derecho a cierta cantidad de trigo a precio reducido, y posteriormente gratis. César* y Augusto limitaron el número de personas que tenían este derecho (200 000).

En el Imperio, se instituyeron distribuciones, gratuitas o a bajo precio, de productos variados (carne, vino, aceite), las *congiaria*; del mismo modo, los emperadores tomaron la costumbre de distribuir recompensas a sus tropas, las *donativa*. Finalmente hay que añadir los fondos destinados a atender las familias pobres para así favorecer la natalidad *(alimenta)*.

5. GASTOS ADMINISTRATIVOS. En la República*, los gastos ocasionados por la administración de Roma y de las provincias* eran poco elevados, ya que las magistraturas eran gratuitas y los municipios se administraban por sí mismos, pero los gobernadores* de provincias recibían una dieta. Durante el Imperio, el desarrollo de la administración, el número creciente de funcionarios* y el servicio de correos* oficial fueron una pesada carga para el presupuesto del Estado.

gastronomía. Las guerras que se llevaron a cabo en la vertiente oriental del Mediterráneo, durante el siglo II a. JC, contribuyeron a que la gastronomía romana mejorara. Efectivamente, en Grecia y en Asia los oficiales y magistrados* aprendieron a comer mejor. Además, el vocabulario culinario de las maneras de cocer y de las recetas de cocina no es más que un calco de la terminología griega. Fue a partir de esta época cuando se empezó a distinguir entre el cocinero *(archimagirus)*, que tenía a sus órdenes, al menos en las grandes casas, a un ejército de pinches *(coqui)*, el panadero *(pistor)* y el pastelero-confitero *(pistor dulciarius, pastillarius)*. También se escribieron libros de cocina, como el que hizo C. Matius, amigo de César*, o el contemporáneo de Augusto* y de Tiberio*, Apicio, más conocido, quien dio su nombre a numerosas recetas. Entre las preparaciones más corrientes cabe citar: la *patina* o *patella*, especie de pasta consistente a base de legumbres o de pescado mezclados con huevos; el *minutal*, picadillo de pescado o de carne, al cual se agregaban a veces frutos; los *ofellae*, trozos de carne fritos o en brocheta.

Los romanos preferían la carne (sobre todo porcina) a las legumbres, y tenían una predilección particular por los pescados y el marisco. Su cocina se caracterizaba por el dominio de los platos hervidos sobre los platos asados, por el empleo de salsas complicadas, por el uso, a toda costa, de las especias* y condimentos* y por la mezcla, finalmente, de lo dulce con lo salado (caza a la miel, por ejemplo).

Frugales en un principio por necesidad, los romanos siguieron siéndolo por su amor a la simplicidad y por obediencia a los consejos de los epicúreos*, de los estoicos* y de los médicos*. Los Lúculo, Vitelio y Heliogábalo no serían así más que célebres excepciones.

genio (*genuis*; de *geno*, engendrar), principio de vida que aseguraba la perpetuidad de la descendencia.

Cada hombre poseía su genio (las mujeres poseían una Juno individual, Juno *Lucina*, diosa de la maternidad) y se representaba como una serpiente o como un hombre con toga* que llevaba un cuerno de la abundancia y una pátera: figuraba en el larario*. En la casa* se le consagraba el lecho nupcial *(lectus genialis)*, colocado en el *atrium*. El culto* del genio consistía sobre todo en ofrendas* de pasteles, vino* y flores*. Se hablaba también del genio de un dios* cuando se trataba más específicamente de la potencia creadora. El genio de los grandes hombres se acercaba a la divinidad. Así, se rendía culto al genio del emperador *(Genius Augusti)*, culto que se confundía con el de los *lares* compitales*.

De manera general, se podía decir que todo lo que existía tenía su genio: barrios, municipios*, corporaciones, ejércitos*, monumentos, etc. En este caso se trataba de un «doble», de un demonio protector que aseguraba y mantenía la vida. En la cumbre de la jerarquía estaban el genio de Roma *(Genius Urbis Romae)* y, sobre todo, el genio del pueblo romano *(Genius Populi Romani)*.

gens (*geno*, engendrar), conjunto de personas que llevan el mismo nombre gentilicio y se consideran descendientes de un ancestro común.

Las diferentes ramas *(familiae)* de una *gens* llevaban apodos* que las distinguían. Así, la *gens Cornelia* comprendía a los *Cornelii Balbi*, los *Cornelii Lentuli*, etc. Los miembros de una *gens* (los *gentiles*) estaban unidos por un culto* común que era una relación religiosa (los *Iulii* veneraban a Apolo, los *Nautii* a Minerva, etc.).

Al principio, las colinas de Roma habían estado pobladas de *gentes*, células patriarcales con sus propias costumbres jurídicas, sus ritos de culto y sus clientes*. Estas *gentes* habían podido establecer alianzas temporales entre ellas o más o menos duraderas, y constituir ciudades organizadas (un jefe, algunos consejeros, una pequeña asamblea).

Pero la autonomía de las *gentes* seguía siendo muy elevada y sólo disminuyó cuando los etruscos* organizaron estas poblaciones como ciudades.

La organización gentilicia solamente concernía a los patricios, la plebe* la desconocía. De todos modos, a partir del siglo v se crearon *gentes* plebeyas. Además, la desaparición de numerosas *gentes* patricias (o su desmembramiento), por un lado, y los progresos políticos de la plebe, por otro, atenuaron, sin llegar a borrarlas nunca, las distinciones primitivas entre plebe y patriciado, lo que llevaría a constituir una nobleza* patricio-plebeya.

Germánico ***(Iulius Caesar Germanicus),*** **general romano (Roma 15 a. JC-Antioquía 19 d. JC).**

Adoptado por su tío Tiberio*, Germánico fue cónsul* el año 12 d. JC. Dirigió diversas campañas victoriosas contra los germanos. Murió en Antioquía, quizá encarcelado por Pisón, gobernador* de Siria. Se casó con Agripina* la Mayor y tuvo de ella nueve hijos, de los que uno se convertiría en el emperador Calígula.

gladiadores (*gladiatores;* de *gladius,* espada), persona que en los juegos batallaba con otra o con una bestia.

Los gladiadores se reclutaban entre los condenados de derecho común, los prisioneros* de guerra y los esclavos*. Pero también existían voluntarios, los cuales perdían por este hecho, si eran ciudadanos*, sus derechos cívicos.

El entrenamiento de los gladiadores era muy duro. Se realizaba en escuelas especiales *(ludi gladiatori)* que en un principio eran privadas y luego, a partir de Domiciano, imperiales. Entre ellos se distinguían diversas categorías: los *samnitas,* con armamento pesado (casco*, escudo*, espada*, canilleras); los *tracios,* armados de un pequeño escudo, un casco y un sable corto; los retiarios, que formaban la categoría más humilde, armados con un tridente y una malla; los *galos* y los *mirmillones,* armados con mucha ligereza. Estas categorías se enfrentaban, generalmente por parejas y según reglas precisas.

Los primeros combates se introdujeron en Roma en el año 264 a. JC y obtuvieron inmediatamente un gran éxito entre el bajo pueblo. No se suprimieron más que al alba del siglo V. Durante la República, se celebraban en el foro*. El primer anfiteatro* de piedra no se construyó hasta el 29 a. JC (anfiteatro de L. Estatilio Tauro, al sur del Campo de Marte). Los combates se desarrollaban al fin de la jornada y se hacían apuestas. Los vencedores recibían recompensas y, después de varias victorias, podían recobrar la libertad, aunque nunca obtenían los honores reservados a los vencedores de los concursos. Efectivamente, los combates de gladiadores eran un vestigio de los sacrificios* humanos exigidos por Saturno en otro tiempo y, de forma más general, por los dioses ctonios. Puede decirse que más que la victoria lo que importaba era la efusión de sangre.

gobernador → promagistrado, provincias.

Graco (los), nombre de dos hermanos que pertenecían a la más alta nobleza*.

Su padre, cónsul* y censor*, era hijo de cónsul, y su abuelo materno era Escipión el Africano. Los Graco están ligados a las reformas agrarias que propusieron para poner remedio al malestar social del último tercio del siglo II a. JC, pero fracasaron ante la oposición de la aristocracia senatorial.

1. Tiberio Sempronio Graco ***(Tib. Sempronius Gracchus),*** político romano (Roma 162-*íd.* 133 a. JC).

Después de recibir una sólida formación con dos filósofos*, acompañó a Escipión* Emiliano a África (147). Cuestor* en el 137 y tribuno* en el 133, hizo votar una ley* agraria *(lex Sempronia)* que preveía el reparto del dominio* público, con lo que se oponía al régimen de la gran propiedad *(latifundia*)*. Las tierras recuperadas debían repartirse entre los ciudadanos* más pobres. Pero se encontró con la oposición de la nobleza senatorial, la cual paralizó su actuación. Fue asesinado durante una sublevación.

2. Cayo Sempronio Graco ***(Caius Sempronius Gracchus),*** **político romano (Roma 154-*íd.* 121 a. JC).**

En el 133 tomó parte en los triunviratos* encargados de ejecutar la *lex Sempronia,* de la que era autor su hermano, pero que finalmente no se aplicó. En el 124 fue tribuno* y quiso seguir la política de su hermano mayor, pero mostrándose más enérgico. Hizo votar una ley frumentaria por la cual, cada mes, todo ciudadano podía comprar una cierta cantidad de trigo a mitad de precio; hizo confirmar la *lex Sempronia*; propuso formar colonias* romanas (en Tarento, en Cartago*) susceptibles de remediar la miseria de la plebe* urbana, y acometió grandes trabajos destinados a limitar el paro. Para llevar a cabo sus propósitos intentó aliarse con los caballeros tomando medidas que los favorecieran. Por otra parte, deseaba otorgar el derecho* latino a todos los italianos y el derecho de ciudadanía a aquellos que poseyeran el derecho latino. Pero la respuesta de los *optimates** fue tan enérgica como seis años antes: Cayo y tres mil partidarios suyos fueron masacrados en el transcurso de una sublevación.

gramático → enseñanza.

guerra *(bellum).* Al norte de los foros* existía un monumento dedicado a Jano Doble cuya puerta estaba abierta en tiempo de guerra y cerrada en tiempo de paz. Fue cerrada tan excepcionalmente hasta la «paz romana», que Augusto* podía enorgullecerse de haberla hecho cerrar tres veces. Así, la guerra era una verdadera «institución» en Roma. No solamente tenía aspectos militares y políticos, sino también religiosos y jurídicos. Toda declaración de guerra, como todo tratado de paz, daba lugar a ceremonias religiosas reguladas por los feciales*. En el momento de declarar la guerra, el *Pater patratus* conducía una delegación de feciales con un terrón de hierba del Capitolio* y una piedra, que simbolizaba a Júpiter, y reclamaba reparación a los enemigos, a los que concedía treinta días de plazo. Si los enemigos rechazaban la oferta, el *Pater patratus* enviaba una lanza ensangrentada al territorio enemigo: era la señal del inicio de los combates y la prefiguración de la victoria. El tratado de paz se concluía bajo la invocación de Júpiter: el *Pater patratus* golpeaba con un pedernal (símbolo del fuego) a un cerdo elegido como víctima. El ritual fecial fue abandonándose progresivamente, pero los aspectos religiosos de la guerra aparecen con claridad en otros hechos: el servicio* militar, por ejemplo, es un «servicio sagrado» *(sacra militia)* y el juramento* hacía del soldado* un iniciado; el ejército* no partía sin que antes se hubiesen tomado los auspicios; en marzo y en octubre se purificaban las armas; la victoria se acompañaba de súplicas* en honor de los dioses*; el triunfo* hacía del vencedor el igual de Júpiter por un día. Pero guerra y paz, en el derecho* de gentes, provenían de una teoría del contrato. Para ser justo *(bellum iustum)* debía declararse la guerra convenientemente; lo contrario no era más que bandolerismo *(latrocinium)*. Más tarde, se añadieron a la definición de «guerra justa» otras condiciones: debía ser la reivindicación de un derecho, la venganza tras una injusticia, o la expulsión de un enemigo. Así, las guerras civiles no eran guerras «justas». La rendición del enemigo* *(deditio)* se consideraba como un contrato *(foedus)* que regulaba jurídicamente las relaciones entre vencedores y vencidos, lo que se establecía mediante el procedimiento* de los contratos civiles, inconcebibles si se excluía la *fides**. Efectivamente, entre los diferentes pueblos existían reglas comunes, «queridas» por la razón y la naturaleza, que convenía respetar (*ius gentium*, derecho de gentes). Una parte de las tierras enemigas se declaraba *ager* publicus*; las ciudades continuaban administrándose por ellas mismas según estatutos variables (municipios*, ciudades* federadas); se fundaban colonias*. Pero la condición jurídica de los países conquistados era evolutiva y llevaba progresivamente a todos los hombres libres, sometidos a Roma, a la ciudadanía* romana. Esta evolución llegó a su cumbre con Caracalla, quien en el año 212 d. JC otorgó la *civitas Romana* a todos los hombres libres del Imperio.

guerra de las Galias ***(bellum Gallicum,*** **58-50 a. JC).** En el año 59 César* recibió el gobierno de la Galia* Cisalpina y de la Provincia romana. Un pretexto le daría la ocasión de acometer la conquista de la «Galia cabelluda» (Aquitania, Céltica, Bélgica). Efectivamente, los helvecios, en estado de guerra continua con los germanos, pidieron la autorización de atravesar la Provincia romana para instalarse en el país de los santones (Santonia). Pero César rechazó la petición, atravesó la frontera de su provincia y obligó a los helvecios a volver a sus tierras. En el 58, los galos pidieron oficialmente a César que los protegiera contra los germanos, lo que aprovechó éste para instalarse en la Galia, en donde multiplicó las operaciones e incursiones. Realizó la conquista de los países atlánticos (56), pasó al otro lado del Rin (55) y llegó a Bretaña (55-54). A las insurrecciones locales, reprimidas sin contemplaciones (53), siguió una revuelta general, dirigida por Vercingetórix (52). César, que estaba en Rávena, volvió a la Galia y tomó Cenabum (Orléans) y Avaricum (Bourges), pero fracasó en el sitio de Gergovia (al sur de Clermont-Ferrand). Aun así, consiguió rodear a Vercingetórix, refugiado en Alesia. Tras dos meses de resistencia, Vercingetórix se rindió a César (septiembre del 52). Tras esta rendición, la Galia había sido vencida: los últimos focos de resistencia locales fueron reducidos en el 51-50.

guerra social ***(Sociale bellum).*** Del 91 al 88 a. JC los aliados de Italia* (los *socii*, es decir, las tropas de las ciudades* federadas con Roma) y de las colonias* latinas se sublevaron para obtener la ciudadanía* romana que Roma les negaba. Los insurgentes (marsos, picentinos, oscos, samnitas) lograron victorias sobre las legiones* e instalaron su capital en Corfinio, a la que bautizaron *Italica*. Para retener a los que se mantenían fieles, Roma tomó una serie de medidas, en el 90 y el 89, que otorgaban el derecho* latino a los transpadanos (que vivían en la Galia Cisalpina, del otro lado del Po) y la ciudadanía completa a todas las demás ciudades de Italia. Esta guerra se cobró 300 000 muertos. Hasta el 80, se mantuvieron focos de resistencia. En el 49, la Transpadana obtuvo la ciudadanía completa. Desde entonces se unificó todo el terreno italiano. En el 42, la Cisalpina se volvió a anexar a Italia.

guerras civiles. Los romanos establecían una diferencia muy clara entre las guerras* exteriores *(bella externa)*, dirigidas contra los extranjeros, y las guerras internas *(bella interna, civilia)*, que enfrentaban a los ciudadanos. Condenaron siempre estas últimas guerras, cuyas causas, a sus ojos, eran de orden moral (ambición, codicia, afición al lujo) y las consideraban «impías». Por añadidura, y al menos en teoría, no permitían que los vencedores se atribuyeran las recompensas oficiales (triunfos*, ovaciones*). En suma, estas guerras, que trastornaban las tradiciones y sus valores morales, no merecían más que el olvido.

Es necesario establecer diferencias entre las guerras civiles de la República* y las del Imperio*. Durante el período republicano las llevaron a término hombres importantes, cuyas ambiciones e ideología les enfrentaban (Mario* y Sila*, Pompeyo* y César*, Octavio* y Marco Antonio) y que arrastraban con ellos a sus ejércitos* y «clientes»*. Eran luchas armadas, destinadas al triunfo de una ideología, aunque ésta no estaba del todo libre de la ambición. Durante el Imperio, sin embargo, ya no eran los civiles armados los que luchaban, sino militares profesionales, sin ideología política. Todo ocurría como si la población no tuviese que intervenir, y de hecho a menudo permaneció indiferente o en posición neutral. Las guerras civiles del año 69 d. JC (el año de los cuatro emperadores: Galba, Otón, Vitelio, Vespasiano) fueron el primer ejemplo, pero fueron hechos aislados, un sobresalto en la paz* romana. Pero a partir del siglo III se multiplicaron. Estas luchas entre competidores del trono no tuvieron las mismas resonancias políticas, patrióticas o morales que tuvieron las guerras civiles de la República y no marcaron a sus contemporáneos tan profundamente. Por otra parte, Roma se había engrandecido hasta obtener las dimensiones de un imperio cuya paz en las provincias no concordaba necesariamente con lo que ocurría en la capital.

guerras púnicas *(punica bella).* Se trata de tres guerras que opusieron, en poco menos de un siglo, a Roma y Cartago*. Se les llama «púnicas» por el latín *poeni,* fenicios, fundadores de Cartago. PRIMERA GUERRA: LOS «ASUNTOS» DE SICILIA (264-241 a. JC). En el momento en que comenzó la guerra, el estrecho de Messina constituía el límite que separaba las zonas de influencia de Roma y Cartago. Pero Roma acudió a socorrer a los mercenarios mamertinos, dueños del estrecho de Messina, que estaban bloqueados por un ejército púnico y un ejército griego de Siracusa comandado por Hierón. Éste estableció pronto un pacto con Roma. Durante un primer período (264-256), los romanos obtuvieron victorias terrestres (en Messina en 264, en Agrigento en 262) y marítimas (Mylae, en 260, victoria del cónsul Duilio que celebró el primer triunfo* naval [→ rostrum]; en Écnomo en 256). Estos triunfos incitaron al cónsul* Régulo* a desembarcar en África, pero fue derrotado y hecho prisionero (255). En el año 249 la flota romana sufrió una derrota en Drepanum. La guerra se prolongó y se concentró alrededor de Palermo, en donde el general cartaginés Amílcar Barca organizó una buena defensa, mientras que la flota púnica sometía la costa italiana al pillaje. Pero una victoria marítima de los romanos en las islas Egatas*, en el 241, obligó a Cartago a firmar la paz*. Sicilia se convirtió así en la primera provincia* romana y Cartago debió pagar un alto tributo.

SEGUNDA GUERRA: «LA GUERRA DE ANÍBAL» (218-201 a. JC). Tras su derrota, Cartago tuvo grandes dificultades interiores (revuelta de sus mercenarios). El tributo que debía a Roma se acrecentó todavía más y tuvo que ceder a los romanos Córcega y Cerdeña (237), que se convirtieron así en la segunda provincia romana. Por deseo de venganza y para compensar estas pérdidas, Amílcar Barca emprendió la conquista de Hispania, rica en minas*. En el 220, Roma había prohibido a los cartagineses la toma de Sagunto. Un año más tarde, Aníbal, sin tener en cuenta esta prohibición, la conquistó, lo cual desencadenó la segunda guerra púnica. Partió de Sagunto (verano del 218) con 80 000 soldados de infantería, 10 000 jinetes y unos cuarenta elefantes. Con este ejército atravesó los Pirineos, el Ródano y los Alpes (invierno del 218). Sus éxitos le valieron la adhesión de los galos de Italia* del norte. Los años 217 y 216 representan una serie de desastres para los romanos: derrota en el lago Trasimeno* (junio del 217), y en Cannas* (agosto del 216). Pero la táctica de temporización, aconsejada por Fabio* Cunctator, y las vacilaciones de Aníbal a la hora de atacar Roma, permitieron que los romanos se recuperasen. La última victoria del cartaginés, a costa de un gran desgaste y falto de refuerzos, fue la de Tarento (213). Seguidamente, Roma tomó la ofensiva (211): victorias en Capua (211), en Siracusa (211) y en Tarento (209). Asdrúbal, hermano de Aníbal, que había llegado en su ayuda, murió en la batalla de Metauro (207). Entre tanto, Escipión* Emiliano reconquistó Hispania, convertida en provincia romana en el año 206. Desde allí desembarcó en África, se instaló cerca de Útica (204) y se alió con Masinisa. Alarmados, los cartagineses llamaron a Aníbal, pero Escipión, a quien ya se llamaba el *Africano,* le derrotó en Zama* (202). El tratado de paz, que se firmó en la primavera del 201, impuso a Cartago condiciones muy duras: abandono de Hispania, reconocimiento del reino númida de Masinisa, indemnizaciones de guerra y compromiso de no emprender ninguna guerra sin permiso de Roma.

TERCERA GUERRA (148-146). Aun así, Cartago consiguió desarrollar su riqueza de tal manera que su nueva prosperidad inquietaba a los romanos. Un conflicto entre Cartago y Masinisa proporcionó a los romanos el pretexto para intervenir e imponer a Cartago condiciones inaceptables. Los cartagineses resistieron durante dos años, pero en el año 146 Escipión* Emiliano tomó e incendió la ciudad. Su territorio se convirtió en la provincia de África.

h

helenismo → caza, *domus,* filósofos, jardines, Livio Andrónico.

heraldo *(praeco),* anunciador público al servicio del Estado o de un particular.
Podía cumplir funciones diversas: convocatoria de las centurias* en los comicios*, proclamación de los resultados de los votos*, de los vencedores en los juegos*, anuncios de los funerales* de personajes importantes, etc.

hermanos arvales (*fratres Arvales*; de *arvum,* campo), miembros de un colegio sacerdotal.
Los doce hermanos arvales constituían una cofradía que habría sido fundada por los doce hijos de Acca Larentia, la nodriza de Rómulo. Se dedicaban al culto de una divinidad de los campos, Dea Dia, que poseía un bosque sagrado *(lucus)* a 7,500 km de Roma, en la *Via Campana.* En su honor celebraban ceremonias anuales durante el mes de mayo. Dichas ceremonias comprendían ritos agrarios, sacrificios*, cantos (el *carmen Arvale,* que ha llegado hasta nosotros, pero que es casi incomprensible) y carreras*. La cofradía, reclutada por cooptación, estaba dirigida por un maestro *(magister).* Durante el Imperio* dicho maestro era a menudo el mismo emperador.

hexámetro dáctilo → métrica.

hidromiel, bebida hecha con agua y miel.
Esta bebida, a la que los romanos llamaban *aqua mulsa* (agua melosa), no formaba parte de la «carta» de vinos, bebida ésta bastante más apreciada. La mejor calidad de hidromiel venía de Frigia.

hogar *(focus).* En principio, el hogar servía a la vez de altar* y de horno, pero después se estableció una distinción. El hogar se situaba en el *atrium.* Con el desarrollo de la parte posterior de la vivienda*, se desplazó igualmente al interior. El hogar simbolizaba la vida religiosa de la casa y personificaba a Vesta, la divinidad del fuego* doméstico.

hombre nuevo *(homo novus),* expresión que designaba a todo individuo que comenzaba una carrera política sin tener en la familia una magistratura curul (censura, consulado, pretura*, edilidad curul).
Las posibilidades de éxito para estos individuos eran escasas y, de hecho, muy pocos «hombres nuevos» llegaron al consulado. Entre los más célebres puede citarse a Catón el Censor (197), Mario* (107) y Cicerón* (63). (→ clases sociales)

hombres libres → ciudadano romano, manumisión, peregrinos.

honestiores (literalmente, 'más honorables'), clases más elevadas de la so-

ciedad, en particular senadores y caballeros.

Este término se utilizaba durante el Imperio y su uso se extendía también a la burguesía municipal, por oposición al resto de la población, a la que se englobaba bajo la denominación *humiliores* o *tenuiores* ('más humildes'). Se trataba pues de una jerarquía fundada en la condición social, en la «dignidad». Pero progresivamente se fue acompañando de una distinción jurídica, principalmente en el derecho* criminal. Efectivamente, a partir de los Antoninos (inicio del siglo II d. JC), los delitos se juzgaban diferentemente según los hubiesen cometido los *honestiores* o los *humiliores*: estos últimos sufrían condenas más severas.

hora *(hora).* La «hora romana» no era la 24^{ava} parte de la jornada de 24 horas, sino la 12^{ava} parte del día y la 12^{ava} parte de la noche. En efecto, se establecían 12 horas diurnas y 12 horas nocturnas, de manera que la hora no era una unidad fija, sino variable, en función de la salida y de la puesta de sol. La hora diurna no era igual a la nocturna más que en los equinoccios.

Generalmente, además, los romanos se preocupaban menos que nosotros de saber la hora exacta, por mucho que poseyeran relojes*. Preferían designar los diferentes momentos de la jornada utilizando términos más o menos precisos: *mane* (la mañana), *antemeridiem* (antes de mediodía, que correspondía a la 7ª hora), *post meridiem* (después de mediodía), etc. En los campamentos, la noche se dividía en cuatro velas de tres «horas» (→ relojes).

Horacio *(Q. Horatius Flaccus),* poeta latino (Venusia, Apulia, 65-8 a. JC).

Hijo de un manumiso, recibió, primero en su pueblo y luego en Roma, una educación muy cuidada, que completó con un viaje a Atenas. Fue entonces cuando se alistó al ejército de Bruto* y Casio. Allí obtuvo el grado de tribuno* militar, inesperado, cuando menos, dada su condición, y participó en la batalla de los Filipos (42). Tras la derrota, volvió a Roma y escribió sátiras violentas (los *Épodos*) en las que se deja sentir la influencia de Arquíloco. Conoció a Virgilio*, quien lo presentó a Mecenas*, con el que tuvo una gran amistad. A partir de entonces su obra se desarrolló en dos planos: por un lado, las piezas escritas en hexámetros*, auténticas charlas *(Sermones)*: dos libros de *Sátiras* y dos libros de *Epístolas* en los que, de una manera familiar y atractiva, se enfocan los problemas más diversos. Los temas satíricos en la tradición de Lucilio* evolucionaron hacia una reflexión sobre los problemas de la vida moral o de orden literario (en particular la epístola denominada desde la Antigüedad *Arte poética*); por otro lado, cuatro libros de *Odas*, cuyo ritmo eólico presta su forma a los temas líricos más variados: mitología, inspiración nacional y religiosa, sentimiento de la naturaleza, reflexiones personales, en donde aflora la intuición epicúrea del valor que hay que darle al momento vivido.

Horacio Cocles, héroe romano.

Autor según la leyenda de una hazaña contra el rey etrusco Porsena, vengador de Tarquino* el Soberbio. Horacio le habría cortado el paso sobre el puente Sublicio, permitiendo así a los romanos destruirlo. Después, habría vuelto a la orilla a nado. En el curso de la lucha habría perdido un ojo, por lo que se le conocía como el *Tuerto (Cocles).*

Horacios, nombre de tres hermanos romanos.

Según la leyenda, célebre por la tragedia de Corneille *(Horacio)*, para acabar la guerra entre Alba y Roma, en donde reinaba Tulo* Hostilio, se eligieron en ambos bandos tres combatientes que debían enfrentarse: del resultado de este combate dependería la suerte de las dos ciudades. Los tres Horacios representaban a Roma y los tres Curiacios a Alba. El desarrollo del combate es conocido: dos Horacios mueren en el inicio, pero, uniendo astucia y fuerza, el tercero derrota sucesivamente a los tres Curiacios. Este enfrentamiento por las armas tiene como consecuencia un drama familiar: la hermana de Horacio, novia de un Curiacio, reprocha ese «asesinato» a su hermano. Al no poder soportar esa «ofensa», Horacio la mata. Condenado a muerte por el rey, «apela al pueblo», el cual, sensible a su gloria y a las consecuencias políticas de la victoria, le perdona. Éste es, desde un punto de vista jurídico, el primer ejemplo de la *provocatio* ad populum*, una de las bases del derecho* civil romano. Es probable que se tratase, por lo demás, de una anticipación.

La leyenda pasa por alto la caída y la destrucción de Alba por ciertas poblaciones de la liga albana que encontraban demasiado agobiante la hegemonía de Alba. Entre estas poblaciones, los habitantes de Germal, de Celio y de la Velia, que formaban parte de la liga de Septimontium*, jugaron un papel importante. Por tanto, si bien Roma contribuyó a la caída de Alba, no llegó a esta decisión sola. La disolución de la liga albana está en relación con la formación del *Septimontium.*

La leyenda de los Horacios tomó sin duda esta forma porque Alba estaba situada en el territorio de la tribu* Horacia, nombre de una *gens* patricia.

Horcas Caudinas *(Furculae Caudinae)*, desfiladero de Italia central.

En el curso de la segunda guerra contra los samnitas (327-304 a. JC), los romanos fueron derrotados cerca de Caudio, al este de Capua, en un desfiladero llamado Horcas Caudinas (321). Para humillar a las tropas romanas, los samnitas les hicieron pasar bajo el yugo (dos lanzas plantadas en la tierra y una tercera atada transversalmente).

hospital (*valetudinarium*; de *valetudo*, salud). En Roma, la misma palabra designaba el hospital, civil o militar, y la clínica o enfermería privada.

Los hospitales públicos, tal como los conocemos hoy, se introdujeron bastante tarde, sin duda hacia fines del siglo IV a. JC. Los hospitales militares son más antiguos y quizás daten de los inicios del Imperio*. Pero los médicos privados tuvieron siempre la posibilidad de alojar en sus casas a los enfermos que cuidaban. Finalmente, en las *villae rusticae*, el amo solía disponer una enfermería destinada a los esclavos enfermos.

humiliores → honestiores.

i

idus → calendario.

imagen de los antepasados → máscaras.

imperator (de *impero*, mobilizar, comandar), título reservado primitivamente a Júpiter y después otorgado por aclamación de las tropas al general victorioso.

El primero en obtener este título fue Escipión el Africano en Hispania (209 a. JC). En las titulaturas, *imperator* seguido de una cifra indica cuántas veces mereció el general este título. Octavio* hizo de él un apellido en el año 40. Este uso lo retomó Vespasiano y se generalizó. En la lengua corriente, desde finales del siglo I, *imperator* se convirtió en un nombre común para designar al emperador *(princeps)*.

Imperio → dominado, principado, provincias.

imperium (de *impero*, mobilizar, comandar), noción de carácter jurídico que expresa la totalidad de los poderes civiles que poseían bien el rey o bien, bajo la República*, los cónsules* y los pretores*.

Este término expresa el poder concedido al «jefe» por los dioses*. Esta noción, que quizá sea etrusca* en su origen, tomó un carácter jurídico y entra en la definición de ciertas magistraturas. Los romanos se acostumbraron a oponerla a otro poder distinto en esencia: la *potestas* (de *possum*, poder).

La *potestas*, en efecto, es una noción administrativa y designa el poder del que dispone un magistrado. Comprende: 1° el derecho a tomar los auspicios*; 2° el de dictar mandamientos judiciales; 3° el de infligir multas; 4° el de convocar al pueblo en el recinto de la ciudad para dar a conocer comunicados o para hacerle deliberar y votar.

Las magistraturas con *potestas* son las de los ediles*, cuestores, tribunos* y censores*.

El *imperium*, en cambio, como ya se ha dicho, expresa la totalidad de los poderes (civiles, militares, judiciales, religiosos) que poseía el rey o los cónsules y los pretores. Pero conserva su eficiencia divina. Los que se revestían del *imperium* tenían un poder sobre los mismos individuos (poder judicial en Roma, *imperium domi*, y poder militar fuera de Roma, *imperium militiae*). Se descompone de la siguiente manera: 1° derecho a tomar los auspicios en Roma y fuera de Roma; 2° derecho a levantar y comandar los ejércitos; 3° derecho a juzgar lo civil y lo criminal; 4° derecho de coerción; 5° derecho a convocar y de presidir el Senado; 6° derecho a convocar y de hacer votar al pueblo fuera de Roma, en comicios* centuriados.

Poseían el *imperium* (y por tanto, *a fortiori*, la *potestas*) los cónsules, los pretortes y eventualmente el dictador*. Los lictores* y los fasces* eran los signos visibles del *imperium.* De todos modos, los poderes de los magistrados que poseían el *imperium* se vieron limitados por el derecho de apelación* ante el pueblo *(provocatio ad populum)* y por el derecho de intercesión* de los tribunos* de la plebe, derecho que, como el *imperium,* parecía haber sido religioso en su esencia.

La creación de promagistraturas (proconsulado, propretura) conllevó la creación de nuevas funciones con *imperium,* pero, como era normal, solamente se prorrogó el *imperium militiae.*

Durante el Imperio*, el emperador poseía un *imperium* superior al de los magistrados *(imperium maius)*: no estaba limitado ni por el tiempo ni por el espacio y era independiente de las magistraturas a las que estaba ligado anteriormente. Se le atribuye al inicio de su reinado por la *lex de imperio* (ley* curiada).

impuesto → ingresos públicos, tributo.

inauguración (*inauguratio*; de *augur*), ceremonia de toma de los auspicios* con la asistencia, generalmente, de un augur*.

Esta ceremonia era necesaria antes de todo acto importante para saber si los dioses* eran favorables. Se «inauguraban» también las ciudades en el momento de su fundación* y los edificios públicos y religiosos antes de su construcción. Esta operación comprendía la delimitación de un *templum**, la toma de los auspicios* y la orientación. (→ urbanismo)

Se procedía a la inauguración de los reyes, por medio de una ceremonia religiosa que acompañaba a su coronación, y de los sacerdotes*: la inauguración de estos últimos la efectuaba el pontífice* máximo, el cual, actuando bajo sus propios auspicios, constataba si los dioses estaban conformes con las personas que postulaban a un sacerdocio.

indigitamenta, colecciones de fórmulas que permitían invocar a los dioses* en las distintas circunstancias de la vida, con ritos y oraciones* apropiados.

ingenuo (*ingenuus*), término del derecho que designaba al individuo nacido libre, cuyos padres eran libres y que nunca había dejado de serlo legalmente.

El *ingenuus* se oponía, pues, al *libertinus,* el liberto hijo de esclavo o el hijo del liberto. Al parecer, desde el principio del Imperio*, la sociedad, como reacción a las manumisiones*, tendió a considerar como «ingenuos» únicamente a los descendientes de dos generaciones de «libres».

ingresos públicos. Los ingresos del Estado procedían de seis fuentes, diferentes según las épocas. 1° Rentas de los dominios públicos, que eran de dos clases: los lugares públicos (mercados*, acueductos*, puentes*, etc.), algunos de los cuales eran explotados por particulares a los que se les cobraba un censo, y el *ager* publicus.* 2° Impuestos directos recaudados en las provincias: la legislación era compleja y se modificó mucho. En líneas generales se puede decir que el impuesto sobre las personas (capitación) no era frecuente; la principal fuente de ingresos era el impuesto sobre la propiedad territorial, percibido en especie *(vectigal)* o en metálico *(stipendium).* Hasta Diocleciano* sólo pagaban impuesto territorial las provincias. 3° Impuestos indirectos: el *portorium* era un impuesto de circulación (aduanas, consumos y peajes) que se recaudaba en todo el Imperio*. Roma* nunca suprimió los derechos de aduana propiamente dichos en el interior del Imperio. 4° Derechos sobre las ventas y las transmisiones de herencia: la mayoría fueron instituidos por Augusto*, como el impuesto del céntimo sobre todas las ventas públicas, o del veinteavo sobre las manumisiones* y las sucesiones. 5° Los monopolios y derechos de regalía: el antiguo monopolio de la sal, mantenido durante el Imperio, el de la acuñación de moneda*, el producto de las multas o los bienes sin herederos. 6° Recursos extraordinarios: el tributo*, el botín de guerra en especie *(praeda)* o en metálico *(manubiae)*, las donaciones y legados de particulares o de las provincias y los bienes confiscados *(bona damnatorum)*. Durante la República* los impuestos indirectos casi siempre fueron cedidos en arriendo a los publicanos*. En cambio, durante el Imperio se generalizó poco a poco la recaudación directa de todos los impuestos.

inhabilitación → deminutio capitis.

inscripciones. No hay monumento del mundo romano que no tenga grabadas las circunstancias en las que fue erigido (nombres de los magistrados* que tuvieron la iniciativa, año, ocasión, nombres de las divinidades o emperadores en honor a los cuales se construyó, etc.). Asimismo, todos los monumentos* funerarios recuerdan la carrera del difunto y, con frecuencia, los parientes o amigos grababan en ellos unos versos. De esta forma, los individuos participaban en la «eternidad» de las obras de piedra. Las inscripciones son más o menos solemnes, según los casos, pero todas se caracterizan por su brevedad y proporcionan datos muy valiosos a los historiadores.

Instituta de Justiniano. Mientras se preparaba el *Digesto**, Justiniano encargó la redacción de un manual más elemental que pudiera servir para la enseñanza* y tuviera fuerza de ley*. Los redactores siguieron el plan de las *Instituta* de Gayo (siglo II d. JC), pero introdujeron numerosas e importantes modificaciones (533 d. JC).

insula (manzana), inmueble de pisos cuyas viviendas se alquilaban.

Estos edificios podían ser muy altos, a veces superaban los 20 m, y tenían escaleras interiores y exteriores. En las fachadas había ventanas y balcones. En las *insulae*, a diferencia de los *domus**, las habitaciones no tenían un uso específico. Este tipo de alojamiento se impuso por la escasez de suelo edificable. El alquiler de los pisos estaba regulado. (→ viviendas)

intercessio (intervención), derecho que poseía un magistrado de oponerse al voto* de un senadoconsulto*, a una proposición de ley* sometida a los comicios*, o a un decreto de otro magistrado, en la medida en que un ciudadano* se consideraba perjudicado y pedía esta intervención.

Para ejercer el derecho de intercesión, el rango del magistrado debía ser igual o superior al del magistrado al que se oponía. Sólo los tribunos* podían ejercer siempre el derecho de intercesión. Durante el Imperio*, este derecho correspondió al emperador, ya que poseía la «autoridad* tribúnica».

En derecho* privado, la intercesión era el acto por el cual una persona tomaba a su cargo la deuda de otra, garantizando al deudor o comprometiéndose en su lugar.

interdicción de agua y fuego *(interdictio aquae et ignis)*, prohibición de dar «agua y fuego» a un individuo castigado con la muerte* civil.

Era una especie de excomunión religiosa, que implicaba el exilio* del condenado y la confiscación de sus bienes.

interrex, magistrado encargado de sustituir, en casos excepcionales, al magistrado superior encargado de consultar los auspicios.

El interregno era una institución muy antigua. Cuando un rey o, durante la República*, los cónsules* morían en el desempeño de sus funciones, el Senado* recogía el derecho de consultar los auspicios* y lo transmitía a un interrex nombrado por él. Al cabo de cinco días, el interrex tenía que nombrar a otro, y así sucesivamente hasta que se celebraban elecciones. El interrex se elegía entre los senadores patricios *(patres*)*.

invasiones → caída de Roma.

Italia. En la Italia de principios del siglo V a. JC se hablaba una docena de lenguas. Poco a poco, Roma hizo desaparecer ese fraccionamiento y consiguió unificar Italia. Al principio, el mismo vocablo Italia designaba la punta extrema del Bruttium. A comienzos del siglo III a. JC, Italia se extendía desde el Bruttium (Calabria) hasta la frontera de la Galia* Cisalpina (desde el Arno, al oeste, hasta el Esís, al este, y luego, a partir del 59, hasta el Rubicón). En el año 42 a. JC, la Galia Cisalpina fue incorporada a Italia. Para decidir la suerte de los países conquistados Roma recurrió, por un lado, a la federación y, por otro, a la anexión. La organización de Italia era compleja, porque Roma siempre procuró jugar con los diferentes estatutos concedidos a las ciudades, estatutos evolutivos que le permitían conceder progresivamente la ciudadanía* romana, compuesta a su vez de prerrogativas disociables. En el territorio anexionado había colonias* romanas, municipios* y prefecturas*. En el territorio federado, había colonias latinas y ciudades* federadas. En teoría, se otorgaba el estatuto de colonia a las ciudades de nueva fundación. La concesión de los distintos estatutos dependía del nivel de civilización de los pueblos conquistados y de sus instituciones; además, Roma no podía dar inmediatamente la plena ciudadanía con sus derechos políticos a los que hasta ese momento habían sido sus enemigos*. Poco a poco los municipios y las prefecturas obtuvieron la *civitas* completa, pero los «aliados» (ciudades federadas y colonias latinas) tuvieron que sublevarse para obtener el mismo favor (guerra* social, 90-88 a. JC). Por último, en el 49 todos los hombres libres de Italia (incluyendo Cisalpina) alcanzaron los mismos derechos y obligaciones que los ciudadanos romanos y tuvieron que renunciar a sus costumbres locales (sin embargo, Nápoles no fue «romana» hasta la llegada del Imperio). Todas las ciudades se convirtieron entonces en municipios, cuyos ciudadanos estaban inscritos en las tribus*. Las instituciones municipales eran calcadas de las de Roma (→ organización municipal).

Augusto*, manteniendo el marco de las 35 tribus*, dividió Italia en 11 regiones. Éstas no tenían administración independiente ni estaban dirigidas por un gobernador, pero en cada una de ellas había una comisión encargada de elaborar el catastro, el correo y el empadronamiento. Más tarde, Adriano* y Marco* Aurelio dividieron Italia en cuatro distritos (Transpadana, Etruria y Liguria, Umbría e Italia del Sur), colocando un *iuridicus* a la cabeza de cada uno, con funciones administrativas y sobre todo judiciales. De este modo, la organización de Italia se parecía más a la de las provincias*. A principios del siglo III, un «corrector», investido con el *imperium*, supervisaba la administración del conjunto de Italia (Roma quedaba aparte). Al principio su función fue excepcional, pero con Aureliano* pasó a ser permanente. Al mismo tiempo se creó un impuesto* territorial, que acabó de asimilar Italia a las provincias.

Por último, cuando Diocleciano* reorganizó el Imperio, Italia, con la incorporación de Retia, Córcega, Cerdeña y Sicilia, se convirtió en una de las diócesis de la prefectura de Italia.

iuniores → edades de la vida, ejército.

j

jabalina *(pilum)*, arma arrojadiza del legionario.

La jabalina se distinguía de la lanza por tener la punta mucho más larga. No se sabe cuál fue el origen del *pilum*, ni la fecha en que fue adoptado o inventado. Medía alrededor de 2 m.

jardines *(horti)*. El tráfico con los puertos de la cuenca oriental del Mediterráneo y las campañas militares en Grecia y Asia Menor hicieron que los romanos descubrieran la belleza de los «paraísos», grandes parques cercados donde los animales vivían en libertad. Esta revelación despertó su sentido innato de la tierra. Hasta entonces los romanos habían amado la tierra como ganaderos y agricultores, un apego que iba unido al trabajo y a los desvelos. Por eso, esta forma de entender la naturaleza, sólo como algo agradable, quizá perfeccionado por la mano del hombre, tuvo una gran repercusión en el modo de vida de los romanos. En su *domus**, el antiguo huerto que estaba detrás del *tablinum* pasó a ser un jardín más cuidado y adornado, menos utilitario, situado detrás del peristilo*, con flores* y plantas suculentas. Y cuando las dimensiones del jardín parecían demasiado reducidas, los romanos no dudaban en pintar paneles con el segundo estilo pompeyano: el *trompe-l'œiul* hacía que la imaginación se evadiera en una naturaleza que la superficie limitada del jardín no podía brindar. En el campo, las villas* se transformaron, pasando de granjas rústicas a fincas de recreo, donde los paseos por los jardines, diseñados «a la francesa» o «a la inglesa», con sus faunos, silvanos y náyades, proporcionaban un placer impregnado de religiosidad. En Roma, el urbanismo* estuvo también influido por este nuevo sentimiento hacia la naturaleza. El primer jardín, situado en el norte de la ciudad, fue creado por Lúculo (vencedor de Mitrídates en el año 73 a. JC). Después de él, Pompeyo* y Salustio* crearon otros. A finales del siglo I d. JC, toda la ciudad estaba rodeada de un cinturón de jardines y bosques. Este gusto por una naturaleza ensoñadora se extendió a las cazas* del anfiteatro, donde cazadores y espectadores perseguían la ilusión de una caza real.

jefe de caballería *(magister equitum)*, ayudante de un dictador*, elegido por él.

Podía ser una persona que no hubiese ejercido ninguna magistratura. Una vez nombrado era inamovible, pero no conservaba su función después de que el dictador fuera relevado. En el ejército*, era su jefe de estado mayor.

Jerónimo (san), padre de la Iglesia (Estridón, Dalmacia, h. 345-Belén 420).

Nacido en Dalmacia, Jerónimo fue a estudiar a Roma. Allí tuvo como maestro a Donato, el famoso comentador de Te-

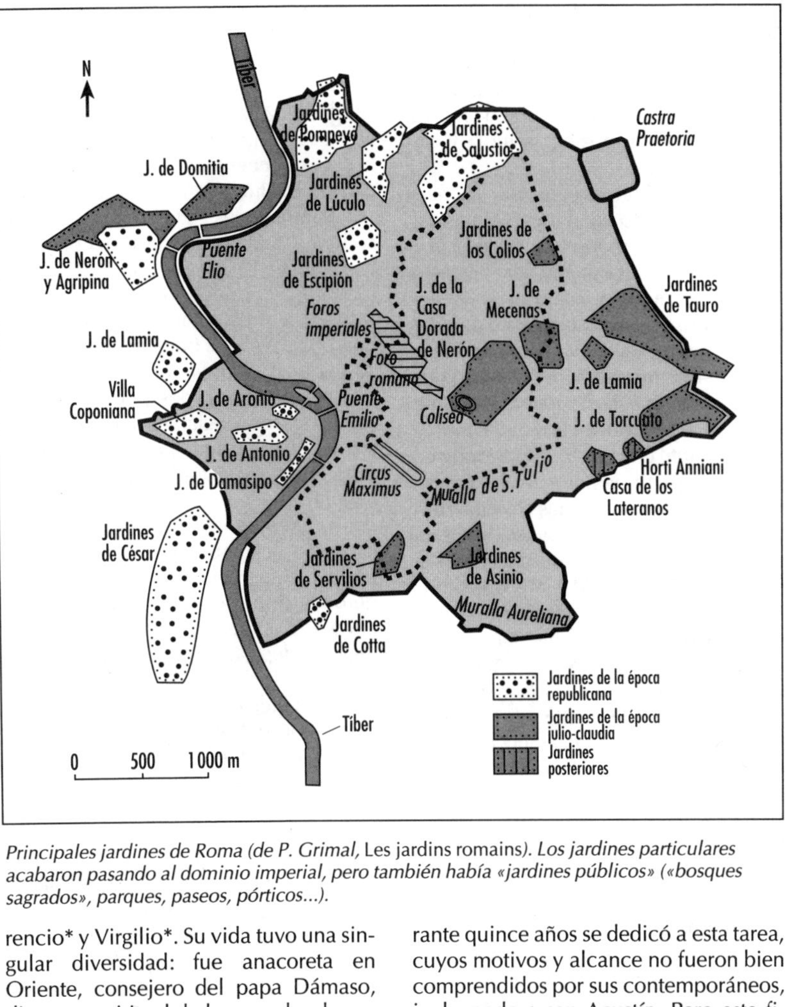

Principales jardines de Roma (de P. Grimal, Les jardins romains*). Los jardines particulares acabaron pasando al dominio imperial, pero también había «jardines públicos» («bosques sagrados», parques, paseos, pórticos...).*

rencio* y Virgilio*. Su vida tuvo una singular diversidad: fue anacoreta en Oriente, consejero del papa Dámaso, director espiritual de las grandes damas romanas y científico (conocía el latín, el griego y el hebreo). Su nombre está relacionado, ante todo, con la *Vulgata*: por encargo del papa Dámaso realizó una revisión de las traducciones latinas del *Nuevo Testamento*, comparándolas con los manuscritos griegos, más antiguos. Más adelante, cuando se retiró a Belén, tradujo directamente del hebreo los libros del *Antiguo Testamento*. Durante quince años se dedicó a esta tarea, cuyos motivos y alcance no fueron bien comprendidos por sus contemporáneos, incluyendo a san Agustín. Pero este filólogo fue también exégeta, historiador y polemista. Por otra parte, las *Cartas* que nos han llegado son tan valiosas por los datos que proporcionan sobre todas las provincias* del Imperio como por su calidad literaria. Unas veces son satíricas, otras íntimas, polémicas o parenéticas, espirituales o realistas. La erudición no menoscabó las dotes de artista de Jerónimo.

Jerusalén (toma de). En el año 70 d. JC Tito, hijo del emperador Vespasiano, recibió la misión de acabar con la insurrección judía, que ya duraba tres años. Tito asedió la ciudad y al cabo de nueve meses venció la resistencia judía y saqueó la ciudad.

El arco de Tito, erigido por su hermano Domiciano en el foro*, al pie del Palatino, conmemora esta victoria. En sus bajorrelieves se puede ver el cortejo triunfal que lleva a Roma el botín del templo de Salomón (candelabro de siete brazos, trompetas de plata). Miles de judíos fueron masacrados o vendidos como esclavos*. Los supervivientes se exiliaron (diáspora). La fecha del año 70 es importante en la historia judeocristiana, pues a partir de entonces las comunidades judías y cristianas se separaron definitivamente. Estas últimas, por otra parte, no se habían solidarizado con el nacionalismo judío. Más adelante, Trajano* reprimió un levantamiento judío en las ciudades de Oriente (115-117) y Adriano* luchó durante tres años (132-135) contra la nueva sublevación encabezada por Simón Barcokebas para oponerse a la fundación de la ciudad de *Aelia Capitolina* en el emplazamiento de Jerusalén. El país fue devastado y la provincia* de Judea pasó a llamarse Siria-Palestina.

joyas. A las mujeres romanas les gustaba adornarse con toda clase de joyas valiosas: broches *(fibulae)*, collares *(monilia)*, dijes *(pectoralia)*, pulseras *(armillae)*, sortijas *(anuli)*, pendientes *(inaures)* y aros en los tobillos *(periscelides)*, que podían ser de bronce o sobre todo de oro, a veces con piedras preciosas. En general, estas joyas, con decoraciones complicadas, valían más por su peso en oro que por su finura.

La ley *Oppia* (215 a. JC), destinada a limitar el lujo, fue impopular y se olvidó pronto. Los orfebres solían ser de origen etrusco.

Los hombres eran mucho más discretos y sólo llevaban un anillo que les servía de sello.

juegos *(ludi)*. La institución de los juegos se remonta a los orígenes* de Roma. Los más frecuentes eran las carreras* de carros, las luchas de gladiadores*, las naumaquias*, las cazas* o las representaciones* teatrales. Los juegos públicos eran organizados por los magistrados (pretores* y ediles*), pero los particulares también los organizaban para celebrar algún acontecimiento especial. Los gastos ocasionados por los juegos públicos eran sufragados por el Tesoro*, pero con frecuencia las cantidades presupuestadas resultaban insuficientes, porque los magistrados rivalizaban en magnificencia. Durante la República, se dedicaban sesenta días a los juegos y, al principio del Imperio, un centenar. Su proliferación y su creciente éxito confirieron a los juegos (sobre todo a los del circo y el anfiteatro) un carácter sociológico y deportivo, relegando su origen religioso como prácticas del culto público. En efecto, los primeros juegos se celebraron en honor a Júpiter, Marte y la diosa Robigo. Pero en la época histórica todavía se puede seguir el rastro de su origen religioso: por ejemplo, el circo estaba lleno de edificios sagrados; los teatros a menudo eran construcciones anejas a los templos; los juegos tenían un ceremonial y un ritual tan rigurosos que cualquier omisión o descuido obligaba a empezar de nuevo; había sacrificios* antes, durante y después de los juegos; la *pompa* circensis* era una procesión religiosa y los vencedores recibían honores en virtud de su condición sobrehumana durante unas horas. Asimismo, las ocasiones en las que se celebraban los juegos tenían reminiscencias religiosas. Por supuesto, la multitud que se agolpaba en los graderíos del circo y el anfiteatro hacia el final de la República* o, sobre todo, durante el Imperio*, no era consciente de estar realizando actos de culto, ni de asistir a ellos. La religión ya sólo era un pretexto, y si algo provocaba el entusiasmo de los espectadores era la aparición del emperador, futuro *divus,* que aprovechaba la ocasión para ponerse en contacto con la plebe*, y también la magnificencia y variedad de los espectáculos* a los que asistían.

juegos infantiles. No existen grandes diferencias entre los juegos de hoy y los que divertían a los pequeños romanos. Las niñas jugaban con muñecas *(pupa)* y los niños con trompos *(turbo).* Unas y otros jugaban al aro, al tres en raya, a los dados, al columpio, a pares o nones, a cara o cruz, etc. Los más pequeños tenían cochecitos tirados por ratones con los que hacían carreras. Los niños de más edad montaban en carros tirados por perros o ponis. Algunos juegos colectivos consistían en imitar a las personas mayores: se jugaba a los soldados*, a los gladiadores*, a los magistrados*, etc.

juegos de sociedad. Los adultos, al igual que los niños, jugaban a la pelota o a saltar a la cuerda, pero sobre todo eran aficionados a los pasatiempos de los juegos de sociedad, cuyo atractivo estaba reforzado por las apuestas y las ganancias que se podían obtener, pese a la prohibición de la ley, que no reconocía las deudas de juego y sólo toleraba los juegos de azar durante el período de los Saturnales (en diciembre).

Se jugaba a los dados *(tesserae, aleae),* a las tabas *(tali),* al «juego de los soldados» *(latrunculi)* [una especie de combinación de damas y ajedrez], a la morra *(micatio),* a las tablas reales (*duodecim scripta,* 'las doce líneas'), etc. Se han encontrado tableros de juegos *(tabulae lusoriae),* cuyas reglas se desconocen, en mosaicos y grabados en el suelo.

juez → tribunal.

Julia (*Iulia*), hija de Augusto* (Ottaviano 39 a. JC-Reggio 14 d. JC).

Se casó con M. Claudio Marcelo (25), enviudó en el 23 y volvió a casarse con Agripa* (21). A la muerte de este último (12), Augusto la obligó a casarse con Tiberio* quien, a su vez, tuvo que separarse de su mujer Vipsania. Su escandalosa vida afectó a Augusto, quien la desterró a la isla Pandataria y luego a Reggio.

juramento. La lengua* latina poseía dos palabras para designar lo que nosotros llamamos «juramento»: *iusiurandum* y *sacramentum.* Ambas tenían valor religioso, pero mientras la primera se aplicaba a los actos de la vida política y jurídica, la segunda se reservaba para los actos militares.

Los magistrados*, al tomar posesión de su cargo, y los jurados *(iudices)* y los acusadores* antes de un proceso*, prestaban juramento *(iusiurandum)* de respetar las leyes: *iurare in leges.* Asimismo, en un litigio el demandante y el defensor juraban la existencia o no del derecho reclamado.

El *sacramentum* era el juramento de los soldados* cuando se alistaban. Si alguno lo incumplía, lo declaraban *sacer* (maldito) y lo condenaban a muerte. El *sacramentum* creaba un vínculo de carácter religioso y personal entre el jefe y el soldado. Éste se comprometía a luchar contra cualquier enemigo designado por su jefe, a no desertar y a no hacer nada contrario a las leyes. El juramento era lo que daba derecho a llevar armas y a utilizarlas. Por su parte, el jefe que recibía el juramento tenían un derecho absoluto sobre la vida del soldado.

Se supone que el juramento militar, con todo lo que implicaba, tenía algo que ver con uno de los procedimientos de las acciones* de la ley, arcaico y ritual, llamado del *sacramentum,* en el que las partes reclamaban su derecho sobre una cosa y la parte perdedora tenía que hacer un sacrificio de expiación, sustituido luego por el pago de una cantidad de dinero al Tesoro*.

Durante el Imperio*, no sólo los soldados sino también los magistrados y los funcionarios estaban vinculados por el juramento *(sacramentum)* al emperador.

jurisconsultos *(iuris consulti, prudentes)*, especialistas del derecho*.

Aunque podían serlo, no era condición obligatoria que fueran abogados*. Los primeros jurisconsultos fueron los pontífices*, los únicos que conocían el conjunto del derecho, sabían adaptarlo a los litigios y poseían las fórmulas del procedimiento* y el calendario* de los días fastos*. Pero a partir de la ley* de las XII Tablas (450 a. JC) y, sobre todo, de la divulgación en el año 304, por Cn. Flavio, secretario de Apio Claudio*, de las fórmulas de acción en justicia, el derecho se hizo laico y apareció la figura de los especialistas que ponían su ciencia jurídica al alcance del público. Su papel era muy importante, porque aconsejaban a los litigantes, a los pretores* y a los jueces*. Como expertos en derecho pasaban consulta y daban respuestas *(responsa)* sobre casos particulares. Gracias a ellos el derecho se convirtió en el «arte del bien y de lo equitativo» *(ars boni et aequi)*. Los primeros grandes jurisconsultos fueron Tib. Coruncanio (cónsul en el 280), Sexto Elio Peto (cónsul en el 198), Catón* el Viejo (censor* en el 184), P. Mucio Escévola (cónsul en 133), Q. Mucio Escévola, su hijo, uno de los maestros de Cicerón*, Servio Sulpicio, amigo de Cicerón, etc. A finales del siglo I d. JC aparecieron dos escuelas, los sabinianos (Ateyo Capito, Masurio Sabino) y los proculeyanos (Próculo y Labeo). Al parecer, los primeros eran más tradicionalistas y los segundos más innovadores, pero esta rivalidad duró poco. Los grandes jurisconsultos de los siglos II y III fueron Gayo, Papiniano, Paulo y Ulpiano. Nos han dejado varias obras (*Digestos, Institutos, Reglas, Sentencias,* etc.) que son manuales de derecho más o menos eruditos. Su obra constituye la jurisprudencia, que no designa únicamente, como en la actualidad, el conjunto de las decisiones en justicia, sino que es «la ciencia general de las cosas divinas y humanas, la ciencia de lo justo y lo injusto», es decir, la ciencia y la práctica del derecho. En efecto, los jurisconsultos no se limitaron a aplicar el derecho, también lo promovieron. Sin embargo, su función desapareció a mediados del siglo III, cuando las constituciones* imperiales pasaron a ser las únicas fuentes del derecho.

jurisprudencia → jurisconsultos.

justicia administrativa. Los litigios entre los particulares y el Estado eran competencia de magistrados* o funcionarios* que administraban los bienes públicos. Su competencia estaba en relación con su cargo. Durante la República* la más importante era la de los censores*.

justicia civil. En las acciones judiciales dirigidas al reconocimiento de un derecho, el procedimiento se dividió en dos fases: una, ante el magistrado encargado de organizar la instancia (fase *in iure*) y, otra, ante el juez encargado de resolver el debate *(in iudicio)*.

En el procedimiento de las acciones* de la ley, la fase *in iure* se desarrollaba así: en presencia (obligatoria) de las dos partes, el magistrado* (el pretor*) organizaba el proceso, formulaba las reglas jurídicas, sancionaba el cumplimiento de los ritos y acordaba el nombramiento de un juez. Su papel se resumía en una fórmula ritual, *do, dico, addico*: 'doy' (una fórmula, un juez), 'declaro' (el derecho, es decir, la atribución provisional del objeto en litigio a una de las partes) y 'confirmo' (la voluntad de las partes).

La fase *in iudicio* era la fase judicial propiamente dicha. Se celebraba ante un juez (senador o caballero*) designado por el magistrado. La sesión era pública (en el foro* o en una basílica*). Si una parte se ausentaba, perdía automáticamente el proceso. Se permitía la asistencia de los abogados*. El juez dictaba sentencia el mismo día o pocos días después. La parte que ganaba la causa debía perseguir a la otra para la ejecución de la sentencia, utilizando una de las dos acciones de la ley de ejecución, que imitaban los actos violentos de la antigua persecución individual.

En el procedimiento* formular, el desarrollo de las dos fases era distinto. En la primera, las partes debían presentarse ante el magistrado, pero también podían estar representadas; se excluían los gestos simbólicos y las frases rituales. Dirigidas por el magistrado, las partes se explicaban en un debate contradictorio. Al final, el magistrado concedía o no al demandante la fórmula que reclamaba. Así pues, su papel era más importante que en el procedimiento anterior. Si el magistrado concedía la fórmula, el nombramiento del juez y la redacción de la fórmula constituían los términos del contrato por el que las partes se comprometían a aceptar la sentencia del juez. Durante la fase *in iudicio* las partes estaban asistidas por abogados y el juez podía solicitar el consejo de jurisconsultos*.

En estos dos procedimientos (acciones de la ley, acción formular), el juez único era sustituido a veces por un jurado de «recuperación» (sobre todo en los litigios entre ciudadanos* y extranjeros*). Además de estos dos procedimientos «ordinarios», había otros «extraordinarios» *(cognitiones extraordinariae)*, caracterizados por la eliminación de las dos instancias: el propio magistrado resolvía el litigio. Durante la República*, este procedimiento era excepcional y se recurría a él en casos concretos, pero durante el Imperio* tendió a convertirse en el procedimiento normal (siglo II d. JC) y unos funcionarios* hacían el cometido del magistrado-juez.

Por último, para resolver ciertos litigios particulares había tribunales permanentes, como el de los centunviros, formado por 105 miembros, tres por cada tribu*, que tenía competencia en los procesos de sucesión y propiedad; o el de los decenviros, formado por diez miembros nombrados por los tribunos* y después elegidos, con competencia en los procesos referentes a la libertad de las personas.

justicia criminal. La justicia criminal *(iudicia publica)* se ocupaba de los crímenes de derecho común (homicidios, violencias, secuestros y raptos, atentados a las costumbres, falsificación de testamentos* y de monedas*) y los crímenes políticos (*perduellio*, acción por la que su autor era declarado enemigo* público; *crimen majestatis*, atentado contra la dignidad del pueblo romano; *ambitus*, corrupción y fraude electoral; *peculatus*, malversación de caudales públicos; y *repetundae*, concusión). Para cada uno de estos crímenes el derecho criminal preveía una pena que los jueces podían atenuar.

Durante la República*, las denuncias se presentaban ante los comicios* centuriados. Un cónsul*, o sus delegados *(quaestores, duumviri)*, organizaban el procedimiento. Pero debido a su lentitud pronto se crearon los jurados criminales. En los procesos difíciles, los comicios delegaban en ellos sus poderes. Estos tribunales, al principio extraordinarios, pasaron a ser permanentes *(quaestiones perpetuae)* en el siglo II a. JC. Los jurados, cuyo monopolio se disputaron los senadores y los caballeros*, estaban presididos por un pretor* o, a partir del siglo I a. JC, por un magistrado especializado *(iudex quaestionis)*. El presidente dirigía los debates, el acusador* tenía que estar presente, so pena de ser acusado de calumnia, y el acusado tenía la posibilidad de exiliarse. El desarrollo de los debates, sin ser fijo, seguía generalmente este orden: discurso del o los acusadores*, respuesta del acusado y sus abogados*, y presentación y discusión de los testimonios. La defensa tenía derecho a hablar durante más tiempo que la acusación. A la hora de votar, los jurados podían absolver, condenar o pedir más información. La sentencia era irrevocable. Durante el Imperio*, estos jurados poco a poco dejaron de funcionar, siendo reemplazados por dos jurisdicciones criminales distintas, la del Senado* y la del emperador*. Pero el Senado, vigilado por el emperador, no quiso contraer responsabilidades demasiado grandes y, al final, la única jurisdicción criminal fue la del emperador, que juzgaba a través de sus delegados, los funcionarios* (prefectos* de la Ciudad y de la pretura).

justicia militar. En los campamentos*, impartía justicia el comandante en jefe. Las penas iban de la retirada del sueldo o del botín a la muerte*, previa fustigación.

Juvenal *(Decimus Iunius Iuvenalis)*, poeta satírico (Aquino, Campania, h. 55 d. JC-h. 130).

Se sabe muy poco sobre su vida. Escribió dieciséis *Sátiras*, en las que critica con pasión y elocuencia los vicios, ridiculeces, presunciones y abusos. Pero la sociedad que vapuleaba era la de los Flavios, mientras que él escribía en la época de Trajano*. De todos modos, pasaba de lo particular a lo general. Al parecer, no tuvo mucho éxito en su tiempo.

l

lamia, monstruo mitológico.
Se decía que se llevaba a los niños y los devoraba. Las niñeras hablaban de las lamias para asustar a los niños y se contaban muchas leyendas acerca de ellas.

lámparas → alumbrado.

lanza *(hasta)*, arma de choque empleada por los legionarios.
En contra de lo que se ha creído, no parece que Mario* la suprimiera para sustituirla por la jabalina*. Era más corta y ligera que esta última.
Los soldados que se habían distinguido recibían una lanza sin punta *(hasta pura)*.

larario *(lararium)*, hornacina o pequeña capilla de frontón triangular donde se colocaba la imagen pintada o la estatuilla del *lar* familiaris*.
Este último está representado, por lo general, como un hombre joven vestido con una túnica* corta, con corona de laurel, que baila sobre un solo pie mientras sostiene un cuerno de la abundancia y una pátera. A veces aparecían a su lado otras divinidades veneradas en la casa. A partir de Augusto*, en cada larario se adoraba el genio* de Augusto *(Genius Augusti)*. Delante del larario se desarrollaba la parte esencial del culto* doméstico. Estaba situado en el *atrium*.

lares. Este término, de oscura etimología, designaba al principio a unos espíritus infernales que perseguían a los vivos. Luego pasaron a ser divinidades tutelares que protegían las cosechas, las calles* y las ciudades. Había *lares praestites*, protectores de Roma, *lares compitales*, protectores de los cruces de caminos, *lares viales*, protectores de las carreteras*, etc. Más adelante hubo también *lares Augusti*, venerados en los cruces de caminos junto con el genio* de Augusto.
Un epíteto individualizó a uno de ellos, el *lar familiaris*, protector de la familia* en el sentido amplio de la palabra. En cada casa* había un larario*. Con motivo de un suceso señalado (nacimiento*, matrimonio* o muerte*), se rendía culto ante este altar*. En la conciencia religiosa de los romanos se creó gran confusión entre los lares, los penates*, los manes* y los genios*.

larvas → manes.

latifundio (*latifundium*, finca rústica extensa), inmenso dominio rural que al principio formaba parte de las tierras del dominio público *(ager* publicus)* y luego pasó a manos de los grandes señores romanos y los grandes propietarios locales.
En principio, los latifundios fueron concedidos a los señores y grandes propietarios a título de «posesión» (sin pro-

piedad), pero acabaron considerándolos como verdaderas propiedades *(dominium).*

Estos grandes territorios consistían sobre todo en pastos en los que los esclavos* criaban el ganado; el resto se dedicaba a cultivos extensivos (viñedos y olivares). Pero no siempre se podía distinguir entre estos latifundios y las grandes propiedades, divididas en dominios de mediano tamaño, entregadas a colonos libres que practicaban el policultivo, aunque eran sobre todo viticultores y arboricultores. Al parecer, estas grandes propiedades fueron numerosas en el norte de Italia*, mientras que los verdaderos latifundios se encontraban en el sur de la península. Sea como fuere, y a pesar de algunas leyes* que tendían a limitar la gran propiedad y a convertir a la plebe urbana en pequeños propietarios (ley de Licinio Estolón del año 376 a. JC, reformas de los Graco* en 133-121 a. JC) y, por otra parte, a formar colonias* que permitieran el establecimiento en nuevas tierras (experiencias que propusieron o intentaron C. Graco, Apuleyo Saturnino, tribuno* en 91 a. JC), parece ser que al final de la República* Italia cayó en manos de un reducido grupo de propietarios. Por su parte, los emperadores (Augusto*, Nerva, Trajano*) intentaron crear una clase de pequeños propietarios, sobre todo en las provincias*.

latinos. El calificativo de *Latini* no se refería únicamente a los habitantes del Lacio, sino que designaba una categoría jurídica de ciudadanos.

1° Según la tradición, tras la expulsión de los etruscos* Roma logró una de sus primeras victorias contra una coalición de latinos (Tusculum, Aricia, Lanuvium...), junto al lago Regilo (496? a. JC). Pero varios años después, Roma tuvo necesidad de aliarse con los latinos, en pie de igualdad. Fue así como nació la liga latina *(nomen Latinum)* en 493. El *nomen Latinum,* coalición entre pueblos iguales, respetaba la autonomía de sus miembros y les reconocía derechos recíprocos. Los latinos tenían derecho al matrimonio con los romanos *(ius connubii),* a adquirir bienes *(ius commercii)* y a votar en Roma *(ius suffragii),* pero estaban excluidos de las legiones* y no podían optar a las magistraturas. Los que se instalaban en Roma obtenían la ciudadanía* completa. A los latinos no les pareció suficiente este régimen y se rebelaron, pero los romanos les derrotaron (340-338). La liga latina fue disuelta. Roma concedió a cada ciudad un estatuto particular, generalmente favorable. Algunas de ellas obtuvieron el derecho de ciudadanía completo. Pero entre Roma y las ciudades del *nomen Latinum* que no habían obtenido el derecho de ciudadanía completo ya no existía un tratamiento de igual a igual: al *foedus aequum* le sucedió el *foedus iniquum* que, entre otras cosas, prohibía que las ciudades latinas se federasen entre ellas.

2° Para diferenciarlos de los latinos del antiguo *nomen Latinum,* llamados «latinos antiguos» *(Latini veteres),* los ciudadanos de las colonias* latinas fundadas después del 338, cuyo estatuto a partir de la fundación de Ariminum (238) no era tan favorable como el de los latinos antiguos, recibieron el nombre de «latinos coloniarios». En efecto, los miembros de estas colonias (Ariminum, Beneventum, Firmum, Brundisium, etc.) no tenían derecho a acuñar moneda*, ni podían contraer matrimonio* con los romanos, ni obtenían automáticamente la ciudadanía romana completa al residir en Roma. Este derecho latino *(ius Latii)* fue aplicado más tarde a algunas ciudades de provincias*. A partir del año 49 a. JC, el derecho latino ya no se aplicaba en el territorio de Italia*. Pero en las provincias se consideraba un favor y muchas veces era una etapa en la adquisición de la ciudadanía completa.

leche *(lac).* La leche más apreciada por los romanos era la de oveja, seguida por la de cabra.

La leche de vaca no gustaba demasiado. Los romanos no criaron razas lecheras y usaban el ganado vacuno para el tiro. En cuanto a la leche de burra, se usaba como producto de belleza.

La leche se bebía pura, sin desnatar, o cortada con agua*, vino* o hidromiel*. En la cocina había platos a base de leche (las gachas de cereales, por ejemplo). Aunque los romanos no hacían mantequilla, conocían los quesos: leche cuajada aromatizada y distintas clases de quesos sin cocer. En el siglo II d. JC, eran famosos los de Nimes, Gévaudan y Lozère.

Los médicos* recomendaban con frecuencia la leche como reconstituyente o curativo para algunas enfermedades (gota, tisis).

Por último, se solía ofrecer leche a las divinidades en las libaciones* y los sacrificios*.

lecho → cama.

lectisternio (*lectisternium*; de *lecto*, cama, y *sterno*, acostar), ceremonia religiosa durante la cual se ofrecía una comida *(epulum)* a una divinidad acostada en un pulvinar*.

Esta ofrenda se hacía para que la divinidad fuera propicia. Por ejemplo, tras la derrota de Trasimeno* se ofreció un gran lectisternio a los doce dioses* mayores para pedirles que favorecieran a los ejércitos* romanos. Los dioses estaban representados por efigies o muñecos. Cuando se ofrecía el banquete sagrado a las diosas, no se las representaba acostadas, sino sentadas, y la ceremonia pasaba a ser un selisternio (*sellisternium*; de *sella*, silla).

lecturas públicas *(recitationes)*. Según parece, en todas las épocas los autores leían sus obras ante un grupo de amigos antes de publicarlas. Pero, en Roma, Asinio* Polio puso de moda las «lecturas públicas». Los autores leían su última tragedia o su última colección de poemas ante un público de invitados. Estas lecturas tenían lugar o bien en su casa, o bien en una sala especial *(audotorium)*, o bien en un local prestado o alquilado. Los menos pudientes se conformaban con un pórtico*, un cruce de caminos apropiado, una sala de las termas* o la tienda de su librero*. Las recitaciones dominaron la vida literaria del Imperio* y Adriano* mandó construir para ellas un edificio especial, el *Athenaeum*. Los autores corrían el riesgo de caer en la declamación. A veces, aunque parece que un poco más tarde, las recitaciones eran verdaderas conferencias pronunciadas por los oradores*, a quienes ya no estaba permitida la elocuencia política.

legado (*legatus*, enviado), el título de legado podía abarcar distintas funciones, según se tratara de un comisionado, un representante, un enviado, un lugarteniente, etc.

Los legados del pueblo romano *(legati populi Romani)* eran senadores enviados como embajadores a un país extranjero (→ diplomacia). En las provincias*, llevaban este título algunos magistrados. Durante la República el gobernador de una provincia se rodeaba de consejeros, elegidos por el Senado*. Tenían el título de *legati* y podían sustituir al gobernador, en cuyo caso se llamaban *legati pro praetore*. Durante el Imperio* también había *legati pro praetore*, ayudantes del procónsul* en las provincias senatoriales. En las provincias imperiales consulares y pretorianas, los gobernadores tenían el título de *legati Augusti pro praetore viri consulares* o *praetorii*, según los casos. Por último, *legatus* podía ser un grado militar. Durante la República correspondía a un encargado de un mando especial (caballería, reservas, etc.). Durante el Imperio los legados eran comandantes de legiones *(legati Augusti legionis)*.

legión → ejército.

lémures → manes.

lengua latina. El latín, lengua de los habitantes del Lacio que poco a poco se extendió a toda Italia* y una parte del Imperio* romano (parte occidental), pertenece, con el osco y el umbro, al grupo itálico, que a su vez está relacionado con el italocelta, perteneciente a las lenguas llamadas indoeuropeas. Era una lengua esencialmente «oral», es decir, hecha para ser hablada (la lectura «muda» no apareció en Roma hasta el siglo IV d. JC), y se ha definido como «lengua de campesinos», es decir, más adecuada para definir lo concreto que lo abstracto. No obstante, bajo la influencia de la filosofía y de escritores como Lucrecio*, Cicerón* y más adelante Séneca*, el latín se transformó en una lengua más abstracta. Esta «conquista de lo abstracto» prosiguió y llegó a su madurez con los autores cristianos*, que expresaron en latín todos los conceptos de la filosofía y la teología, y entregaron a la Edad Media y a los tiempos modernos un instrumento perfecto. El texto latino más antiguo que se conoce es una inscripción en una fíbula encontrada en Preneste, fechada en el 600 a. JC. Pero los textos literarios más antiguos datan tan sólo del siglo III a. JC (Livio* Andrónico). Por lo general se distinguen cuatro grandes períodos en la historia de la lengua latina:

1° El período arcaico (siglos III-I a. JC): con autores como Plauto*, Ennio*, Terencio* y Lucilio*.

2° El período clásico (siglo I a. JC), con Cicerón* y César*.

3° El período imperial o postclásico (siglos I-II d. JC): Tito* Livio, Virgilio*, Horacio*, Séneca*, Lucano*, Juvenal*, Tácito* y Apuleyo*.

4° El período tardío y cristiano (principios del siglo III): Tertuliano*, Jerónimo*, Agustín*, Amiano Marcelino, Prudencio, etc. Por supuesto podía haber grandes diferencias entre los escritores de un mismo período, según las escuelas literarias, las tendencias estilísticas y la personalidad de los autores. Aunque en un sentido, se puede decir que nunca se dejó de hablar latín (ya que nunca hubo una ruptura brusca), se admite que a partir del siglo VI la lengua latina se fue diferenciando poco a poco en sistemas lingüísticos, dando origen a las lenguas románicas (francés, español, italiano, portugués, romanche, rumano). Pero el latín siguió siendo la lengua de los sabios hasta el siglo XVIII, y la de la religión católica.

El latín es una lengua flexional. Las relaciones entre sustantivos, adjetivos y pronombres en el interior de un miembro de la frase o de una frase se expresan con desinencias (o finales de las palabras) que varían según los «casos», es decir, aproximadamente, según las funciones gramaticales. Los casos son seis: nominativo (sujeto), vocativo (llamamiento), acusativo (complemento directo), genitivo (complemento de nombre), dativo (complemento indirecto) y ablativo (complemento circunstancial). Pero no todas las palabras tienen la misma desinencia en el mismo caso, pues ésta varía según las «declinaciones», es decir, los distintos tipos morfológicos. Aunque el latín, como el español, tiene dos números (singular y plural), los géneros son tres: masculino, femenino y neutro. En cuanto al sistema verbal, no coincide exactamente con el del español.

Por otra parte, en las palabras latinas la cantidad, es decir, la duración de emisión (larga o corta) de sílabas tiene un papel importante, sobre todo en poesía (→ métrica). Las palabras llevan un acento cuya naturaleza exacta (acento de altura o de intensidad, o ambos a la vez) se desconoce. En cambio se conoce su lugar, que está en función del número y la cantidad de sílabas. Esta última tuvo un papel importante en la evolución del latín hacia las lenguas románicas. Para la pronunciación del latín, en la actualidad se adopta cada vez más la pronunciación «restituida», que trata de parecerse lo más posible a la pronunciación de los romanos de la época clásica, en detrimento de la pronunciación «a la francesa», llamada *erasmista* porque fue Erasmo quien la generalizó. En cuanto a la pronunciación de la Iglesia católica, es aproximadamente la de la Iglesia italiana de los siglos V-VII (→ alfabeto, escritura).

ley curiada *(lex curiata)*, ley que confería al magistrado* elegido la investidura civil.

Votada por los comicios* curiados, esta ley fue pronto incomprendida. Según los casos, podía otorgar al magistrado tres poderes: el *imperium**, la competencia judicial en relación con su cargo y el derecho de auspicios*. La toma de auspicios de ingreso en el cargo constituyó más adelante la investidura sagrada indispensable. La ley curiada, reducida a una ficción, siguió siendo votada en la designación de los emperadores.

ley de las XII Tablas *(lex XII Tabularum)*, primera legislación escrita de los romanos.

Según la tradición, se remontaría a mediados del siglo V a. JC (451-449). Hasta entonces sólo existía la costumbre*, que prácticamente sólo conocían los patricios. Para acabar con esta situación que perjudicaba a los plebeyos, el tribuno Terentilio Arsa habría promovido el nombramiento de una comisión de diez miembros *(decemviri legibus scribundis)* para redactar un código nuevo, conocido por todos, que se anunciaría en el foro*. No nos han llegado las tablillas originales, que se quemaron cuando los galos incendiaron Roma en el año 390, pero podemos tener una idea bastante precisa de su redacción por las citas de los autores antiguos, si bien éstos nos dan un texto renovado y posiblemente modificado, posterior al incendio del año 390.

Esta ley contenía distintas reglas (derecho* privado, criminal, religioso, procedimiento*, sanciones), pero también varios principios generales, como la prohibición de los «privilegios», y consagraba la igualdad de plebeyos y patricios ante la ley, aunque las formalidades del procedimiento (listas de los días fastos*, acciones* de la ley, etc.) para ponerla en ejecución no se publicaron hasta mucho más tarde (durante la censura de Apio Claudio*, 312-308). Por otra parte, daba un carácter laico al derecho y creaba un derecho objetivo: el derecho existe porque hay una ley que se puede conocer.

Sin embargo, la ley de las XII Tablas era fragmentaria y no del todo original. Muchas de las reglas que formula tienen un origen muy antiguo. Por este motivo, durante algún tiempo tuvo que ser completada con el derecho consuetudinario existente. Pero precisamente por esto los romanos la aprendían a conciencia (incluso en la época clásica) y tuvo amplia difusión en todo el Imperio*, pues la consideraban el fundamento de todo su derecho. El primer comentario de esta ley data de principios del siglo II a. JC (Sexto Elio Peto, cónsul* en el año 198).

ley propuesta *(lex rogata)*, decisión votada por los comicios* por iniciativa de un cónsul*, pretor* o tribuno*.

Al principio estaba sometida a la aprobación del Senado* *(auctoritas patrum)* y, a partir del 339 a. JC, esta ratificación pasó a ser una autorización previa.

Los plebiscitos*, que no estaban sometidos a esta *auctoritas*, fueron asimilados a leyes a partir del 287 a. JC *(lex Hortensia)*. Las verdaderas asambleas legislativas fueron los comicios centuriados y, sobre todo a partir del siglo III, los comicios tributos.

Antes de ser sometido a votación, el proyecto de ley, elaborado por el magistrado con la ayuda de especialistas, se publicaba *(promulgatio)* mediante anuncios* tres *nundines** antes del día del voto. A veces se discutía en reuniones públicas *(contiones*)* y podía ser modificado. Durante la votación, si la mayoría se pronunciaba favorablemente y no había obnonciación*, la ley entraba en vigor. Se anunciaba en el foro*, y los cuestores* se encargaban de conservarla en los archivos* del erario*.

Una ley constaba de un preámbulo circunstancial *(praescriptio)*, el texto propiamente dicho *(rogatio)* y las sanciones previstas *(sanctio)*. En este sentido, se distinguen cuatro clases de leyes: las leyes «más que perfectas», que anulaban el acto ilegal y perseguían al infractor; las leyes «perfectas», que anulaban el acto ilegal; las leyes «menos que perfectas», que no anulaban el acto ilegal, pero perseguían al infractor; y las leyes «imperfectas», que no preveían sanción alguna: el legislador no quería entrar en conflicto con la costumbre* y se limitaba a oponerle un nuevo principio. Estas leyes fueron las más numerosas.

Una ley llevaba el nombre* del magistrado que había tenido la iniciativa y sólo era válida para los ciudadanos*. No tenía efecto retroactivo. En principio no se podía derogar, pero una ley nueva podía anular las sanciones previstas por otra anterior y, en algunos casos, el Senado podía declarar nula una ley votada en período de disturbios, o dispensar a alguien de su cumplimiento.

Durante el Imperio*, a partir de Augusto*, el emperador legislaba prácticamente solo y, en virtud de su autoridad* tribúnica, podía oponerse a todos los proyectos que no fueran de su agrado.

La *lex data* era diferente de la *lex rogata*: se trata de una carta otorgada por un magistrado o un general vencedor a una provincia* o una ciudad.

libación *(libatio)*, sacrificio* incruento (alimentos, leche, fruta, etc.) que se ofrecía sobre todo en las ceremonias del culto* doméstico.

librero *(bibliopola, librarius)*. Los libreros también eran «editores», porque copiaban o dictaban a uno o varios esclavos* *(librarii)* los textos que luego exponían con esmero en los anaqueles de sus tiendas. En Roma, el barrio de los libreros era el Argileto. A veces los libreros organizaban reuniones de sociedad, a las que acudían los autores para leer sus obras ante un público de curiosos y aficionados. En la época augustal los hermanos Sosio fueron los editores de Horacio*.

libro *(liber)*. Los romanos conocieron y utilizaron dos tipos de libros, distintos por su material y su presentación: el libro de papiro, introducido en el siglo III a. JC, y el libro de pergamino, utilizado hacia el siglo I d. JC. El libro de papiro (*papel* viene de papiro) estaba arrollado en una varilla, de ahí su nombre de *volumen* ('rollo'). Las hojas de papiro, escritas en una sola cara, se pegaban luego por los bordes, cada una a la derecha de la anterior. Por lo general los rollos tenían 20 hojas. Los últimos escritos estaban arrollados en primer lugar, de modo que para leer se sostenía el volumen con la mano derecha y se desenrollaba con la izquierda, de ahí la expresión *evolvere librum*, «leer» ('desenrollar') un libro. Pero los volúmenes de papiro tenían sus inconvenientes: para empezar, su presentación y, luego, su fragilidad. Se conservaban en pequeños estuches cilíndricos *(capsae)*. El rollo tenía una etiqueta en el borde superior que indicaba su contenido.

El libro de pergamino era mucho más cómodo y resistente y tenía la forma de nuestros libros actuales. A partir del siglo II d. JC se descubrió en Pérgamo la forma de tratar la piel de cabra y oveja de modo que se pudiera utilizar por ambas caras, plegar y atar. Esto permitió sustituir el rollo de papiro por el libro de pergamino (es decir, etimológicamente, 'la piel de Pérgamo', *pergamena*). El libro de pergamino se llamaba *codex*, un término que se empleaba para designar las tablillas unidas. Pero este libro era caro y no sustituyó al volumen de papiro hasta finales del siglo III d. JC, y hasta esa época se usó poco en Roma.

La palabra *liber,* libro (etimológicamente 'la parte fibrosa de la corteza'), designó tanto el libro de papiro como el de pergamino. Desde muy pronto los libros se ilustraron.

También se escribía en otros materiales: hojas de plomo, tela, tablillas* de cera... Pero cayeron en desuso, primero al generalizarse el papiro y luego con la aparición del pergamino.

libros pontificales (libri pontificii), libros escritos por los pontífices*

Comprenden: *La lista de los pontífices (album* pontificum),* los *Comentarios (commentarii pontificum),* documentos dirigidos a los magistrados* o a los particulares sobre la interpretación del derecho*, los *Fastos*,* las *Actas (acta pontificum),* informes de sus actividades y los *Anales (annales maximi),* crónica de los sucesos importantes del año.

Los *Anales* se detienen en el 130 a. JC, fecha en que Mucio Escévola (cónsul* en el 133) consideró que eran una repetición inútil de las obras de los historiadores. Eran 80 libros, fuente de inspiración de los escritores romanos. Pero los historiadores perpetuaron la tradición analística (desglose de los sucesos por años). Los libros pontificales también incluían formularios de oraciones* y los *Fastos consulares,* lista cronológica de los cónsules desde la fundación de la República*.

libros sibilinos (*libri Sibyllini* o *Fatales),* recopilación de oráculos atribuidos a la sibila de Cumas.

Según la tradición, Tarquino* el Viejo (o el Soberbio) le compró a la sibila de Cumas, en Campania, unos libros que contenían sus oráculos. Un colegio de dos sacerdotes* *(duumviri sacris faciundis),* más tarde ampliado a quince *(quindecemviri s. f.),* se encargaba de averiguar en estos libros la forma de salvar a Roma en circunstancias especialmente graves.

En realidad, estos libros aparecieron en la época que señala la tradición, pero su origen debe ser etrusco, como se desprende de algunas de sus prescripciones rituales (sacrificios* humanos, por ejemplo). Más adelante, hacia el siglo III, tanto para borrar su origen etrusco como para darles el prestigio que tenían los oráculos de las sibilas, los analistas se inventaron esta leyenda, que hacía verosímil el hecho de que los libros sibilinos recogieran realmente los oráculos de las sibilas. Durante la República*, los libros sibilinos se guardaban en una sala subterránea del templo* de Júpiter Capitolino. Durante el Imperio* fueron trasladados al templo de Apolo.

lictor, oficial del rey, luego, durante la República*, de los magistrados* dotados de *imperium y, por último, del emperador*.**

Los lictores les precedían en sus desplazamientos, apartando a la multitud e invitándola a mostrar su respeto. Al principio también se encargaban de ejecutar las sentencias capitales.

Llevaban las fasces* sobre el hombro izquierdo y su número estaba en función de la dignidad de la persona a la que servían. Los cónsules*, como antes los reyes, tenían derecho a doce lictores; el dictador*, a veinticuatro; el pretor*, a dos cuando estaba en Roma y a siete fuera de la ciudad; el emperador, a doce, y a partir de Domiciano a veinticuatro. Los magistrados de la plebe* y, más tarde, los funcionarios* imperiales de la orden* ecuestre no tenían lictores. El flamen* de Júpiter y las vestales* también estaban precedidos de un lictor.

Los lictores eran ciudadanos* o libertos. Había una clase especial de lictores, los *statores,* ordenanzas y guardias al servicio de los gobernadores* de las provincias*, de los generales y del emperador.

limes (camino, límite), línea de fortificaciones que bordeaban la frontera exterior de una provincia.

A partir de Augusto*, los romanos concentraron tropas en la frontera Sur del Imperio. Estaban acuarteladas en campamentos* fortificados, comunicados entre sí por vías militares y protegidos por una línea de defensa *(limes imperii)* que variaba según los países. Por ejemplo, en Bretaña la muralla de Adriano* tenía 110 km de largo, 1,50 m de ancho y 5 m de alto, así como un foso exterior de 4 m de profundidad. En otros lugares el *limes* podía ser, simplemente, un río o un foso. Por lo tanto, la eficacia del limes no era la misma en todas partes.

lira *(lyra)*, instrumento con cuerdas de igual longitud, pero de tensión y grosor diferentes (su número iba de tres a doce).

La tabla de resonancia (por lo general una concha de tortuga) era de tamaño reducido. Con este instrumento se acompañaba la poesía «lírica» (Catulo*, Horacio*).

litera *(lectica)*, cama portátil, cubierta y con cortinas o cristales.

Las familias ricas poseían sus propias literas, pero también se podían alquilar. Al principio sólo las usaban las mujeres, pero luego su uso se generalizó y, desde el final de la República*, tuvo que ser regulado.

En la silla portátil *(sella gestatoria)*, más ligera y práctica, se viajaba sentado.

lituus → augur.

Livia *(Livia Drusilla)*, mujer de Augusto* y madre de Tiberio* (58 a. JC-29 d. JC).

Fue esposa de Tib. Claudio Nerón, con el que tuvo dos hijos, Tiberio y Druso. Octavio* la obligó a divorciarse y se casó con ella en el año 39. A la muerte de Augusto (14 d. JC) recibió el título de *Augusta*, que después ostentaron muchas emperatrices.

Livio Andrónico *(Livius Andronicus)*, el primer autor en lengua* latina (Tarento h. 280-205 a. JC).

Siendo muy joven fue llevado a Roma como esclavo* tras la derrota de Pirro (toma de Tarento en el 272). Fue manumitido por su amo, del que tomó el gentilicio (Livio), y se hizo gramático*. Su primera obra, una tragedia o una comedia (no se sabe a ciencia cierta), se representó en el año 240, con motivo de los juegos* romanos. Sabemos poco de sus tragedias, cuyo argumento está tomado del ciclo troyano, y menos aún de sus comedias, ni siquiera los títulos. Adaptó en versos saturnianos la *Odisea* de Homero, se supone que no tanto para proporcionar a sus alumnos un texto de explicación, o una traducción de la obra de Homero a los romanos, como para que Roma tuviera su primera epopeya nacional. En efecto, en su tiempo varias tradiciones presentaban a Ulises como un héroe itálico, mediador entre Grecia e Italia*, donde situaban varios episodios de su vida, así como su muerte. En este sentido, la *Odisea* de Livio es la «toma de conciencia del helenismo romano». Además, en esta época Roma protegía a los griegos de los ilirios (conquista de Iliria del 229 al 219). De modo que tanto la actualidad como la leyenda convertían a Roma en una ciudad helenizante, a la que Livio dio una epopeya que definía la vocación de Roma mejor de lo que lo hubiera hecho una epopeya estrictamente nacional o local, sin la misma fuerza simbólica.

Lucano *(M. Annaeus Lucanus)*, poeta épico (Córdoba 36 d. JC-Roma 65).

Era sobrino de Séneca* y amigo de Nerón*. Estuvo implicado en la conjura de Pisón y tuvo que suicidarse. Sólo nos ha llegado su *Farsalia*, epopeya estoica y «romana» en diez cantos, que trata de la guerra* civil entre Pompeyo* y César*. En ella el verdadero héroe es Catón* de Útica.

Lucilio *(Caius Lucilius),* poeta satírico (Suessa Aurunca, Campania, h. 180-Nápoles 103 a. JC).

Procedía de una rica familia ecuestre de Campania y formó parte del «Círculo* de los Escipiones». Escribió numerosas sátiras sobre toda clase de asuntos y no dudó en criticar con crudeza a sus contemporáneos. Toda la sátira romana procede de él.

Lucrecio *(Titus Lucretius Carus),* poeta (h. 99-55 a. JC).

No se sabe casi nada de la vida de Lucrecio. Escribió un poema en seis cantos, *De la naturaleza de las cosas (De rerum natura),* en el que expone la doctrina de Epicuro: la física materialista explica todos los fenómenos que atemorizan a los hombres, quienes los atribuyen a las divinidades, cuando éstas, en realidad, no se preocupan de ellos. La muerte sólo es una liberación de los átomos, que forman nuevas asociaciones, y el más allá es un mito. Lucrecio sabe expresar con más fuerza que sus predecesores epicúreos que el conocimiento de la «naturaleza» libera el alma de sus miedos y permite alcanzar la sabiduría. Al lado de pasajes técnicos o didácticos, en este poema encontramos análisis psicológicos, y una imaginación y una sensibilidad que hacen de él una obra maestra.

lupercos (*luperci*; de *lupus,* lobo), cofradía sacerdotal.

Se sabe muy poco de esta cofradía. Eran los servidores del dios Luperco, cuya etimología, relacionada con *lupus,* no está muy clara. El 15 de febrero celebraban las *Lupercalia,* fiestas pintorescas y cargadas de símbolos mágicos: corrían desnudos alrededor del Palatino, golpeando a las mujeres que encontraban a su paso con unas correas cortadas de los despojos de un macho cabrío inmolado en la cueva del Lupercal (al suroeste del Palatino). Este rito estaba destinado a conseguir la fecundidad.

No se sabe nada preciso acerca del número y la organización de los lupercos. Tal vez se tratara de un sacerdocio anual. Se dividían en dos grupos, los *Quinctiales* y los *Fabiani.* En el 44 se creó un tercer grupo en honor a César*, los *Iulii.*

lustración *(lustratio),* rito de purificación para librar de influencias maléficas a grupos (ejército, ciudad...) o cosas (armas, campos...).

La lustración solía consistir en una procesión alrededor de los beneficiarios, en oraciones* y en sacrificios*. Los animales sacrificados (con frecuencia los suovetaurilia*) se llevaban en la procesión y así trazaban un círculo mágico antes de transmitir, con su inmolación, las virtudes que se les atribuía.

El calendario* romano incluía varias lustraciones: en marzo y octubre, la lustración de las armas *(armilustrium),* es decir, antes de usarlas y después de haberlas usado (la purificación no tenía el mismo significado en los dos casos); en mayo, la lustración de los campos *(ambarvalia);* a principios de febrero, la lustración de las ciudades *(amburbium),* etcétera.

Asimismo, en cada batalla se purificaba el ejército* y cada cinco años el censo* terminaba con una lustración del pueblo reunido en el Campo de Marte. El cortejo de los suovetaurilia daba tres vueltas a su alrededor. Esta *lustratio populi* quinquenal se llamaba lustro.

lustro → censo, lustración.

Lyon *(Lugdunum),* colonia* romana fundada en el año 43 a. JC en la actual colina de Fourvière.

Estaba formada por mercaderes romanos y veteranos*. La ciudad prosperó rápidamente, pues gracias a su situación geográfica se convirtió en un importante centro comercial. En la época de Augusto*, Lyon fue la capital de la Galia* Lionense.

Un culto* consagrado a Roma y Augusto, en la confluencia del Ródano y el Saona, reunía todos los años a gente de toda la Galia. Desde muy pronto fue un centro cristiano (persecución del 177).

m

maestro de escuela → enseñanza.

magistrado ***(magistratus),*** **personaje investido de funciones públicas importantes.**

Lo que caracteriza al régimen republicano romano, en comparación con la realeza* a la que sucedió, es sobre todo la institución de las magistraturas. Éstas tenían varios rasgos originales: eran colegiadas, anuales (excepto la dictadura y la censura), electivas, gratuitas y jerárquicas.

Se pueden hacer varias distinciones en ellas, según el aspecto que se tome en consideración: magistraturas curules, que daban acceso a la nobleza* (consulado, pretura*, edilidad curul y censura), y no curules (cuestura, edilidad de la plebe y tribunato); magistraturas con *imperium** (consulado, pretura y dictadura) y sin *imperium* (edilidad, cuestura, censura y tribunato); magistraturas mayores, elegidas por los comicios* centuriados (consulado, pretura y censura), y menores, elegidas por los comicios tributos* (cuestura, edilidad y tribunato); las que poseían auspicios* mayores (consulado, pretura, censura y dictadura) y las que tenían auspicios menores (edilidad curul y cuestura); por último, las que durante mucho tiempo no tuvieron derecho a auspicios (edilidad y tribunato de la plebe). También se distinguían en magistraturas ordinarias (censura, consulado, pretura, edilidad, cuestura y tribunato) y extraordinarias (dictadura, jefatura de la caballería* y dignidad de interrex*). Las llamadas magistraturas plebeyas eran el tribunato y la edilidad de la plebe, que al principio no eran verdaderas magistraturas, sino más bien «funciones».

En relación con el protocolo, los magistrados con *imperium* tenían derecho a lictores* y a fasces*, los magistrados curules tenían la toga* pretexta y la silla curul, y los magistrados no curules llevaban la toga ordinaria y sólo tenían derecho al *subsellium* (un banco bastante bajo, sin respaldo). Poco a poco los plebeyos pudieron acceder a todas las magistraturas. Esta evolución culminó en el año 366 a. JC. En cambio, los patricios sólo podían obtener el tribunato en caso de *translatio ad plebem* (un célebre ejemplo es el de Clodio*). Los conflictos que podía ocasionar el propio principio de la colegialidad se evitaron de dos maneras: con la rotación del ejercicio de las funciones y con el reparto de las competencias, de forma amistosa o echándolas a suertes. Por otra parte, los conflictos entre magistrados del mismo rango o de rangos distintos podían seguir tres procedimientos: la intercesión, la prohibición* y la obnonciación*.

Para ser elegido magistrado había que ser ciudadano* con plenos derechos, de sexo masculino, haber servido diez años en el ejército*, no haber incurrido en la infamia y tener la edad requerida. El acceso a las distintas magistraturas se hacía con arreglo a un orden establecido de antemano, que respetaba las jerarquías existentes entre ellas. Era el llamado *cursus honorum* (carrera de los honores).

Un magistrado elegido era inamovible, pero no tenía inmunidad. Al agotar su magistratura, «abdicaba», es decir, dejaba el cargo voluntariamente. Pero podía ser prorrogado en sus funciones como promagistrado*.

Debido a la forma de escrutinio, la naturaleza de las magistraturas y la estructura de la sociedad, unas pocas familias monopolizaron las magistraturas y sobre todo el consulado. Por ejemplo, del año 200 al 146 a. JC, de los 108 cónsules sólo 16 no tenían un gentilicio que ya hubiera aparecido en los *Fastos* consulares* antes que ellos.

Al igual que las demás instituciones republicanas (Senado* y asambleas*), las magistraturas subsistieron durante el Imperio*, pero su poder se redujo considerablemente. Muchas de sus funciones pasaron a ser desempeñadas por funcionarios* imperiales. Pero las magistraturas siguieron siendo honoríficas, sobre todo el consulado, que conservó un gran prestigio y era un trampolín para acceder a los puestos más elevados. Resultaba atractivo hasta para los emperadores. Los candidatos, más que ser elegidos, eran impuestos y las asambleas se limitaban a votarlos.

magistratura → magistrados.

manes (los buenos), término genérico con el que los romanos designaban a los espíritus de los muertos.

En un sentido más preciso, los manes eran espíritus con los que se estaba en paz. Para eso había que dar a los muertos una sepultura* adecuada y honrarlos regularmente en las fiestas* oficiales *(Rosaria, Parentalia, Feralia)*, y también realizar escrupulosamente los actos del culto* doméstico (delante del larario* y el hogar*). En cambio, los lémures y las larvas *(lemures, larvae)* eran espíritus de muertos que no habían tenido una sepultura adecuada o que durante su vida habían cometido actos criminales. Estos espíritus volvían a la tierra en forma de espectros. Para aplacarlos, en mayo se celebraban las *Lemuria*, ceremonias arcaicas, durante las cuales se arrojaban habas negras a las tinieblas y se conjuraba a las larvas y los lémures para que salieran de la casa*.

Manilio *(Marcus Manilius)*, poeta estoico* († después del 22 d. JC).

Vivió en la época de Augusto* y sólo se sabe que es autor de un poema en cinco cantos, la *Astronomía*, en el que estudia las leyes del destino* que rigen el mundo.

manípulo → ejército.

manumisión *(manumissio)*, procedimiento que daba al esclavo el estatuto de manumiso *(libertinus, libertus)*.

Había tres formas de manumisión: *per vindictam* ('por la vara'), un simulacro de proceso* en el que un ciudadano*, en presencia de un magistrado*, el amo y el esclavo*, tocaba la cabeza de este último con su vara, declarando: «Digo que este hombre es libre»; *censu* ('por el censo*'), cuando el amo inscribía al esclavo en el censo; y *per testamentum* ('por testamento*'), cuando a la muerte del amo el esclavo era liberado directamente o por un heredero. Durante una ceremonia, el manumiso se tocaba a veces con el gorro frigio, símbolo de su libertad. Entonces tomaba el nombre* gentilicio y el nombre de pila de su antiguo amo y su nombre de esclavo pasaba a ser su apodo: por ejemplo, Tiro, liberado por Cicerón*, se llamó *Marcus Tullius Tiro*. Pero el manumiso no gozaba de todos los derechos de ciudadanía: no podía casarse con una ingenua*, ni ser elegido, ni inscribirse en una de las cuatro tribus* urbanas, y prácticamente no ejercía su derecho a voto*. Hasta Mario* no podía servir en una legión* y su antiguo amo pasaba a ser su patrón*. En cambio, los hijos del manumiso eran ingenuos. Para impedir manumisiones masivas, se promulgaron leyes* que restringían las condiciones en las que un amo podía dar la libertad a sus esclavos.

Por otra parte, durante el Imperio* aparecieron otras formas de manumisión, que concedían un estatuto cívico inferior (por ejemplo, los manumisos latinos junios). Aunque la alta sociedad no se mezclaba con ellos, a menudo los libertos jugaron un papel importante en la vida ciudadana. Los médicos*, arquitectos, músicos y gramáticos* eran libertos. Livio Andrónico, Terencio* y Fedro* también eran libertos, y Horacio*, hijo de liberto. Durante el Imperio*, ocuparon cargos importantes en los servicios imperiales. Algunos emperadores* tuvieron libertos como consejeros (por ejemplo, Palas y Narciso en la corte de Claudio).

Marcial *(Marcus Valerius Martialis)*, poeta (Bílbilis, Tarraconense, 40 d. JC-*íd.* h. 104).

Se trasladó a Roma para terminar sus estudios. Fue amigo de Quintiliano*, Juvenal* y Plinio* el Joven. Escribió 15 libros de *Epigramas*, el primero de los cuales, *De los espectáculos*, conmemora los juegos* ofrecidos por Domiciano para la inauguración* del anfiteatro* Flavio (Coliseo). Los otros tratan de argumentos muy variados (hechos diversos, anécdotas, descripciones, etc.), pero en ellos predomina la sátira y el agudo realismo.

Marco Antonio *(Marcus Antonius)*, general romano (82-30 a. JC).

Marco Antonio empezó su carrera a la sombra de César*, con quien estuvo en Galia* (54-50), y gracias al cual obtuvo el tribunato de la plebe en el año 50. Pero en el Senado*, no fue capaz de oponerse al voto* de un decreto que dejaba a César sin poderes y se unió a él en la guerra contra el poder legal. Tomó parte en las campañas de Italia y Grecia y, en el 48, estuvo en Farsalia*. Cuatro años después fue colega de César en el consulado. Pero después de los idus* de marzo del 44 se enfrentó a Octavio*, hijo adoptivo de César, que también aspiraba a ocupar el primer puesto en el Estado. Cicerón* se puso de parte de Octavio y pronunció sus *Catorce Filípicas* contra Marco Antonio (septiembre del 44-abril del 43), llamadas así por analogía con los famosos discursos de Demóstenes. En abril del año 43, Octavio venció a Marco Antonio en Módena. Pero este último, pese a ser declarado «enemigo* público» por el Senado, siguió siendo peligroso. En la Narbonense obtuvo el apoyo de Lépido, antiguo jefe de caballería* de César, que le entregó su ejército*. Mientras tanto Octavio había ocupado Roma. Dando un giro a su política, se entendió con Marco Antonio y Lépido para formar el «segundo triunvirato*» (octubre del 43). Tras este acuerdo se desataron las proscripciones*, una de cuyas víctimas más famosas fue Cicerón, sacrificado por Octavio para complacer a Marco Antonio.

En el año 42, este último venció en Filipos (Macedonia) a las tropas de Bruto* y Casio que, fieles al partido pompeyano, habían asesinado a César y querían restaurar la República*. Marco Antonio, dueño del mundo oriental, se reunió con Cleopatra y la siguió a Egipto, pero se casó con Octavia*, hermana de Octavio, y en el 37 renovó el triunvirato por cinco años más.

En el 36 los partos le infligieron una derrota y, mientras Octavio afianzaba cada vez más su poder en Occidente, Marco Antonio se abandonó a una vida de déspota oriental, dando pie a la propaganda de Octavio contra él. En enero del 32 expiraban los poderes de los triunviros y Octavio hizo que el Senado declarase la guerra a Cleopatra. La flota de la reina fue vencida en Actium* (31).

Tras esta derrota, Marco Antonio y Cleopatra se suicidaron (30), poco antes de la entrada de Octavio en Alejandría.

Marco Aurelio ***(Marcus Aurelius Antoninus)*****, emperador romano del 161 al 180 (Roma 121 d. JC-Vindobona 180).**

Originario de Hispania, Marco Aurelio fue adoptado por Antonino Pío a petición de Adriano*. Su reinado estuvo marcado por una serie de catástrofes (peste, inundaciones, terremotos) y por numerosas guerras en Oriente y el Danubio. Murió durante una campaña contra los marcomanos y los cuados (pueblos de Germania). No parece que este filósofo estoico*, que escribió unos *Pensamientos* en griego, fuese un verdadero hombre de estado, y no aportó muchas novedades al régimen imperial.

marina. Los romanos tenían una flota mercante antes de hacerse con una flota de guerra. Hasta el siglo IV d. JC, la organización del comercio marítimo fue totalmente libre y el Estado sólo intervenía en caso de necesidad. Pero, por lo menos en teoría, los senadores no podían poseer navíos* mercantes ni dedicarse a actividades de este tipo. En el ámbito del comercio marítimo, estaba por un lado el personal embarcado (la tripulación, bajo el mando del *gubernator,* y el *magister navis* y sus subalternos, que se ocupaban únicamente de las mercancías transportadas) y, por otro, el personal en tierra (empresarios, propietarios, armadores, etc.).

Se conocen las principales rutas comerciales, así como su duración media. Por ejemplo: Pozzuoli-Alejandría, 9 días; Narbona-Alejandría, 20 días; Ostia-Narbona, 3 días; Alejandría-Marsella, 30 días; Gades (Cádiz)-Ostia, 7 días; Hispania Citerior-Ostia, 4 días, etc. Por supuesto, las travesías podían ser más largas o más cortas, ya que su duración dependía de la embarcación y de los vientos que determinaban la ruta a seguir. En el Mediterráneo se suspendía tradicionalmente la navegación desde mediados de noviembre hasta mediados de marzo *(mare clausum).*

Aunque al parecer los romanos construyeron barcos de guerra a mediados del siglo IV a. JC (victoria en el 338 de Menio sobre los latinos* en Antium [→ rostrum]), hasta la primera guerra* púnica no construyeron una verdadera armada para luchar contra los cartagineses, expertos navegantes. Duilio obtuvo el primer triunfo* por una batalla naval *(triumphus navalis)* en el año 260 (batalla de Mylae, al norte de Sicilia). Durante el siglo I a. JC la marina de guerra también tuvo un papel destacado (guerra contra los piratas, guerras* civiles). Pero fue Augusto* quien creó una flota permanente, dividida en varias escuadras: flota de Miseno *(classis Misenensis),* del Ponto *(classis Pontica),* de Bretaña *(classis Britannica),* etc., a las que se sumaban las flotillas fluviales, como las de Panonia o Germania. Los comandantes de flota tenían el título de *praefecti* ('prefectos', 'almirantes'). El servicio en la marina no gozaba de mucho prestigio y los ciudadanos* romanos lo evitaban.

Mario ***(Caius Marius)*****, general y político (Arpino 157-Roma 86 a. JC).**

Nació en Arpino, patria de Cicerón*, en el seno de una familia campesina, y empezó como soldado, pasando a Hispania con las tropas de Escipión* Emiliano. Fue tribuno* de la plebe en el año 119, pretor* en el 116 y propretor* en Hispania al año siguiente. Participó en la guerra contra Yugurta* y tuvo un papel relevante. Accedió al consulado en el año 107. En el 104 celebró su triunfo* sobre Yugurta. Fue cónsul ininterrumpidamente del 104 al 100 y, en el 101, obtuvo su segundo triunfo después de vencer a los teutones y a los cimbrios en Aix y Vercelli. A partir de entonces participó en la lucha contra el Senado*, y se enfrentó a Sila* y al partido de los *optimates**. Tuvo que exiliarse a África

(88), pero aprovechando que Sila se encontraba en Oriente, volvió a Roma con el cónsul Cinna* (87). Fue elegido cónsul por séptima vez. Mario reformó profundamente el ejército* romano. Con el alistamiento de los proletarios creó un verdadero ejército profesional. En el terreno táctico, dio un papel preponderante a la cohorte, unidad de unos 600 hombres (la legión tenía diez cohortes).

marionetas ***(sigilla).*** Los romanos, lo mismo que los griegos, se divertían con los espectáculos* de marionetas, que no eran muy distintas de las actuales. Pero desconocemos su repertorio, aunque podemos imaginarlo (cuentos, leyendas, etc.).

Marsella ***(Massilia),*** **colonia* fundada en el siglo VII a. JC por los focenses (Jonia).**

Marsella fue durante mucho tiempo una ciudad griega floreciente, victoriosa en el siglo VI sobre una coalición de etruscos* y cartagineses. Aliada de los romanos a mediados del siglo III, Marsella se inquietó por los progresos cartagineses en la cuenca occidental del Mediterráneo e incitó a Roma a oponerse a estos avances de Cartago (→ guerras púnicas). Los romanos acudieron en auxilio de los marselleses en repetidas ocasiones a lo largo del siglo II. Pero en el año 49 César* chocó con su resistencia y desde entonces Marsella sobrevivió muy debilitada.

máscaras. 1. máscaras funerarias ***(imagines).*** Los romanos hacían modelar máscaras de cera sobre el rostro de sus muertos. Las conservaban luego en armarios o en los nichos del *atrium*. Así, podía juzgarse la antigüedad de una familia por el número de máscaras de los ancestros *(imagines maiorum)* que poseía. Bajo cada una de estas máscaras, una inscripción *(titulus, elogium)* recordaba las hazañas, auténticas o menos verosímiles, del ancestro. Durante los funerales* de uno de los miembros de la familia, amigos y parientes llevaban estas máscaras en el cortejo fúnebre. Pero no todo el mundo tenía derecho a poseer estos retratos de sus ancestros: sólo las familias nobles (las que contasen con un magistrado* curul entre su ascendencia) poseían el *ius imaginum*. Los emperadores tenían el privilegio de contemplar en vida cómo se reproducía su imagen por todas partes.

La importancia de estas imágenes en el terreno artístico no es desdeñable: a ellas se debe sin duda el gusto por el realismo característico de la escultura* romana, y también la costumbre de reducir los retratos al busto. Por otra parte, los *tituli* y los *elogia* que las acompañaban, aunque no siempre fueran del todo fiables, constituyeron una fuente de información preciosa para los historiadores romanos. El gusto por las «reseñas» individuales se repite, en proporciones más amplias, en el género biográfico.

2. máscaras escénicas ***(personae).*** Los actores romanos no las utilizaron hasta llegado el siglo I a. JC. Hasta entonces no las llevaban más que los personajes de las atelanas. Estaban confeccionadas con cartón piedra coloreado. La expresión se adaptaba según el papel. La abertura de la boca servía de bocina. Las máscaras trágicas, muy alargadas, ofrecían una expresión patética y violenta. Las máscaras cómicas se acercaban más a la forma del rostro humano e invitaban a la sonrisa.

matrimonio (ceremonias del). Aunque la forma de matrimonio variase, las ceremonias eran básicamente iguales. La víspera de la boda, la novia *(sponsa)* se vestía con una túnica* recta. Se la peinaba con seis trenzas que rodeaban la cabeza. La mañana de la boda, todos los parientes e invitados se reunían en la casa de la novia, que se cubría la cabeza con un velo de color naranja *(flammeum)*. Primitivamente, al menos se ofrecía un sacrificio* y se inspeccionaban las entrañas de la víctima. Acto seguido, se procedía al intercambio de contratos ante testigos. Finalmente, los esposos se daban las manos *(dextrarum iunctio)* como consentimiento. Se apelaba entonces a la bendición de cinco divinidades: Júpiter (garante de los compromisos), Juno (divinidad del matrimonio), Venus (diosa del amor), Fides* (divinidad de la buena fe, de la lealtad) y Diana (diosa de la maternidad). En la *confarreatio* los esposos ofrecían un pastel de escanda a Júpiter. Un «banquete de boda» ponía término a esta primera fase de las ceremonias. Cuando la estrella Vesper aparecía en el cielo, la novia dejaba el domicilio paterno dando muestras de lamentarlo. Los asistentes la arrancaban de brazos de su madre y un cortejo alegre la llevaba hacia la casa del marido *(deductio ad domum)* entre cánticos de himeneo y lanzando lazos revestidos de un valor apotropaico. En el umbral, que la casada no debía tocar, la esperaba el marido. En el *atrium* se le presentaba el agua y el fuego, elementos vitales y simbólicos, y ella pronunciaba las palabras célebres: «*Ubi tu Gaius, ego Gaia*», que se traduce como 'Donde tú seas Gayo, yo seré Gaya', aunque su sentido original se ha perdido. Finalmente, la mujer ofrecía tres monedas*: una a su marido, la segunda al lar*, la tercera al dios de la encrucijada más cercana.

En algunos días (calendas*, nonas*, idus*) y durante ciertos períodos del año (13-21 de febrero y del 1 de mayo al 15 de junio) estaba prohibido celebrar bodas. Efectivamente, estos períodos se consagraban a ceremonias de carácter fúnebre o purificador que habrían «contrastado» con el ritual nupcial.

matrimonio (diversas formas de). El derecho* romano distinguía dos clases de matrimonio (*matrimonium, iustae nuptiae;* el término *conubium* designaba más bien el derecho a casarse): el matrimonio *cum manu*, que ponía a la esposa bajo el dominio del marido, y el matrimonio *sine manu*, en el que la esposa no estaba sometida jurídicamente a su marido. Existían tres formas de matrimonio *cum manu*:

1. La *confarreatio* (*far*, 'trigo', 'escanda'). Parece la ceremonia más arcaica y su carácter religioso es muy claro: asistidos por el gran pontífice* y por el flámine* de Júpiter, en presencia de diez testigos ciudadanos* romanos, los esposos ofrecían a Júpiter un pastel de escanda *(farreus panis)* y pronunciaban plegarias. Este rito era bastante raro, pero se le tenía como un honor en ciertas antiguas familias patricias. Era un requerimiento para poder ser flámine.

2. La *coemptio* (*emo*, 'comprar'). Era una boda por «compra» de la novia, en presencia de cinco testigos. Procedimiento de adquisición ficticia, la *coemptio* había caído en desuso a finales de la República*.

3. El matrimonio *per usum*, es decir, 'de hecho', forma jurídica del rapto. Legitimaba una unión de un año. Este régimen cayó pronto en desuso y no fue más que una curiosidad jurídica.

En realidad, el matrimonio *cum manu* se abandonó rápidamente en beneficio del matrimonio *sine manu*, que aparece en la ley* de las XII Tablas, aunque probablemente fuera anterior. Este régimen, que debía contribuir a la emancipación de la mujer romana, recogía también aprobaciones menos confesables. En efecto, aunque desde el año 445 a. JC *(lex Canuleia)* se admitieron los matrimonios entre patricios y plebeyos, con la boda *sine manu* el patricio que casaba a su hija con un plebeyo conservaba su autoridad sobre ella y el poder de romper el matrimonio. Esta disposición no se anuló hasta el siglo II d. JC, pero había dejado de aplicarse hacía ya mucho tiempo.

El derecho a contraer bodas justas *(ius conubii)*, reservado a los patricios, no se otorgó a los plebeyos hasta el año 450, pero siguió vetado para peregrinos* y esclavos*. Uniéndose, los peregrinos conseguían los efectos civiles conformes al derecho de su ciudad. En cuanto a los esclavos, su boda no era más que una «cohabitación» *(contubernium).*

matrona (*matrona,* mujer casada, madre), madre de familia noble y virtuosa.

Para los romanos existían dos categoría de mujeres: por un lado, las de nacimiento libre, madres de familia o destinadas a serlo. Por el otro, todas las demás. La noción de «conducta honorable» tenía sentido para las primeras: sólo a ellas se aplicaban las obligaciones morales que los hombres reconocían con respecto al sexo femenino. En cuanto a las segundas, estaban fuera de la moral y del derecho y no debían rendir cuentas a la sociedad. No poseían el *ius conubii* (derecho a casarse legalmente) que era uno de los componentes de la ciudadanía*. De este modo, en Roma se planteaba la condición femenina en términos de relaciones sociales, antes de plantearse como relaciones personales, por lo menos originalmente. Hasta el año 445 a. JC los matrimonios entre patricios y plebeyos no estaban permitidos.

A menudo se representa a la matrona romana hilando y tejiendo la lana en su casa, al margen de las actividades de su marido. Si bien las romanas no gozaron de beneficios comparables a los de las mujeres etruscas*, no se las encerraba jamás en un gineceo.

Roma permitió siempre el acceso de las romanas a la cultura y, en los bancos de las escuelas, niños y niñas se instruían al mismo tiempo. Muchas mujeres de la aristocracia eran muy cultas, existieron poetisas e incluso pedantes. Desde el siglo II las romanas participaron en la vida mundana que llevaba su marido (comidas*, reuniones, conversaciones). Por esta época, su emancipación era tal que no vacilaron en manifestarse por la calle para reclamar la abrogación de una ley que limitaba el lujo de sus vestidos. Aunque no tenían ni el derecho al voto ni el de participar en las asambleas, algunas «hicieron política»: por ejemplo, en el siglo I a. JC, Terencia, la mujer de Cicerón*, Sempronia, quien participó en la conjura de Catilina* y Clodia, la hermana del tribuno Clodio*. La emancipación de la mujer romana se manifiesta asimismo en el hecho de que la forma de matrimonio* más habitual era el matrimonio *sine manu,* que mantenía a la esposa bajo el poder paterno. Este estatuto tenía ventajas para la mujer, ya que la protegía del poder de su marido. Cierto es que la mujer romana no disponía de capacidad jurídica; pero desde el fin de la República*, su puesta bajo tutela equivalía prácticamente a una emancipación. Por otra parte, con ocasión de la muerte de su padre, la mujer *sine manu* pasaba a ser *sine iuris* (independiente). Esta forma de matrimonio permitía que la mujer tuviera bienes e ingresos. Al marido sólo se le transmitía la dote. Finalmente, en el inicio del Imperio*, incluso una mujer casada *cum manu,* y que por tanto estaba bajo el poder de su marido, tenía el derecho de divorciarse de motu proprio.

Desde entonces, el viejo prejuicio de los romanos en lo que respecta a la *impotentia muliebris* (el arrebato, la falta de razón propios de las mujeres) fue duramente criticado.

mausoleo (*mausoleum*; del nombre de Mausolo, rey de Caria, a quien su mujer construyó una tumba magnífica), tumba monumental con forma de templo* o de edificio.

El más célebre en Roma es el de Adriano*, hoy castillo de Sant'Angelo.

Mecenas *(C. Maecenas),* consejero de Augusto (h. 69-8 a. JC).

Mecenas, caballero* romano de una familia originaria de Etruria, apareció en el año 40 en el entorno de Octavio* y llevó a cabo para él diferentes gestiones con Marco* Antonio. De todos modos, no ejerció ninguna magistratura.

Él mismo era poeta y se complació en rodearse de un círculo* literario del que formaron parte Virgilio*, Horacio*, Propercio* y C. Vario, con lo que contribuyó a formar la ideología del Imperio* naciente. Al ser ejecutado su yerno por conspirar contra el emperador (en el año 23), sus relaciones con Augusto se enrarecieron. A partir de entonces se retiró a sus jardines*, en el Esquilino.

médico ***(medicus).*** Hasta finales del siglo III a. JC o principios del II no aparecieron en Roma, provenientes de Grecia, auténticos médicos. Hasta ese momento los curanderos y charlatanes, hábiles en la «ciencia de las hierbas» *(scientia herbarum),* habían ocupado, mal que bien, su lugar.

El primer médico que se sabe se estableció en Roma era originario de Esparta, llamado Arcágato (219 a. JC). Pero la medicina se vio perjudicada por los prejuicios que tenían los romanos tradicionalistas, como Catón* el Censor, con respecto al helenismo*. A comienzos del siglo I a. JC, Asclepíades de Prusa, médico y filósofo, creó en Roma una escuela de medicina privada; pero hubo que esperar hasta el fin del reinado de Augusto* para que se fundara una escuela de medicina oficial, *scola medicorum,* más exactamente en el año 14 d. JC. Por otro lado, esta enseñanza se impartía en griego (como todas las enseñanzas especializadas, excepto el derecho*), y se siguió impartiendo así hasta mediados del siglo V. Aunque a los romanos de ese tiempo (alrededor de la era cristiana) no dejó de interesarles la medicina, los tratados de Varrón*, de Plinio el Viejo o de Celso revelan más un enciclopedismo práctico que una ciencia médica propiamente dicha. Hacia finales del siglo II d. JC, Galeno, originario de Pérgamo, el gran médico de la Antigüedad junto con Hipócrates, se instaló en Roma. Médico particular del futuro Cómodo, dejó una obra notable (en griego) en la que intenta hacer una síntesis de las teorías médicas de las diferentes escuelas.

En realidad, los romanos que elegían como profesión la medicina eran pocos, aunque era una ocupación lucrativa. Por otra parte, hasta principios del Imperio, la medicina no empezó a considerarse como un «arte liberal». Las casas ricas disponían de su médico familiar (a menudo un esclavo). Los demás acudían a la consulta *(medicina)* de un médico, o éste les visitaba a domicilio (*circulator,* 'ambulante').

En el Imperio, el ejército* dispuso de sus propios médicos militares *(medici castrenses)* y, hacia el siglo II, se creó un sistema de asistencia y de previsión sociales: médicos a sueldo del Estado atendían a los enfermos más pobres. En Roma, por ejemplo, había 14 (se les llamaba *archiatri populares*), es decir, uno por «región». También existieron los *archiatri palatini,* colegio de médicos ligados al palacio imperial. Los arquíatras gozaban de diversos beneficios y podían hacer buenas carreras políticas; eran los únicos que debían dar cuenta de su ciencia y de su competencia ante expertos. De todos modos, para los médicos restantes, la posibilidad de instalarse como médicos «sin diploma», por decirlo de algún modo, se veía reducida por las sanciones graves que determinaba la ley* en caso de daños sufridos por el paciente como consecuencia de faltas profesionales.

A partir del siglo II a. JC, la medicina empezó a especializarse: junto a los médicos «generalistas» ejercían los cirujanos*, los oftalmólogos*, los dentistas* y, en una rama anexa, los veterinarios*.

mercado ***(macellum).*** A diferencia del foro*, el mercado era un establecimiento cubierto, constituido generalmente por una plaza rodeada de pórticos* en los que se abrían los comercios. Se vendían productos alimenticios (carne, legumbres...) y toda clase de objetos de pequeña industria.

En Roma, el mercado de Trajano*, al noreste del foro que llevaba su nombre, era un conjunto de gran importancia: comprendía dos terrazas superpuestas, sobre las que se abrían numerosos pequeños comercios*. Diversas estancias servían de almacén. Es posible que Trajano intentase centralizar la actividad comercial de la *urbs** para controlarla mejor. Por otra parte, esta intervención del poder central sobre el comercio acabó paralizando la vida económica del Imperio*.

mesa ***(mensa).*** La mesa era una pieza esencial en el mobiliario romano. Servía para las comidas, los sacrificios, los juegos... Sus formas eran extremadamente variadas (redondas, rectangulares, en semicírculo), con uno o más pies, altas o bajas, de madera, de mármol, de bronce o de piedra. La superficie de la mesa también podía ser de madera rara y con incrustaciones, pero la decoración era profusa, sobre todo en los pies, con motivos ricos y rebuscados.

Mesala → círculos literarios.

Mesalina ***(Valeria Messalina),*** **emperatriz romana (h. 25 d. JC-48).**

Sobrina segunda de Augusto*, se casó con Claudio en el año 40 d. JC. Tuvo de él un hijo, Británico*, y una hija, Octavia*, que se casó con Nerón*. En el año 48, Mesalina se casó con un joven noble, C. Silio. Claudio, que temía una conspiración contra él, la hizo ejecutar.

métrica. El único verso propiamente latino es el *verso saturnio,* llamado así porque se consideraba que Saturno era el primer rey mítico del Lacio. Sólo han llegado hasta nuestros días un centenar de versos saturnios y es difícil reconocer exactamente cuál era su teoría. La oposición de sílabas largas y breves era la base, pero la división del verso en dos partes desiguales, la aliteración y el número de sílabas de cada palabra también jugaban su papel. Livio* Andrónico utilizó este verso, de origen indoeuropeo, para su *Odisea,* y Nevio* hizo lo propio para su *Guerra púnica.*

Los demás metros se tomaron de los griegos y se adaptaron al carácter de la lengua* latina. Ennio* fue el primero en descartar el verso saturnio para escribir una epopeya *(Los anales),* y recurrió al hexámetro dactílico, el verso épico de Homero. Pero el hexámetro también se utilizó en géneros poéticos diferentes a la epopeya: es el verso de Lucilio*, de Lucrecio*, de Catulo a veces, de Virgilio*, de Ovidio*, etc. El hexámetro dactílico es un verso de 6 pies basado en la oposición: una sílaba corta, dos breves; la sustitución de dos breves por una larga es posible salvo en el quinto pie.

Combinado con el pentámetro, constituye la dística elegíaca (verso de la elegía: Propercio*, Ovidio*, Tibulo*...).

La comedia y la tragedia romanas utilizaron, desde sus orígenes, la versificación llamada yambo-trocaica, ya que según el caso la base es el yambo (⏑̲) o el troqueo (–⏑).

Finalmente, Catulo y los poetas líricos, Horacio* en sus *Odas,* recurrieron a la métrica *eólica,* llamada así porque poetas de dialecto eolio, como Alceo o Safo, la ilustraron. Es una versificación muy sabia, que permite diversas com-

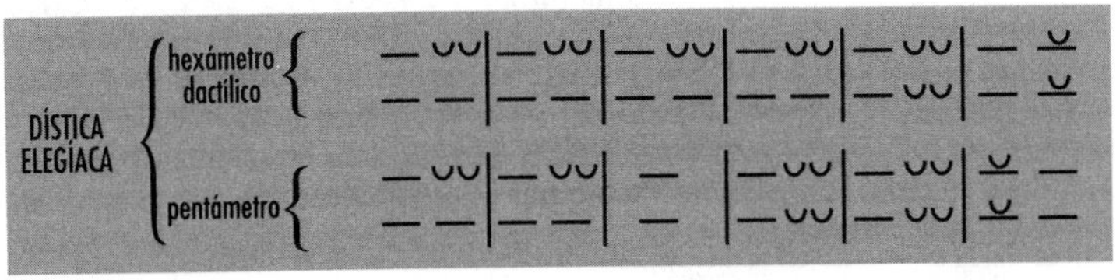

binaciones en estrofas (estrofa sáfica, alcaica, etc.).

metrología. El vocabulario de la metrología es esencialmente concreto, como es normal en un sistema no métrico. Los patrones de los pesos y medidas se conservaban en el templo* de Cástor y Pólux, sobre el foro*. Durante la República* los ediles* se encargaban de su vigilancia. En el Imperio* esta tarea correspondía al prefecto de la ciudad.

miliares *(milliaria)*, mojones colocados en los bordes de las carreteras*, de milla en milla (1478,50 m), de ahí su nombre.

En Italia, los miliares indicaban la distancia a partir de Roma*, y en las provincias* a partir de la capital o de la ciudad importante más próxima. Pero a menudo llevaban otras indicaciones, como el nombre de los magistrados* en ejercicio en el momento de la construcción de la calzada, más tarde el del emperador* reinante, el de los hombres empleados en la construcción de la carretera, de los encargados de la ejecución de los trabajos...

El miliar de oro *(milliarum aureum)* era el mojón colocado por Augusto* en el foro*, punto desde el que se suponía que partían las carreteras del Imperio.

Milón *(T. Annius Milo)*, político romano (Lanuvium h. 95-Compsa 48 a. JC).

Tribuno de la plebe en el año 57, partidario del Senado* contra los *populares**, Milón hizo volver a Cicerón* del exilio. En enero del año 52 sus hombres mataron a Clodio*. En el proceso seguido contra Milón, éste fue defendido por Cicerón quien, intimidado por las fuerzas militares desplegadas en el foro*, no pudo pronunciar el discurso que posee-

Principales medidas

de longitud	dedo *(digitus)*		0,018 m
	palmo *(palmus)* = 4 dedos		0,07 m
	pie *(pes)* = 16 dedos		0,28 m
	paso *(passus)* = 5 pies		1,48 m
	milla *(mille passus)*		1 478,50 m
de superficie	pie cuadrado *(pes quadratus)*		0,082 m^2
	yugada *(iugerum)* = 28 800 pies		25 áreas
	centuria *(centuria)* = 200 *iugera*		50 ha
de peso	onza *(uncia)*		27,25 g
	libra *(libra)* = 12 onzas		327 g
de volumen	*a)* líquidos:	sextario *(sextarius)*	0,54 l
		congio *(congius)* = 6 sextarios	3,28 l
		urna *(urna)* = 24 sextarios	13,12 l
		cuadrantal *(quadrantal)* o ánfora *(amphora)* = 2 urnas	26,26 l
	b) sólidos:	sextario *(sextario)*	0,54 l
		semodius = 8 sextarios	4,39 l
		modio *(modius)* = 16 sextarios	8,75 l

mos *(Para Milón)* y Milón tuvo que exiliarse. En el año 48 volvió a Italia* e intentó que las regiones meridionales se levantaran contra César*, pero fue apresado y ejecutado.

minas *(metalla).* Durante la República*, el sistema de explotación era similar al de la granja: en el *lustrum* los censores* asignaban las minas al mejor postor, generalmente a publicanos*. De todos modos, el Estado cedía en ocasiones la propiedad de algunas (exceptuando las minas de oro) a particulares. Durante el Imperio*, el Estado se reservaba el monopolio y las ponía bajo la vigilancia de procuradores* *(procuratores metallorum).* Los principales países mineros eran: la Galia* (oro, plomo, estaño, hierro); Hispania, el más rico de la Antigüedad (oro, plomo, cobre, estaño, hierro); los países del centro de Europa (Panonia, Dacia, Mesia); Asia Menor (oro, plomo, hierro); Italia (Toscana, Bruttium), Cerdeña y Sicilia. La explotación se hacía a cielo abierto o bien en galerías subterráneas. Los obreros eran esclavos* y también condenados (se empleó a muchos cristianos*).

mobiliario *(suppelex).* El mobiliario romano era mucho más reducido que el nuestro, incluso en los *domus** más ricos. Las camas*, los asientos*, las mesas* y los armarios constituían la parte esencial de este mobiliario, además de las cortinas* y los tapices*. Otra característica de este mobiliario era que la madera se utilizaba menos que en el mundo moderno.

mobiliario funerario. Cualesquiera que fuesen sus concepciones del más allá, para la mayoría de los romanos «el muerto vive», de tal manera que la sepultura* se consideraba una morada. En ella se depositaban toda clase de objetos necesarios para la vida de ultratumba: ropa*, armas, herramientas profesionales, lámparas*, jarrones, monedas*, útiles de aseo, comida...

molino *(mola).* Los molinos de grano comprendían dos partes esenciales. En primer lugar, una base circular que se levantaba en su parte central en forma de cono; sobre el perímetro de esta base había una acequia destinada a recibir los granos triturados que se deslizaban a lo largo del cono. La segunda pieza, la mola, la constituía una especie de reloj de arena enorme o de embudo doble. La parte superior recibía los granos y la inferior iba encajada en el cono. Los granos se deslizaban desde la parte superior del embudo hasta el espacio comprendido entre el cono y la pared de la parte inferior de la mola, en donde eran machacados por un movimiento rotatorio. La harina se recogía en las acequias de la base. Dos manivelas situadas en el centro de la mola permitían moverla. Podía haber diferencias de concepción y se distinguían, según la fuerza motriz, el molino de brazos *(mola manuaria),* el molino de motor manual *(mola asinaria, iumentaria)* y el molino de agua *(mola aquaria),* descubierto por los romanos en Asia, en el siglo I a. JC.

Los molinos de aceite se concebían de otra manera.

moneda (*pecunia*; de *pecus,* el ganado). Al parecer, los romanos no conocieron el uso de la moneda hasta bastante tarde, alrededor del siglo IV a. JC. Hasta ese momento, el trueque era el medio de transacción comercial.

La primera moneda *(aes rude)* consistía en pedazos de bronce más o menos informes. Después se sustituyó por las placas de bronce sobre las que se grababan figuras (animales, armas...). Se trataba de los *aes signatum.*

La primera moneda auténtica, circular, fue el *as libral,* pieza de bronce que teóricamente pesaba una libra *(libra)* romana, aunque en realidad pesaba mucho menos (273 g). Este as se dividía en fracciones duodecimales *(semis, triens, quadrans, sextians, uncia)*.

A finales del siglo III a. JC aparecieron las monedas de plata:

el *denario* = 2 ases 1/2;
el *sestercio* = 10 ases.

Tras una refundición general de las monedas, en el siglo II a. JC existían:

el *denario* = 16 ases;
el *sestercio* = 4 ases.

Bajo César*, el sestercio era de bronce e hizo su aparición la moneda de oro:

el *sestercio* (bronce) = 4 ases;
el *denario* (plata) = 4 sestercios;
el *aureus* (oro) = 25 denarios.

Durante el Imperio el as, que no se había acuñado en el transcurso del siglo I a. JC, volvió a aparecer. Por otra parte, el sestercio pasó a ser de latón. Se disponía entonces de las monedas siguientes:

as (bronce);
sestercio (latón) = 4 ases;
denario (plata) = 4 sestercios = 16 ases;
aureus (oro) = 25 denarios.

Desde los orígenes de la moneda romana hasta el Imperio, el peso del metal fue disminuyendo. El as de bronce pesó sucesivamente 273 - 109 - 27 - 9 y finalmente 2,3 g durante el Bajo Imperio. El denario también fue conteniendo cada vez menos plata. El peso de oro del *aureus* pasó de 8,10 a 7,30 g durante el Alto Imperio y a 6,5 durante el Bajo Imperio.

Las monedas se acuñaban en el templo* de Juno *Moneta* (Juno 'Consejera'), cuyo epíteto *Moneta* acabaría definiendo la «moneda». Una comisión de tres miembros (los *tresviri monetales* [→ vigintisevirato]) era la encargada del control de la acuñación. Llegado el Imperio, se limitó a acuñar monedas de metales no preciosos, ya que los emperadores se reservaban el control de las monedas de plata y oro. Durante el período republicano las piezas empezaron acuñándose con la efigie de divinidades y después se tomó la costumbre de ir variando estas efigies. A partir de Augusto*, las monedas llevaban la efigie del emperador, mientras que en el reverso figuraban los temas más variados. De este modo, las monedas nos explican la historia de Roma en imágenes y frecuentemente tienen un alto valor artístico.

Durante el Imperio era necesario poseer 400 000 sestercios para poder pertenecer al orden* ecuestre y un millón para pertenecer al orden senatorial. Los más altos funcionarios* del orden ecuestre (prefectos del pretorio, de la annona, jefes de los servicios de la cancillería) percibían un sueldo anual de 300 000 sestercios. En las fortunas más considerables los sestercios se contaban por decenas de millones. Se estima que un millón de sestercios en la época de Trajano* representaban alrededor de 8 millones de pesetas actuales.

monumentos funerarios ***(monumenta sepulcri).*** Son de apariencia y dimensiones muy diferentes. A menudo se reunían en necrópolis a lo largo de las carreteras y en la entrada de las ciudades. Pero también se enterraba a los muertos en una propiedad de la familia, en el campo. Las familias modestas se contentaban con enterrar el cadáver o la urna funeraria en una fosa particular o común. En un monumento funerario se distinguían dos partes: la parte superior, la única visible *(tumulus)*, que podía ser un altar*, una estela*, un mausoleo*... y la parte subterránea (el *sepulcrum*) que contenía el cuerpo o las cenizas: podía tratarse de un panteón, un *columbarium*, una urna* cineraria o un sarcófago*.

moral → costumbre, derecho, *fides*, filósofos, virtus.

mos maiorum → costumbre.

mosaico ***(musivum opus).*** El mosaico, nacido en Grecia, se desarrolló en el mundo romano y, en muchos sentidos, se puede afirmar que fueron los romanos quienes hicieron de él un arte. Durante el fin de la República* y en los inicios del Imperio*, los mosaicos romanos e italianos eran generalmente en blanco y negro y representaban motivos geométricos. En el siglo II apareció el estilo «floreado» (ornamentos vegetales, siluetas animales y humanas), siempre en blanco y negro. Fianlmente en el siglo III se extendió la policromía.

Pero paralelamente a esta escuela italiana, y a veces interfiriendo con ella, se desarrollaron otras escuelas en las provincias* y en particular en los países de habla griega. En este caso los mosaicos se caracterizaron por el empleo de la policromía y la imitación de la pintura* (en particular cultivaban mucho el *emblema,* cuadro central rodeado de motivos geométricos, y los mosaicos-alfombra).

Los mosaicos se aplicaban tanto a suelos como a paredes y techos. De manera general, los trabajadores del mosaico romanos se preocuparon (desde el siglo II d. JC) de adaptar los motivos al tipo de locales: escenas marinas en las termas*, enseñas* en los comercios, temas mitológicos en los templos*, etc. El mosaico se concibía como un reflejo de la actividad que se desarrollaba normalmente en el lugar en el que se instalaba, aportando al mismo tiempo fantasía y ensueño.

Desde el punto de vista técnico, se distinguía el *opus tesselatum,* mosaico hecho de elementos en forma de pirámide truncada (la *tessela* era una pequeña tésera*), y el *opus vermiculatum,* cuyos elementos eran más pequeños e irregulares, en forma de «gusanillos». Los primeros eran los más indicados para los motivos geométricos y, los segundos, para los motivos figurativos, ya que permitían una precisión mayor en el dibujo. Unos y otros se tallaban de piedra y mármol. En algunos casos eran cubos de esmalte.

Mucio Escévola *(Caius Mucius Scaevola),* personaje romano (finales del siglo VI a. JC).
Según la leyenda, este joven romano se introdujo en el campamento de Porsena, vencedor de Tarquino el Soberbio, para matarle. Pero se equivocó de víctima y al presentarse ante el rey metió la mano derecha en el brasero para reconocer su error. De ahí su apodo: 'el zurdo' *(scaevus).*

muerte → condenas, funerales.

municipio (*municipium,* participación en las responsabilidades). 1. En Italia*, ciudad anexionada y a la que Roma obliga a pagar una participación en las cargas financieras y militares, pero que conservó su autonomía, sus instituciones, su derecho y a veces su lengua.

En particular aparecen diferencias de estatuto: los más antiguos (Tusculum, Formia, Cumas, Fondi...) eran los que gozaban de mayor autonomía y sus habitantes no eran ciudadanos* romanos. Otros disponían de menor independencia, y sus habitantes tenían el derecho de ciudadanía incompleto (sin derecho al voto); desde el siglo III a. JC los municipios accedieron a la ciudadanía completa progresivamente, ya fuera por medidas de tipo colectivo o individual. En el año 42 a. JC, todos los municipios disponían de ciudadanía completa.
2. En las provincias*, existían también municipios. El estatuto personal de sus habitantes era variable. El suelo se sometía al impuesto* territorial. Después del año 212 d. JC (edicto* de Caracalla), todas las ciudades de provincias eran municipios.

música. Los romanos, que tomaron de los griegos el sistema de notación, sus modos y sus ritmos, utilizaron tres tipos de instrumentos. 1. Los instrumentos de cuerda, esencialmente la cítara* y la lira*, que acompañaban la poesía lírica. 2. Los instrumentos de viento, en particular la flauta (tibia*), que se tocaba en el teatro para acompañar las partes cantadas y los recitativos de las comedias, en los banquetes, en los funerales*, en los juegos*, etc. Pero los romanos también utilizaron el órgano hidráulico, que estuvo muy de moda para acompañar los juegos del circo. Para transmitir las órdenes a la tropa y acompasar sus movimientos se utilizaban diferentes trompetas (tuba*, *bucina*, cornu**). 3. Los instrumentos de percusión, de origen oriental, como el tambor *(tympanum)*, que se tocaban en las ceremonias en honor a Cibeles o Dioniso.

El arte de la música siempre se consideró como un arte griego y raramente se integró en la educación* de los romanos. Éstos se complacían en asistir a conciertos en los odeones o en sus casas, pero los que tocaban instrumentos eran pocos.

n

nacimiento. En Roma, se bañaba a los recién nacidos y se los ponía a los pies del padre, que podía reconocerlos o no como hijos suyos. En el primer caso, el padre tomaba en sus brazos a la criatura y la elevaba *(liberum suscipit)*: así se reconocía la legitimación del hijo, tras lo cual se le ponían pañales blancos y se decoraba la casa con flores*. El bebé recibía toda clase de atenciones y gestos que pretendían conjurar la mala suerte. Al octavo día, en el caso de las niñas, y al noveno, en el de los niños, tenía lugar la ceremonia de purificación* *(lustratio)*: ese día se ofrecía un sacrificio* y se invocaba particularmente a las Parcas. Por otra parte, el niño recibía un nombre* de pila; alrededor del cuello se le pasaba una pequeña bula* de oro o de cuero *(bulla aurea, scortea)*, signo de un nacimiento libre y de protección contra las fuerzas perjudiciales. Efectivamente, esta bula contenía fórmulas mágicas que preservarían a la niña hasta su boda y, si se trataba de un niño, hasta el momento en que tomara la toga viril. En ese momento se le quitaba la bula y se la consagraba a Juno o al lar, según el caso.

Pero si el padre no reconocía al recién nacido como suyo, se le sometía a exposición*. En cuanto a los niños nacidos con deformidades, y cuyas deformaciones eran reconocidas por testigos, se los mataba, según una costumbre bárbara que poco a poco se fue haciendo menos severa.

naumaquia *(naumachia)*, espectáculo* de combate naval, ofrecido en un anfiteatro* arreglado para la circunstancia o en un gran estanque excavado con este fin.

La primera gran naumaquia tuvo lugar en el año 46 a. JC. César*, que la ofreció al pueblo, hizo construir un estanque en el Campo de Marte, estanque que se conectó al Tíber para aprovisionarlo de agua. Entre las naumaquias más célebres se citan las de Augusto*, las de Claudio, las de Nerón*, las de Vespasiano, las de Tito... Como en el caso de los combates de gladiadores, eran fiestas sangrientas.

navíos *(naves)*. Existieron tres grandes categorías de navíos (→ marina):

1. Los navíos de guerra *(naves longae)* de una cincuentena de metros, movidos a remo y con la ayuda de velas. Según el número de filas de remeros los había birremos, trirremos, cuatrirremos, quinturremos, etc.

2. Los navíos de transporte y de comercio *(naves oneriae)*, más amplios, más pesados, movidos esencialmente a vela. No podían remontar el Tíber hasta Roma.

3. Finalmente, los navíos de usos y formas variados *(naves actuariae)*. Cada navío, del tipo que fuera, arrastraba una o más embarcaciones *(navigia)* para ir a tierra a recoger el pasaje y el equipaje en caso de naufragio, y para efectuar di-

versas maniobras de embarque o de carga.

nenia *(naenia)*, himno en honor de un muerto, cantado por plañideras *(praeficae)* durante el cortejo fúnebre. (→ funerales)

Nerón (*L. Domitius Ahenobarbus*, después *Nero Claudius Caesar*), emperador romano (Anzio 37 d. JC-Roma 68).

Fue emperador del año 54 al 68. Hijo de Agripina* la Menor y de Cn. Domicio Ahenobarbo, Claudio lo adoptó en el año 50 y en el 53 se casó con su hija Octavia. Los cinco primeros años de su reinado fueron felices. Nerón recibía los consejos de Séneca*, de quien fue alumno, y se apoyaba en Burro, prefecto del pretorio; era como un retorno a la tradición de Augusto*. Pero después de una sucesión de intrigas y tragedias (asesinato de Británico* en el año 55 y de Agripina en el 59), el reino de Nerón tomó una orientación nueva y peligrosa. Se apartó a Séneca y cuando Burro murió, en el año 62, Nerón nombró como sucesor a Tigelino, quien se convertiría en su «demonio». El año 64 fue el del famoso incendio de Roma y se le acusó de provocarlo. Para calmar las sospechas condenó al suplicio a los cristianos* (primera persecución en Roma). La ideología imperial que fue adoptando tenía marcadas influencias orientales: iniciado al mazdeísmo, se presentó por otra parte como «el nuevo Mitra».

En el año 65 descubrió a tiempo la conjura de Pisón, en donde perecieron, entre otros, Séneca y su sobrino Lucano*. En el año 66 ordenó dar muerte a Trasea, estoico*, jefe de la oposición senatorial. El mismo año se desplazó a Grecia, en donde se prodigó como actor* y como cochero durante los juegos*. En el 68, una serie de revueltas estallaron en las provincias*, preludiando el fin de su reino: Julius Vindex en la Galia* Lionense, Galba en la tarraconense, Otón en Lusitania. El Senado* declaró a Nerón «enemigo público» (junio del año 68) y los pretorianos le abandonaron. Se suicidó el 9 de junio del año 68. Con su reino, célebre por las extravagancias y crueldades del «emperador del populacho», se terminó la dinastía de los Julio-Claudios, que dio a Roma el más ilustre (Augusto) y el más odioso (Nerón) de sus emperadores.

Nevio *(Cneus Naevius)*, poeta latino (Campania h. 260-Útica h. 200 a. JC).

Nevio hizo representar su primera obra en el año 235. Es autor de tragedias de tema griego, pero también de tema romano, con lo que creó la «tragedia pretexto». Escribió igualmente comedias caracterizadas por su mordacidad. Pero su obra de más influencia fue la epopeya *La guerra púnica (poenicum Bellum)*: escrita en versos saturnios, trazaba la historia de Roma desde las aventuras de Eneas* hasta la primera guerra* púnica. La compuso hacia el año 209, es decir, en el momento de la segunda guerra púnica, cuando todavía no era segura la victoria sobre Aníbal. Apareció como una epopeya «nacional» que mostraba a los romanos que los dioses les eran favorables.

nobleza → clases sociales.

nombre de pila → nombres de persona.

nombres de persona. Los ciudadanos romanos poseían en general tres nombres: un nombre de pila *(praenomen)*, un apellido (*nomen gentilicium* o *nomen*) y un apodo *(cognomen)*, enunciados por este orden. El número de nombres de pila se limitaba prácticamente a una quincena: *Appius* (Ap.), *Aulus* (A.), *Gaius* (C.), *Gnaeus* (Cn.), *Decimus* (D.), *Lucius* (L.), *Marcus* (M.), *Manius* (M.'), *Numerius* (N.), *Publius* (P.), *Quintus* (Q.), *Servius* (Serv.), *Sextus* (Sext.), *Spurius* (Sp.), *Tiberius* (Tib.), *Titus* (T.), *Vibius* (V.). El niño recibía su nombre al octavo o noveno día después de su nacimiento*. El nombre de familia (el gentilicio) era común a todos los miembros de una *gens**. Según su terminación *(-ius, -na, -as, -nus...)* es posible determinar su origen geográfico. Por ejemplo, *Aemilius, Iulius, Claudius...* son nombres del Lacio; *Maecenas, Larinas...* son nombres etruscos*, etc.

El uso del apodo se introdujo poco a poco y se hizo constante a partir de Sila* (principios del siglo I a. JC). En origen, el apodo recordaba una particularidad individual: *Balbus* ('el Tartamudo'), *Caecus* ('el Ciego'), *Cicero* ('el Garbanzo'), *Maximus* ('el Muy Grande'), etc., pero pronto se convirtió en hereditario y sirvió para distinguir las diversas ramas de una misma *gens* o las subdivisiones de una rama. Por ejemplo, la *gens Cornelia* comprendía las ramas *Cornelius Scipio, Cornelius Balbus...*, y la rama *Cornelius Scipio* comprendía a su vez una subdivisión, *Cornelius Scipio Nasica*. Efectivamente, a un primer apodo se le podía añadir un segundo o más, en recuerdo de una acción de éxito o algún hecho memorable: de este modo, por ejemplo, la táctica de temporización ante Aníbal* le valió a *Q. Fabius Maximus* un segundo apodo, *Cunctator* ('el Temporizador').

En el Imperio*, la moda de los apodos múltiples se extendió. Es más, a partir de los Antoninos (siglo II d. JC) se tomó la costumbre de añadir también motes *(signum, vocabulum)* personales o comunes a un grupo (parientes, asociaciones). Era frecuente que estos motes derivasen de adjetivos y se terminasen en *-ius*: *Gaudentius* de *gaudens*, por ejemplo.

Generalmente, no se les daba apodo a las mujeres, y éstas conservaban el apellido del padre, pero en femenino: por ejemplo, *Cornelia**, esposa de *Tib. Sempronius Gracchus*, era la hija del gran *P. Cornelius Scipio Africanus*. En las inscripciones* se puede leer a veces, después del apellido y el apodo, el apellido del marido en genitivo.

Los niños adoptados tomaban los *tria nomina* (los tres nombres) de su padre adoptivo, seguidos por un *cognomen* terminado en *-anus* que recordaba su propio nombre gentilicio: así, cuando *P. Cornelius Scipio* adoptó al hijo de *L. Aemilius Paullus*, éste se llamó *P. Cornelius Scipio Aemilianus*; del mismo modo, cuando Octavio *(Octavius)* fue adoptado por César se llamó *C. Iulius Caesar Octavianus*. De todos modos, esta costumbre fue cayendo progresivamente en desuso durante el Imperio: los adoptados añadieron a los nombres de su padre adoptivo uno o más nombres de su padre natural sin cambio, e incluso su propio nombre de pila.

En cuanto a los esclavos*, no tenían más que un solo nombre (que designaba una particularidad física, su país de origen, o también su nombre «indígena», latinizado si era necesario). Cuando se trataba de esclavos manumisos tomaban el apellido y el nombre de su amo, y su nombre de esclavo se convertía en el apodo: así, cuando Cicerón* liberó a *Tiro* ('el Debutante'), éste se convirtió en *M. Tullius Tiro*.

nonas → calendario.

Numa Pompilio ***(Numa Pompilius)*** → orígenes de Roma.

numen, noción religiosa de difícil definición que ocupa un lugar muy importante en la concepción que los romanos tenían de lo sagrado.

El *numen* puede ser la voluntad, el poder de acción, la eficacia de un ser, de una cosa, de una divinidad. El universo se considera en su totalidad como una red de dinamismos sagrados, de *numina*; hasta tal punto que en cada instante de la vida es necesario que alguno de ellos nos sea favorable. De este modo, apenas nacía, el romano debía poner cuidado en no ofender a Cunina, que protegía su cuna *(cunae)*, a Estatulino, que le ayudaría a mantenerse en pie *(stare)*, etc. Algunos objetos y ciertas plantas revelaban una presencia sagrada que era conveniente venerar: el bosque *(Silvanus)*, la fuente *(Fons)*, el límite de un campo *(Terminus)*... Durante el Imperio se rindió culto al *numen* de Augusto*, que dominaba la humanidad media. En cuanto a las divinidades individualizadas, se adoraban teniendo en cuenta los diferentes aspectos de su potencia creadora, que se manifestaban de forma diferente según el caso: Juno *Lucina, Moneta, Regina...*; Júpiter *Capitolinus, Lapis, Fulgur...*; Venus *Genitrix, Victrix...* En estos ejemplos se rendía culto a un poder preciso de la divinidad, pero no era imposible que ésta estuviera anexionada a las *numina*, que primitivamente no dependían de ella.

De modo general, también se hablaba del *numen* de una divinidad, sin designar a esta o aquella eficacia, sino al poder global que normalmente emanaba de ella: *numen Iunonis, Iovis, Veneri...* De ahí el sentido de divinidad, que tomó el nombre en la época imperial. Pero incluso en este caso *numen* conserva con respecto a *Deus* o *Dea* ('dios', 'diosa') resonancias más sagradas. (→ genio)

nundines (nundinae; de *novem*, nuevo, y *dies*, día), día de mercado.

Los *nundinae* se sucedían cada nueve días y en ellos se celebraba el mercado. Los trabajos cotidianos se interrumpían y se celebraban ciertas ceremonias religiosas. Se llamaba *trinundium* a un intervalo de tres nundines: este lapso tenía un papel muy importante en el derecho* público y privado de la época republicana. Era el plazo legal que debía pasar entre un número de casos precisos: entre la convocatoria de una asamblea* y el voto*; entre el depósito de un proyecto de ley*, elaborado por un magistrado y publicado por medio de anuncios* *(promulgatio)*, y su votación.

O

obnonciación (*obnuntiatio,* oposición motivada por malos presagios), derecho que poseía un magistrado* de oponerse a la reunión de los comicios* con motivo de signos desfavorables.

De modo bastante rápido, como es natural, el uso abusivo que se hizo de este medio de oposición hizo que perdiera todo prestigio religioso.

Octavia *(Octavia),* hermana de Augusto* (h. 70-11 a. JC).

Fue esposa de C. Claudio Marcelo (cónsul en el año 50), del que tuvo un hijo, M. Claudio Marcelo, que murió a los 19 años. Augusto había pensado en él como su sucesor en el trono. A la muerte de su marido, Octavia se casó con Marco* Antonio en el año 40, pero se divorció de él en el 31, antes de la batalla de Actium*.

Octavia *(Octavia),* emperatriz romana (h. 42 d. JC-62).

Hija de Claudio y de Mesalina*, esposa de Nerón*, el cual la repudió para casarse con Popea. Posteriormente fue deportada y asesinada.

Octavio → Augusto.

October Equus (caballo de octubre), sacrificio* ritual que se celebraba el 15 de octubre.

Este sacrificio provenía de ritos muy antiguos. Se celebraba en el Campo de Marte, durante las ceremonias de clausura de la temporada guerrera organizadas por los salios*. Se celebraba una carrera* de carros tirados por dos caballos y se sacrificaba al caballo de la derecha del carro vencedor. Antes se le había puesto un collar de pan. La cabeza y la cola de la víctima se llevaban a toda prisa a la *regia,* la estancia del gran pontífice*, en el foro*, de manera que se regaba de sangre el hogar y las vestales* podían recogerla y guardarla para las *Parilia,* fiestas de pastores que se celebraban en abril. Este sacrificio respondía tanto a ritos agrarios como guerreros.

odeón → teatro.

ofrenda → libación, sacrificio.

oftalmólogo *(ocularii, medici ab oculis).* Al parecer, los oculistas fueron numerosos y dieron pruebas de ser muy competentes: practicaban intervenciones de cataratas o de exoftalmía... Como medicamentos, utilizaban colirios a base de sustancias vegetales (mirra, azafrán) o minerales, en forma líquida o, más frecuentemente, sólida (bastoncillos, tabletas). Los oftalmólogos poseían unos sellos *(signa oculariorum)* que les permitían indicar su nombre y el del colirio sobre los productos, así como el modo de empleo. Éste es un ejemplo de «etiqueta»: *collyrium C. Tittii amime-*

tum ad suppurationes, 'colirio de C. Tittii inimitable contra las supuraciones'. Los romanos ignoraban el uso de las lentes de aumento, aunque quizá se hicieron algunos intentos. Probablemente deba interpretarse en este sentido la costumbre que tenía Nerón*, que era miope, de utilizar una esmeralda cóncava para observar los combates del anfiteatro*, pero no se tiene ninguna certeza.

omen (quizá 'declaración de verdad'), presagio* y más precisamente palabra anunciadora.

optimates (de *optimi*, los mejores), término que designa a la aristocracia defensora del conservadurismo y del Senado*.

Esta palabra se utilizó durante la República* para designar a un grupo cerrado y adversario de los *populares*. No existe equivalencia entre nobleza* y *optimates*, ya que ciertos nobles pertenecían al partido* de los *populares*.

oraciones ***(preces).*** Públicas o privadas, en voz alta o baja, las oraciones del culto oficial consistían en fórmulas invariables: se pronunciaban ante un altar* y concluían con un gesto de adoración (llevándose la mano a la boca). También podían incluirse en ceremonias colectivas que constituían algo parecido a peregrinaciones a los diferentes santuarios, las súplicas*.

Las oraciones, junto con los sacrificios* y las purificaciones (lustraciones*), eran uno de los principales ritos de culto.

orador → abogado, rétor.

orden → clases sociales, orden ecuestre.

orden ecuestre *(ordo equester)*, título de honor.

Su nombre y su origen provienen de una calificación militar y está ligada a la organización *serviana* de las 193 centurias*. Dentro del cuadro centuriado había 18 centurias que tenían un censo* superior al de la primera clase y recibían del Estado el «caballo público», es decir, el precio de adquisición y de mantenimiento de un caballo, para servir en la caballería. Eran «caballeros» *(equites Romani equo publico)*, diferentes a los simples caballeros *(equites)*, que se equipaban a sus propias expensas. De este modo, para ser caballero no bastaba con poseer el censo requerido (400 000 sestercios en el siglo III a. JC), sino que también era necesario haber sido escogido por los censores*, con lo que constituía una dignidad. Por lo demás, desde el siglo IV, la orden ecuestre se separó de sus orígenes militares, ya que el papel de la caballería en el ejército romano quedó reducido y lo asumieron los aliados* y los auxiliares. La orden quedó entonces abierta: patricios y plebeyos, romanos e italianos accedieron a ella. Pero a partir del siglo II, los senadores no pertenecieron a la orden ecuestre, ya que era incompatible con la carrera* de los honores. Los caballeros que deseaban hacerse magistrados* debían devolver su «caballo».

La orden ecuestre no se compuso sólo de hombres de negocios y publicanos*: también había ricos hacendados, profesionales liberales (jurisconsultos*, abogados*) y magistrados municipales. A finales del siglo II a. JC, C. Graco* les confió los tribunales permanentes, pero Sila*, posteriormente, les privó de ellos en beneficio de los senadores. Su apoyo político y financiero resultaba importante, pero los caballeros no constituían un «partido» político.

La orden ecuestre, segunda aristocracia, tenía derecho a marcas de honor: anillo* de oro y la *trabea* (toga blanca con banda púrpura). El 15 de julio de cada año se celebraba una parada, la *transvectio equitum*.

Durante el Imperio*, muchos caballeros ocuparon puestos en la administración. Se les reservaba una «carrera* de los honores», pero el emperador podía hacer acceder a la orden senatorial a los caballeros que poseyesen un censo suficiente.

órdenes arquitectónicos. Para la ornamentación exterior e interior de sus construcciones, los romanos retomaron los órdenes griegos (dórico, jónico, corintio), pero con menos rigor en la aplicación de los principios de estilo: por ejemplo, uniendo un friso dórico con una columnata jónica, o bien recurriendo a órdenes diferentes según los pisos (planta baja dórica, primer piso jónico, segundo corintio). Por lo demás, el corintio romano constituye a menudo una simplificación (acantos con hojas lisas, con hojas de olivo) o, por el contrario, un enriquecimiento (figuras humanas o animales en lugar de las volutas angulares) del corintio griego.

Los romanos, por otra parte, conocieron dos órdenes nuevos: el *toscano*, heredado de los etruscos*, que es un dórico simplificado, y el *compuesto*, cuyos capiteles combinan las volutas jónicas y las cestas de hojas de acanto. El arco* de Tito fue el primer monumento en el que se utilizó este orden compuesto. (→ arquitectura)

organización municipal. Los diferentes *status* otorgados por Roma a las ciudades de Italia* y de las provincias les concedían normalmente una cierta autonomía administrativa. Pero la romanización cada vez mayor de todo el Imperio* condujo por necesidad a una unificación, más o menos marcada, de las instituciones municipales, que tendieron a copiar a las de Roma. Normalmente se daban tres órganos: 1. una asamblea del pueblo *(comitia)*; 2. un senado *(curia, ordo decurionum)*, compuesto por decuriones*; 3. los magistrados, cuyo número y funciones variaban según las ciudades: ediles, cuestores, duunviros de competencia judicial. Existían además sacerdocios municipales. Roma se mostraba muy tolerante a este respecto y no intentaba imponer sus dioses, con lo que permitía la formación de sincretismos locales.

De todos modos, algunas ciudades de Grecia y de Oriente conservaron sus propias constituciones.

El ejercicio de las magistraturas municipales permitía a menudo el acceso a la ciudadanía* romana.

Órdenes arquitectónicos más frecuentes. El toscano es el que peor se conoce.

orígenes de Roma.
La leyenda. Cuando Eneas se instaló en las riberas del Lacio obtuvo la mano de Lavinia, hija del rey Latino y fundó en su honor la ciudad de Lanuvium. A la muerte de Eneas, su hijo Ascanio (o Julo) fundó la ciudad de Alba Longa, al pie de los montes albanos. Doce reyes sucedieron al hijo de Eneas, pero el último, Amulio, fue un usurpador que destronó a su hermano mayor, Numitor, y que para quitarle toda esperanza de descendencia hizo entrar a su hija Rea Silvia en las vestales*. Pero contra el destino* los hombres son impotentes: el dios Marte se unió a Rea Silvia y le dio gemelos: Rómulo y Remo, a los que Amulio abandonó en su cuna sobre el Tíber. La corriente los depositó al pie del Palatino y una loba que se refugiaba en la gruta del Lupercal los amamantó. Más tarde, los recogieron y alimentaron dos pastores.

Ya adolescentes, Rómulo y Remo vengaron a Numitor y lo devolvieron al trono de Alba, mientras que ellos fundaron una nueva ciudad. En el terreno en el que debía edificarse Roma tomaron los auspicios*: surgió una disputa entre ellos, en el curso de la cual Remo murió. Rómulo trazó un surco alrededor del Palatino: la *Roma quadrata* había nacido (753 a. JC).

Rómulo, primer rey de Roma, reinó hasta el año 717. Dividió la población en tres tribus* y 30 curias*. En su reino se sitúa el rapto de las sabinas*, que provocó una guerra entre los sabinos y los latinos, los cuales finalmente formarían un solo pueblo; de tal manera, Tacio, rey de los sabinos, compartió el poder con Rómulo. Éste desapareció misteriosamente en el transcurso de una tormenta y se le veneró bajo el nombre de Quirino. Le sucedió un sabino muy piadoso, Numa Pompilio (717-673). Éste organizó la vida religiosa (templo* de Vesta, de Jano, organización del sacerdocio, creación de los flámines* mayores, división del año en 12 meses, repartición de los días en fastos* y nefastos, etc.). Su sucesor, también sabino, fue un rey guerrero, Tulo Hostilio (639-616). Instituyó el derecho de la guerra* y las ceremonias de declaración de hostilidades, incorporó el Aventino y fundó la colonia* de Ostia. *Lucius Tarquinius*, llamado Tarquino el Viejo, hijo de un griego de Corinto y habitante de Tarquinia había acudido a Roma y se había destacado por su talento. Sucedió a Anco Marcio. Primer rey etrusco, engrandeció y embelleció Roma: construcción del gran circo*, desecado de los valles gracias a las cloacas*, etc., pero murió asesinado. Servio Tulio, segundo rey etrusco (578-535), dio a Roma una constitución: división de la ciudad en cinco centurias* según la fortuna; creación de los comicios* centuriados; división y repartición de los ciudadanos en cuatro tribus*, según su domicilio; incorporación de los montes Quirinal y Viminal; y construcción de la muralla servia alrededor de las siete colinas. Murió asesinado, víctima de una conspiración organizada por su hija y su yerno, Tarquino el Soberbio, último rey de Roma (534-509). Fue un tirano que basaba su poder en la fuerza. Así, extendió la fuerza de Roma y continuó los arreglos de la ciudad construyendo los templos de Júpiter, Juno y Minerva en el Capitolio*. Pero era penoso soportar su gobierno tiránico.

Al ceder su hijo Sexto a una pasión criminal y deshonrar a Lucrecia, una venerable matrona*, estalló una revuelta dirigida por Tarquino Colatino y Bruto. El rey y los suyos fueron expulsados y se instauró la República* (509). Los comicios centuriados eligieron a los dos primeros cónsules, Tarquino Colatino y Bruto. Hasta aquí la leyenda de los orígenes de Roma, glosada durante la República y en los inicios del Imperio* por poetas y prosistas.

LA REALIDAD. Desde el siglo XVI, los historiadores empezaron a expresar sus dudas sobre la veracidad de los hechos narrados e imaginados por los romanos para ocultar orígenes más humildes. Las investigaciones modernas, a la luz de la sociología, de la mitología comparada y de la arqueología, permiten entrever la realidad, que a veces coincide con algunos elementos de la leyenda. El Palatino se habitó efectivamente en el siglo VIII por colonos venidos de Alba. En el transcurso del siglo siguiente, se instalaron otras poblaciones en las colinas vecinas. Eran núcleos de pastores que vivían en marcos gentilicios. Estas poblaciones se federaron para formar la liga de Septimontium*, que agrupaba los poblados latinos instalados en el Palatino, el Esquilino y el Celio (siglo VII). Esta federación, de vínculos poco firmes, fue contemporánea a la disolución de la liga albana y a la caída de Alba. Los montes Quirinal y Viminal fueron habitados por los sabinos. Tras un período de luchas que los enfrentó con los latinos, las dos razas se habrían fundido en un sola. Se habría llegado entonces a la ciudad de las siete colinas, pero la muralla servia no pudo ser su recinto, ya que se construyó más tarde. La actividad comercial debió aparecer bastante pronto, con lo que se favoreció la navegación por el Tíber y la construcción de carreteras. La organización de la Roma de la realeza, en su forma embrionaria, fue quizá anterior a los etruscos*. Pero fueron éstos los que hacia el año 575 hicieron de Roma una ciudad e impusieron los cuadros de un gobierno monárquico. Su contribución fue importante: el nombre mismo de Roma es sin duda etrusco. Pero las reformas atribuidas a Servio Tulio datan con probabilidad del siglo V. A principios de este siglo, se construyeron numerosos templos: los de Júpiter Capitolino, Saturno, Mercurio y Ceres. La marcha de los etruscos se produjo hacia el año 480, pero el tránsito de la realeza a la República no se produjo de golpe: durante varios decenios, e incluso quizá durante los últimos años de la presencia etrusca, los patricios buscaron un nuevo orden político.

ornamentos triunfales *(insignia triumphalia)*, recompensas otorgadas bajo el Imperio* a los generales que habían conseguido grandes victorias y que podían obtener el triunfo* reservado por derecho al emperador.

Estos «ornamentos» son el vestido del triunfador (toga* púrpura con bordados de oro) y la corona* de laurel.

otium, noción importante en la civilización romana que se opone a *negotium*, actividad.

A pesar de esta oposición, el sentido de la palabra no queda claro, pues su etimología es incierta y oscila entre una acepción peyorativa (pereza, desocupación) y una acepción favorable y positiva (reflexión, meditación). Y es que en realidad el *otium* valía lo que valía el hombre que se dedicaba a sí mismo, liberado de sus asuntos cotidianos. Ser uno mismo era un arte, y por tanto un arte difícil. Para unos se trataba de la ociosidad, la inacción; para otros, del individualismo egoísta; para otros incluso, de la facilidad y los placeres; pero también podía ser la distracción estudiosa, la contemplación, el retorno fructífero sobre uno mismo, el estudio, la creación literaria o filosófica. Fue sobre todo a partir del siglo II a. JC cuando progresivamente se fue imponiendo la idea del ocio libre de las obligaciones de la ciudad y consagrado a la cultura del alma y del espíritu.

ovación *(ovatio)*, recompensa otorgada a un general vencedor, pero inferior al triunfo*.

El vencedor, coronado de mirto, entraba en Roma a pie o a caballo y subía al Capitolio* a ofrecer un sacrificio*. El cortejo que lo acompañaba era menos espectacular y menos importante que en ocasión de un triunfo.

Ovidio *(P. Ovidius Naso)*, poeta latino (Sulmona, Abruzos, 43 a. JC-Tomis, Rumania, 18 d. JC).

Nacido en el seno de una familia ecuestre, Ovidio orientó pronto sus intereses hacia la literatura. Dejó una obra poética variada: poemas eróticos, que escribió más como hombre de letras que como amante apasionado *(Ars amatoria, Heroidas)*; poemas eruditos más importantes y sabios (*La metamorfosis*, epopeya de gusto alejandrino, los *Fastos*, algo así como un calendario comentado); elegías, escritas en el exilio* en Tomis *(Tristes, Pónticas)*. Sobre las razones de este exilio en el año 8 d. JC sólo se cuenta con hipótesis: según una de ellas, Augusto* habría recelado de las convicciones pitagóricas de Ovidio, que le conducían a dedicarse a operaciones de adivinación* sobre el futuro del emperador.

p

padre de la patria *(Pater* o *Parens patriae)*, título en el que se expresaba el respeto, el agradecimiento y el afecto de los romanos hacia los hombres que, en circunstancias graves, habían servido bien al Estado.

Durante la República*, merecieron este título Camilo*, Fabio* Cunctator, Mario*, Sila* y Cicerón* tras el fracaso de la conjura de Catilina, y finalmente César* después de Munda (45 a. JC: victoria sobre los hijos de Pompeyo). A Augusto* se le llamó también *Pater patriae* en el año 2 a. JC. A partir de entonces, prácticamente todos los emperadores se invistieron de este título honorífico.

Algunas emperatrices (Livia* y Julia Domna, esposa de Septimio Severo, por ejemplo) recibieron el título correspondiente de *Mater matriae*.

pan *(panis)*. El uso del pan en Roma fue tardío (siglo III a. JC). Durante mucho tiempo se utilizaron galletas y gachas. Se distinguían diversos tipos de pan, según la cocción (pan cocido en una tortera especial, *artopta*, en un horno, bajo la ceniza) y según la calidad (pan de harina de flor, de harina media, pan negro, pan completo, pan de salvado puro). El pan se aromatizaba con granos de adormidera, de anís, de apio, y generalmente se presentaba en forma de hogaza redonda, con hendiduras que la dividían en cuatro.

Hasta el siglo II a. JC el pan se hacía en la cocina; más tarde aparecieron los panaderos *(pistores)*. Éstos se agrupaban en una corporación y durante el Imperio estuvieron sometidos al prefecto* de la annona. Constantino* reglamentó rigurosamente la profesión, que se hizo hereditaria o incluso impuesta a título penal.

partido político. El partido político moderno, con su estructura jerárquica, su aparato administrativo y su programa político definido, no existía en Roma. Lo que unía a un hombre político y a los que sostenían su candidatura era sobre todo un conjunto de vínculos bastante complejos que reposaban sobre la noción de *fides** —la cual implicaba confianza, lealtad, respeto de la palabra dada, protección y asistencia— y que comportaba toda clase de deberes mutuos. La *fides* era la base de una amistad entre dos hombres o dos grupos políticos y también lo era de una alianza o de una conjura. De todos modos, a pesar de estas diferencias importantes, se dieron grupos y tendencias políticas. Para designarlos, la lengua* latina disponía esencialmente de dos términos. Por una parte, *factio*, término de sentido más bien familiar, de alcance limitado: designaba a todos aquellos que estaban unidos por vínculos de parentesco o de clientela con el que se consideraba su jefe; su principal objetivo era defender los intereses personales. Por otra, *partes*, palabra que normalmente suponía agrupamientos más amplios que las «facciones» y cuyos miembros estaban unidos por intereses políticos; en cierto sentido, las *partes* estarían bastante cerca de nuestros «partidos de opinión». Este término podía designar formaciones bastante amplias: el partido de Mario*, de Pompeyo*, de César*... Al líder se le llamaba *auctor* ('el garante', 'el fundador'), el *dux* ('el guía') y también el *princeps* ('el primero').

Estos diferentes partidos o grupos se apoyaban sobre tal o cual orden, sobre tal o cual clase* (nobleza*, orden* ecuestre, plebe*), pero no se daba la coincidencia exacta entre una orden y un partido, y además sus relaciones fueron variando. Los Graco, por ejemplo, jefes de los *populares**, provenían de la nobleza*; Pompeyo, quien también provenía de la nobleza, se apoyó durante gran parte de su carrera en los *populares**, sin renunciar a inclinarse hacia los *optimates** cuando la ocasión lo requería. Entre estos últimos se contaban tanto nobles como caballeros*.

Naturalmente, la noción de partido desapareció bajo el Imperio*, en el que las carreras políticas pasaron a depender del emperador.

paterfamilias → autoridad paterna.

patres → clases sociales, Senado.

patria potestas → autoridad paterna.

patrón (de *pater*, padre). Este término significaba 'protector', 'defensor' y se empleaba en sentidos diversos, según las relaciones que se establecieran entre el patrón y su o sus protegidos. Efectivamente, se podía ser patrón: 1° de un cliente*; 2° de un manumiso, que debía al patrón el respeto *(obsequium)* que limitaba sus derechos en justicia* en caso de litigio con el patrón. También le debía cierto número de trabajos domésticos y personales *(operae)*. Finalmente, una parte de sus bienes *(bona)* volvían al patrón en el momento de la sucesión si el manumiso no tenía heredero. El patrón, por su lado, debía ayuda y protección al manumiso. Por otra parte, en justicia, el patrón era el abogado* que prestaba el apoyo de su palabra.

Era frecuente que las ciudades de provincias* tuvieran un patrón en Roma que las representaba y se encargaba de defender sus intereses *(patronus coloniae, municipii)*.

patrum auctoritas → Senado, senadoconsulto.

Paulo Emilio *(C. Aemilius Paullus)*, general romano (228-160 a. JC).
Nombrado cónsul* en el año 182 y 168, venció a Perseo, hijo de Filipo V y último rey de Macedonia, en Pidna* (168); emprendió entonces la reorganización política de Grecia. Con ocasión de sus funerales*, Terencio* escribió *Los adelfos* y *Hecyra*. Paulo Emilio simboliza la unión de la tradición romana y el helenismo* que su hijo Escipión* Emiliano mantendría.

paz → feciales, guerra.

paz de los dioses *(pax deorum)*, concepto religioso de los romanos.
Esta expresión es reveladora de la mentalidad religiosa romana: antes de emprender cualquier acción era necesario asegurarse de que no provocaría una reacción hostil de los dioses*, que no se sintieran irritados. El prodigio*, precisamente, revelaba al hombre que esta paz entre los dioses y él se había roto: convenía entonces encontrar el medio de calmarlos conjurando el prodigio y, así, mantener el acuerdo entre lo humano y lo divino. No romper «la paz de los dioses» era una condición necesaria para la paz de la ciudad.

paz romana *(pax romana, augusta)*, expresión que designa el período de paz

y prosperidad que conoció el Imperio durante los dos primeros siglos d. JC.

Como fue posterior a las guerras* civiles que marcaron el fin de la República*, este período fasto, alimentado también por la ideología imperial, fue acogido con fervor por los romanos, sensibles también al dominio que el Imperio ejercía sobre el conjunto del mundo mediterráneo. Muchos eran los que entonces pensaban que todo continuaría igual eternamente. Esta paz romana, que fue una realidad asegurada y mantenida por emperadores de talento y por un ejército* valeroso, tuvo también aspectos religiosos, como los cultos* a la Paz Augusta y al emperador. Desde el año 13 a. JC, Augusto había querido simbolizar la pacificación del Imperio con la construcción de un altar de la Paz Augusta *(Ara Pacis Augustae)*, que se consagró en el año 9 a. JC, en el Campo de Marte. Resulta además que es una de las más bellas realizaciones del arte romano. Los relieves representan escenas relativas a la leyenda de los orígenes* de Roma y una procesión solemne, en la que figuran, estilizados pero a veces con una mezcla de intimidad, el emperador, los miembros de su familia, los magistrados*, el Senado*, los sacerdotes* y el pueblo. Es como si Roma, desde su fundación, no hubiese crecido más que para poder inaugurar un día un altar en honor a la pacificación del universo. La inspiración fue por tanto la de Horacio* y Virgilio* en la misma época. En ese altar se halla toda la mística imperial y la ideología del principado*.

De todos modos, durante esos dos siglos hubo también sobresaltos y guerras: crisis del año 69 d. JC; absolutismo de Domiciano; crisis del año 193. En el exterior, los enemigos de Roma seguían siendo peligrosos y a veces franqueaban las fronteras del Imperio. Pero a ojos de los romanos estos sucesos quedaban localizados en el tiempo y en el espacio, y no llegaban a afectar la realidad profunda de la paz «... tan grande es la paz que reina en el Imperio» (Elio Arístides).

pedagogo (*paedagogus*, que lleva a los niños), esclavo* encargado de vigilar a los hijos de su amo, de hacerles trabajar, de llevarlos a la escuela, etc.

Para este trabajo se escogía a un esclavo refinado e instruido que pudiese contribuir a la educación del joven romano. Cuando era posible, estos esclavos eran griegos, de modo que el niño pudiera aprender la lengua de Homero al mismo tiempo que el latín, o incluso antes.

peinado. Durante mucho tiempo, el peinado femenino fue muy sencillo; moño *(tutulus)* o trenzas enrolladas en rodetes sobre la frente. La moda se complicó a partir de los flavianos (69 d. JC): aparecieron los rizos y los cabellos se disponían en escalonamientos, mantenidos por alfileres o por una diadema. A mediados del siglo III d. JC, la simpleza volvió a considerarse de buen tono: las romanas renunciaron a los peinados en altura y prefirieron las ondulaciones, que en ocasiones tomaron la forma de un casco cerrado en torno a las orejas o bien se levantaron hacia atrás para recogerse en una cimera.

No es necesario aclarar, como nos recuerda Ovidio*, que las romanas escogían entre la variedad de peinados de moda aquellos que les parecían más en armonía con su físico, ayudando a la naturaleza con el uso de postizos, pelucas y tintes. Una esclava *(ornatrix)*, ayudada a menudo por otras peluqueras, era la encargada del peinado de la mujer de la casa.

Los hombres llevaban generalmente los cabellos cortos; los elegantes se planchaban los cabellos para rizarlos, y los que juzgaban la calvicie como una desgracia recurrían a diversos subterfugios.

penates ***(penates),*** **dioses domésticos.**
En un número de dos por casa, los penates eran divinidades que, por lo menos en origen, cuidaban de la provisión de alimentos *(penus),* uno para la bebida* y el otro para la comida. Su altar era el hogar* y se les representaba bajo la forma de genios danzantes y provistos de un cuerno para beber. Cada día, la comida* se interrumpía y, en silencio, una porción de los alimentos se ponía sobre el hogar o se tiraba a su fuego. Pero aparecieron confusiones con Vesta, la diosa del hogar, y también con el lar*, por lo que los penates se situaron en el lararío*, en donde constituyeron una tríada. Pero al lado de los penates familiares existían los penates públicos, también en número de dos, encargados de proteger el Estado. Poseían un culto en Lavinio (se decía que eran los que Eneas* había traído de Troya), en Alba y en Roma (en el templo* de Vesta), en donde se les asoció con el culto a Rómulo* y Remo, y con el de Cástor y Pólux.

peregrinos (***peregrini,*** **extranjeros), hombres libres que no eran ni ciudadanos* romanos ni latinos* y que residían en el territorio de Roma.**
Durante un período prolongado su situación fue precaria, ya que en lo civil no disfrutaban de ningún derecho*. En el año 241 a. JC se instituyó al pretor peregrino *(praetor peregrinus),* encargado de solucionar los problemas planteados por su presencia y de arbitrar los litigios que pudieran surgir tanto entre peregrinos como entre peregrinos y ciudadanos. Fuera de este caso, vivían bajo sus propias leyes. Durante el Imperio*, el derecho de ciudadanía se concedió con más frecuencia y el número de peregrinos disminuyó.

peristilo ***(peristilium),*** **patio rodeado de un pórtico*.**
Este elemento apareció en la arquitectura* de la *domus*,* hacia la época de las guerras* púnicas y se convirtió en el centro de la vida familiar, tras el conjunto constituido alrededor del *atrium.* Al mismo tiempo desapareció el antiguo jardín* *(hortus),* una huerta bastante sencilla, para dejar sitio al peristilo, adornado con plantas, estatuas y en el centro un surtidor de agua. Sobre el peristilo se asomaba, en el mismo eje que *atrium* y la entrada, el *oecus,* salón lujoso reservado a las recepciones. En cuanto al jardín, pasó a situarse justamente detrás del *oecus*: allí se cultivaban plantas carnosas, flores* (rosas, lirios, violetas), arbustos (adelfas) y estaba decorado con estatuas, fuentes*, mosaicos*, surtidores de agua. De un modo más general, el gusto por los jardines*, ya muy claro en el último siglo de la República*, irá desarrollándose durante el Imperio.

Persio ***(A. Persius Flaccus),*** **poeta estoico* (Volterra, Etruria, 34 d. JC-Roma 62).**
Amigo de Lucano*, Persio fue autor de seis *Sátiras,* escritas en un estilo enérgico y denso, pero en ocasiones también oscuro. Su muerte prematura le impidió dejar una obra más amplia en la que habría podido atenuar cierto rigor doctrinal. Sea como fuere, su éxito resultó inmediato.

pesca ***(piscatus).*** Las técnicas de pesca no eran demasiado diferentes de las actuales: se utilizaba el anzuelo, la red, la nasa y el tridente. El gusto de los romanos por el pescado (mújol, rodaballo, besugo) y el marisco (ostras, mejillones, almejas) hizo de la pesca una industria muy activa, con sus anexos, viveros y parques de ostras (→ ganadería, gastronomía). Pero la pesca era también un deporte*, muy en boga sobre todo durante el Imperio. Entre sus aficionados estuvieron Augusto* y Marco* Aurelio.

Petronio ***(Caius Petronius Arbiter),*** **escritor († Cumas 65 d. JC).**
Epicúreo*, amigo íntimo de Nerón* y más tarde implicado en la conjura de Pi-

són, fue obligado a suicidarse. Se cree que es el autor del *Satiricón*, novela «picaresca» que nos ha llegado incompleta. La parte más importante es «El festín de Trimalción», que describe el lujo de un rico liberto. En ella, Petronio revela sus grandes dotes de realismo e imaginación.

Pidna, ciudad de Macedonia, en el golfo Termaico.

En Pidna fue donde Paulo* Emilio venció e hizo prisionero a Perseo, hijo de Filipo V de Macedonia (168 a. JC). La batalla duró una hora. Según la versión romana, los macedonios tuvieron 20 000 muertos y 5 000 cayeron prisioneros, mientras que los romanos sólo perdieron un centenar de hombres. Paulo Emilio reorganizó Macedonia y la dividió en cuatro repúblicas. Entre los rehenes llevados a Roma se encontraba Polibio, que luego sería amigo de Escipión* Emiliano y entraría en la historia de la conquista romana.

piedad → *pietas*, religio.

pietas, actitud que se caracteriza por el cumplimiento escrupuloso de las obligaciones tanto en relación con los dioses como con la patria, la familia y los amigos.

Según los casos, se trata de la «piedad», el afecto, mezclado con el agradecimiento y el respeto, o del patriotismo. Esta virtud, que implica una relación recíproca entre personas, no se puede concebir independientemente de los seres sobre los que se ejerce. Es una actitud moral, una disposición interior que nace de las relaciones con el otro y les otorga sus características particulares. Una de sus manifestaciones más bellas es la *fides**.

Pietas fue divinizado en Roma y tenía dos templos.

pileo *(pileus)*, gorro, símbolo de la libertad.

Se entregaba al esclavo* en el acto de la manumisión. Aparece con frecuencia en los bajorrelieves de las monedas*, junto con el cuerno de la abundancia, símbolo de la prosperidad.

pintura. La pintura romana se conoce sobre todo gracias a los frescos que decoran las paredes de las casas de Pompeya, Herculano y Stabias, sepultadas en el año 79 d. JC por la erupción del Vesubio. En efecto, al margen de la pintura campaniense sólo se han encontrado algunas pinturas funerarias muy antiguas, que decoraban los hipogeos de la Italia meridional, en Ruvo (siglo V a. JC), Paestum (siglo IV a. JC), Cumas (siglos IV-III a. JC), así como una importante colección de retratos pintados en tela o en tabla, hallados en el oasis de Fayum (Egipto Medio). Estos retratos abarcan desde la época augustal hasta la constantiniana y son un reflejo bastante fiel de la evolución de la escultura* contemporánea. Tradicionalmente, en la pintura parietal de Campania se distinguen cuatro estilos. El primero (150-80 a. JC) imita la policromía de las planchas de mármol; no hay elementos decorativos. Éstos aparecen en el segundo estilo (79 a. JC-h. 30 d. JC); donde elementos figurativos y decorativos se integran en una síntesis armoniosa que no se puede disociar. Este segundo estilo trata de dar la ilusión de una decoración arquitectónica, puesta en relieve delante de la pared. Enmarcados con motivos arquitectónicos, los paisajes, con personajes mitológicos o reales, sugieren el espacio del otro lado de la pared. Esta técnica de perspectiva permite crear un paisaje imaginario que se introduce en el interior de la casa* (casa Livia de Roma, casa de los Misterios de Pompeya). El tercer estilo (h. 30 d. JC-h. 50) renuncia a los efectos de la perspectiva. Los elementos arquitectónicos (columnas, arquitrabes, frontones) ya no pretenden dar una ilusión de profundidad, sino adornar. Enmarcan los paneles monocromáticos decorados en el centro con una figura aislada o un pequeño cuadro (casas de Lucrecio Fronto y del Centenario, de Pompeya). Por último, el cuarto estilo (h. 50 d. JC-79) es el que está mejor representado en Pompeya (casa de los Vetti). Combina la composición decorativa y la espacial, y proclama el triunfo de la fantasía y los colores. Los motivos arquitectónicos, con abundantes arabescos, dorados y cinceladuras, recuerdan las decoraciones teatrales. En los paneles los personajes se mueven como actores* en un escenario. Los paisajes ya no están dibujados minuciosamente, sino esbozados con rápidas pinceladas, animadas por los juegos de luz. A veces, unos relieves de estuco acentúan la impresión de una verdadera puesta en escena. La Casa de oro romana de Nerón* está decorada con este estilo, que agradaba al emperador músico e historiador.

Después del año 79, es difícil seguir la evolución de la pintura mural romana, porque apenas hay documentos. A partir de finales del siglo II aparecen los primeros frescos en las paredes de las catacumbas* cristianas.

plañideras → funerales, nenia.

Plauto *(Titus Maccius Plautus)*, poeta cómico (Sársina, Umbría, h. 254-Roma 184 a. JC).

Oriundo de Umbría, Plauto fue el más grande autor cómico romano. Se cree que empezó ocupándose de empresas de teatro*, luego se arruinó y escribió comedias representadas por él mismo, cosechando grandes éxitos. Sólo nos han llegado veinte comedias suyas (llamadas *palliatae*) de las más de cien que al parecer escribió. Entre las más célebres cabe citar *Anfitrión*, comedia mitológica en la que lo maravilloso se mezcla con la farsa, imitada con frecuencia en el teatro francés; *Aulularia*, en la que se inspiró Molière para escribir *El avaro*; *Los Menecmos*, o los malentendidos y enredos provocados por el parecido de dos gemelos, y *El soldado fanfarrón*. Lo que caracteriza al teatro de Plauto es, en primer lugar, el sentido de la acción y del movimiento, que pudo llegar a dominar gracias a su oficio de actor*. En efecto, la intriga se reduce a un esquema que se repite casi sin variación en todas sus comedias: un joven libre ama a una cortesana o a una esclava, y para comprarla necesita dinero. Un esclavo* astuto y no muy escrupuloso se lo consigue. Después de superar muchos obstáculos y complicaciones, más o menos verosímiles (esto poco importa), se descubre que la esclava o la cortesana es libre de nacimiento, y la comedia puede tener un final feliz. Hay pocas reflexiones filosóficas, poca psicología (los personajes son tipos: el mercader de esclavos, el viejo avaro, el esclavo artero, el parásito...), pero una gran inspiración, un gran sentido cómico y del «espectáculo». Los temas están tomados de los griegos de la comedia media y nueva (recurso a la «contaminación»), pero Plauto supo combinar los elementos griegos y romanos, sobre todo en la sátira de ciertos grupos sociales. Su moral es la moral tradicional de los romanos de su época: respeto a las costumbres*, desconfianza por la pasión amorosa, sentido del deber cívico y desprecio por el modo de vida de los griegos.

plebe (*plebs*, masa), clase de los ciudadanos que no eran patricios.

Los orígenes de la plebe no están del todo claros. No cabe duda de que los plebeyos, en principio, eran los descendientes de las poblaciones vencidas y de extranjeros* domiciliados, los antiguos clientes* de los patricios. Eran pequeños propietarios, artesanos y comerciantes. Eran libres, pero carecían de deberes y derechos. A diferencia de los patricios, no tenían su propia organización gentilicia y poseían «sus» propios dioses* (Ceres, Liber, Libera y Mercurio).

La monarquía etrusca concedió la ciudadanía a los plebeyos. Lo hizo por razones de política interior y exterior, pero los derechos de los plebeyos estaban limitados (gozaban de *ius commercii*, 'derecho a los actos jurídicos', pero no del *ius connubii*, 'derecho a casarse de forma legítima'). Pero las reformas atribuidas a Servio Tulio (distribución de patricios y plebeyos en centurias* con arreglo a su fortuna, y en tribus* con arreglo a su domicilio), que databan sin duda del siglo v, permitieron a la plebe igualarse poco a poco con el patriciado. En varias ocasiones la plebe se retiró al Aventino (donde veneraba a la tríada de Ceres, Liber y Libera) o al monte Sagrado (a diez kilómetros al noreste de Roma). Ante esta amenaza de secesión los patricios fueron concediendo poco a poco lo que pedían los plebeyos: en el año 491 el tribunal* de la plebe, en el 445 el *ius connubii* con los patricios, en el 367 el derecho de acceso al consulado (leyes Licinias), en el 300 el derecho de acceso a la mayor parte de los sacerdocios (ley *Ogulnia*).

A partir de entonces terminó el enfrentamiento entre los dos órdenes (patriciado y plebe) y surgió una nueva aristocracia formada por las familias que contaban con un magistrado* curul entre sus miembros: la nobleza* *(nobilitas)*.

Entonces, la palabra *plebe* pasó a designar el pueblo bajo.

plebiscito → asamblea de la plebe, ley propuesta.

Plinio el Joven, *(Caius Plinius Caecilius Secundus)*, escritor (Como 62-? h. 113).

Sobrino de Plinio el Viejo (autor de una enciclopedia llamada *Historia natural*, que murió durante la erupción del Vesubio en el año 79 d. JC porque quería observar el fenómeno de cerca), Plinio el Joven hizo una brillante carrera de orador, hombre de letras y hombre político, coronada con el consulado en el año 100 y el gobierno de Bitinia en el 111. Nos han llegado sus *Cartas* (a sus amigos y a Trajano*, con contestaciones de este último), reflejo de la sociedad de su tiempo y testimonio de la personalidad de un hombre honrado, culto y mundano. Su *Panegírico de Trajano* (el discurso de agradecimiento al emperador que pronunció, siguiendo la tradición, cuando obtuvo el consulado) es un buen ejemplo de elocuencia solemne (con sus reglas precisas) y, sobre todo, un importante documento histórico.

Plinio el Viejo → ciencias, Plinio el Joven.

pollos sagrados → presagio.

pomoerium (de *post*, detrás, y *murus*, pared), línea sagrada que delimitaba simbólicamente la ciudad de Roma.

Era una especie de «avenida sagrada» situada a ambos lados del «surco primordial» *(sulcus primigenius)* abierto en la tierra en el momento de la fundación de una ciudad (→ urbanismo). Este recinto ficticio, materializado con unos cipos*, no tenía por qué coincidir con el recinto defensivo, aunque ambos tendieron a confundirse.

El trazado del *pomoerium* podía ampliarse a medida que el Estado aumentaba sus conquistas: por ejemplo, en la época de Sila* el pomoerium de Roma, que había sido ampliado varias veces, coincidía con la muralla de Servio Tulio, excepto en el Aventino, incluido en dicha muralla pero excluido del pomoerium hasta el mandato de Claudio. Después de él, Vespasiano y Aureliano* volvieron a ampliarlo. Se conocen bien estas sucesivas ampliaciones. Con la última, la de Aureliano, la zona pomerial llegaba hasta la muralla defensiva que mandó levantar este emperador. Sin duda, la falta de cipos se debe a esta coincidencia. El pomoerium era muy importante desde el punto de vista religioso y jurídico, y establecía una demarcación muy clara entre los poderes militares y civiles. Estaba prohibido pasar armado al interior del pomoerium (excepto para un triunfo*), reunir en él los comicios* centuriados que, en cierto modo, eran la nación «en armas»; los lictores* tenían que quitar las hachas de sus fasces*; los auspicios* tomados en el interior del pomoerium no eran válidos para el exterior; el derecho de intercesión de los tribunos* sólo se podía ejercer en el interior; las divinidades extranjeras, sin excepción, no podían entrar; dentro estaban prohibidas las inhumaciones, etc.

pompa circenses, procesión solemne que precedía a la celebración de los juegos*.

Las más llamativas y pintorescas eran las procesiones que precedían a los juegos romanos y plebeyos. El cortejo partía del Capitolio* y llegaba hasta el circo*. A la cabeza iba el magistrado* que presidía los juegos, seguido de los sacerdotes*, la juventud romana, los participantes, los bailarines, los músicos y, por último, el cortejo de los dioses* en carros de gala. En esta procesión, las comparsas de bailarines y músicos hacían toda clase de bufonadas y lanzaban pullas al público. La *pompa circenses*, diversión popular de esencia religiosa, contribuyó al nacimiento del teatro* romano. Por otra parte tenía una evidente relación con los cortejos triunfales.

Pompeyo el Grande *(Cneius Pompeius Magnus)*, general y estadista (106-Pelusium 48 a. JC).

Nacido en el seno de la más alta nobleza, Pompeyo hizo sus primeras armas a las órdenes de su padre durante la guerra* social, luego luchó contra los partidarios de Mario*, en particular en Sicilia y África, donde sus victorias le valieron el sobrenombre de *Grande (Magnus)*. Del año 77 al 72 combatió contra Sertorio, que había creado en Hispania un verdadero reino romano. En el 70 fue elegido cónsul* ilegalmente, porque no había cumplido todos los pasos de la carrera* de los honores. Se dedicó entonces a deshacer la obra de Sila*. En el 67 se le confió una importante misión, la lucha contra los piratas que asolaban el Mediterráneo. Su rápido éxito le valió el mando de la tropas en la guerra contra Mitrídates, campaña victoriosa que le permitió reorganizar y pacificar Oriente, incorporando al Imperio romano la provincia de Siria. Pero sus éxitos intranquilizaron al Senado*, que le hizo aguardar un año para el triunfo* (61). Pompeyo, descontento, no esperaba nada bueno de la anarquía gubernamental e hizo un pacto secreto con César* y Craso*. Así nació el primer triunvirato* (60), consolidado con el matrimonio de Pompeyo y Julia, hija de César. Mientras este último se encontraba en Galia*, Pompeyo fue el verdadero dueño de Roma. En el año 55 fue otra vez cónsul; en el 54 le nombraron gobernador de las dos provincias de Hispania, pero delegó el poder en unos lugartenientes. Con la muerte de su mujer, en el año 54, y la de Craso, en el 53, el triunvirato se vio seriamente afectado. En el 52, el asesinato de Clodio* presagiaba lo peor; el Senado nombró a Pompeyo cónsul único y le encomendó restablecer el orden en toda Italia*. Se puede hablar entonces de un «principado*» de Pompeyo, que trató de arrebatar a César su poderío militar. Pero en el año 49 estalló la guerra civil: César cruzó el Rubicón, frontera de su provincia de Galia Cisalpina. Pompeyo pasó a Grecia, y después de varios éxitos locales fue derrotado en Farsalia* (agosto del 48). Se refugió en Egipto, pero fue asesinado por orden de Ptolomeo XIV.

Pompeyo *(Sextus Pompeius Magnus)*, hijo de Pompeyo el Grande (75-Mileto 35 a. JC).

Después de la muerte de su padre, luchó contra César, y luego contra Marco* Antonio y Octavio*. Fue derrotado en

Munda junto con su hermano (año 45); después de obtener algunos éxitos en su lucha contra Octavio, en el 38, fue vencido por Agripa* en Nauloco (año 36). Se refugió en Asia y pereció asesinado.

pontífice *(pontifex)*, magistrado sacerdotal que presidía los ritos y las ceremonias religiosas.

La palabra significa 'el que abre los caminos hacia los dioses'. El colegio de los pontífices fue creado por Numa. Al principio lo formaban de tres a cinco miembros, y con César* llegó a tener dieciséis. Tenía una importancia fundamental en la organización religiosa de Roma. Custodio de la tradición, estaba encargado de vigilar el conjunto del culto* privado y público. Pero también tenía otras atribuciones precisas *(ius pontificale)*: consagración* de los edificios, distinción entre los días fastos* y nefastos, regulación de los juegos* de origen romano, custodia de los libros* pontificales y, hasta finales del siglo IV a. JC, depósito y conocimiento de las leyes* y las fórmulas del procedimiento*.

La plebe pudo ingresar en este colegio a partir del año 300 a. JC. Al principio sus miembros se elegían por cooptación, luego por comicios limitados.

El pontífice máximo *(Pontifex Maximus)*, nombrado por sus colegas, cargo vitalicio dotado de las prerrogativas de los reyes antiguos, residía en su antiguo palacio, la *Regia*. Los otros pontífices sólo eran sus consejeros. Podía ser magistrado y jefe militar. Aunque en teoría su dignidad fuera inferior a la del *rex* sacrorum*, en la práctica no era así. Nombraba a los quince flámines*, elegía a las vestales*, tenía un papel de primer orden en el culto a Júpiter Capitolino y asistía a los matrimonios* por *confarreatio*.

populares, etiqueta política de todos los que se apoyaban en la plebe* y trataban de ganarse el favor popular.

El rasgo principal que tenían en común era la hostilidad hacia el Senado* y sus partidarios (los optimates*).

En realidad no se puede decir que formaran un partido* democrático en el sentido moderno de la palabra. Apenas contaban con un programa, su origen social era muy variado y, aunque reclutaban a sus partidarios entre la plebe, sus jefes solían pertenecer a las clases dirigentes (nobleza*, orden* ecuestre). En muchas ocasiones sólo defendían sus intereses personales y, aunque a veces tomaban medidas favorables a la plebe, las leyes sociales no eran un fin en sí mismas. Los populares aparecieron en el siglo III a. JC, cuando se formó una nobleza patricio-plebeya. Entre los más famosos cabe citar a C. Flaminio* (cónsul* en el año 223), los Graco*, Mario*, Pompeyo*, Catilina*, su cómplice Lentulo, César*, su lugarteniente Labieno, Lépido y Marco* Antonio. Pero sólo Flaminio y los Graco lucharon contra el egoísmo de la nobleza por espíritu democrático. Después del fracaso de los Graco la lucha entre los *populares* y los *optimates* culminó en el conflicto entre Mario y Sila*, y degeneró en batallas abiertas en el foro* entre Clodio* y Milón*.

portaplumas. Los romanos conocieron el portaplumas con pluma de bronce para escribir en papiro o pergamino, pero no solían usarlo. Por lo general empleaban una caña *(calamus)* o una pluma de ave *(penna)*, cortada y hendida en la punta.

Para escribir en las tablillas* de cera usaban un estilete *(stilus, graphium)* de metal, hueso o marfil, con un extremo afilado con el que se escribía y el otro en forma de espátula para borrar las letras puliendo la superficie (de ahí la expresión *vertere stilum*, 'dar la vuelta al estilete', es decir, 'borrar, corregir'). Estos intrumentos se transportaban cómodamente en un estuche o un plumero *(theca)*.

pórtico *(porticus)*, galería cubierta por un techo sostenido por columnas.

Se hacían pórticos alrededor de los patios, los jardines*, las calles*, los templos* y los foros*. Protegían del calor y la lluvia y a menudo eran lugares de paseo muy concurridos, adornados con jardines y obras de arte, donde se instalaban los almacenes lujosos. En Roma, los más famosos fueron los del Campo de Marte.

prefecto de la annona *(praefectus annonae)*, funcionario encargado del abastecimiento de víveres.

Durante la República* el abastecimiento de trigo y artículos de primera necesidad para Roma corría a cargo de los ediles*. César* creó el cuerpo de los *aediles Ceriales*, especializados en esta tarea (además de la organización de los juegos en honor a Ceres).

Pero Augusto les retiró esta responsabilidad y nombró primero unos *curatores frumenti* y luego, al final de su reinado, creó una prefectura de la annona cuyo titular, miembro del orden* ecuestre, ejercía la jurisdicción correspondiente a sus funciones.

prefecto de la ciudad *(praefectus Urbi)*, funcionario encargado de mantener el orden de la ciudad.

En los primeros años de la República* los cónsules* que se ausentaban de Roma podían nombrar un prefecto de la ciudad para que les reemplazara en sus funciones administrativas. Durante el Imperio* la prefectura de la ciudad pasó a ser una institución permanente: el prefecto, elegido entre los senadores (con preferencia entre los consulares*) tenía por misión mantener el orden en Roma, en un radio de 100 millas. También ejercía la jurisdicción criminal, y en el siglo III la civil.

prefecto de los vigiles *(praefectus vigilum)*, funcionario al mando de los vigiles.

Augusto* organizó una milicia de siete cohortes* de vigiles, reclutados entre los esclavos* y los libertos. Su misión era luchar contra los incendios y mantener el orden en la calle durante la noche. Al mando colocó a un prefecto perteneciente al orden* ecuestre.

prefecto del pretorio *(praefectus praetorio)*, inicialmente, jefe de la guardia pretoriana.

Durante el Imperio* dos prefectos del pretorio, miembros del orden* ecuestre, mandaban las cohortes* pretorianas, que eran la guardia imperial. Pero pronto se pusieron al mando de todos los ejércitos* de Italia*. Además, en el siglo II, su función tuvo un carácter cada vez más político y jurídico. Presidían el consejo* imperial en ausencia del emperador y tenían una jurisdicción criminal y civil, que se extendió progresivamente.

Cuando Diocleciano* dividió el Imperio en cuatro prefecturas colocó a la cabeza de cada una de ellas a un prefecto del pretorio.

prefectura *(praefectura)*, estatuto concedido a algunas ciudades de Italia*, menos liberal que el de los municipios*.

Las prefecturas no conservaban su autonomía comunal, pero estaban administradas por los prefectos *(praefecti iure dicundo)*, nombrados por los comicios* tributos o por el pretor*. La población tenía la ciudadanía* romana sin derecho a voto *(civitas sine suffragio)*. Tuvieron este régimen numerosas ciudades de Italia central: Cumas, Puteoli, Capua, Volturno, Atela, etc. Durante el Bajo Imperio las provincias se agruparon en cuatro prefecturas.

presagio, signo enviado a los hombres por los dioses* para corroborar sus iniciativas o disuadirles de ellas.

Se distingue entre el *omen**, presagio dicho al oído, y el *auspicium*, que se presentaba a la vista (→ auspicios).

Los romanos se reservaban su libertad

de acción ante un presagio. En efecto, los presagios anunciaban el futuro, pero no lo determinaban. Se podía actuar sobre ellos con palabras hábiles, transformarlos o incluso rechazarlos, una actitud típica de la psicología religiosa de los romanos, siempre dispuestos a conciliar el respeto a los dioses y a los ritos con la preocupación por la eficacia presente. El caso límite de esta dosificación era el de los pollos sagrados *(pulli)*, que estaban encerrados en una jaula y con su apetito aseguraban que los dioses eran favorables a una empresa cualquiera.

pretor ***(praetor)*, magistrado que administraba justicia en Roma o que gobernaba una provincia.**

La pretura se creó en el año 367 a. JC y desde el principio estuvo abierta a los plebeyos. Hasta el 241 hubo un solo pretor, que residía en Roma y se encargaba de la organización de los procesos*. Pero debido a la multiplicación de las tareas y a la necesidad de atender a los peregrinos*, se creó también el cargo de pretor peregrino (*praetor peregrinus*, el primero era el pretor urbano), encargado de los litigios entre peregrinos o entre éstos y los ciudadanos*. Los pretores no juzgaban el caso, sino que, tras organizar la instancia y elaborar la fórmula del proceso, enviaban a las partes ante un jurado especial. Esta organización de la instancia se hacía en virtud de los edictos* que promulgaban al ocupar el cargo.

Pero sus actividades no se limitaban a esto. Podían tener mando militar, convocar el Senado* y los comicios*, proponer leyes* y también gobernar las provincias*. Además, a partir del año 241, su número aumentó y bajo el mandato de César* eran dieciséis.

Los pretores eran elegidos por los comicios centuriados. Poseían el *imperium** y los auspicios* mayores. Su magistratura no era colegial y su competencia se echaba a suertes.

Durante el Imperio* el número de pretores fue variable. El emperador intervino en su nombramiento, primero de forma indirecta y luego directa. Después de la República* su poder disminuyó mucho, pero tuvieron competencias muy especializadas (pretor encargado de los procesos referentes a sucesiones, de los litigios entre el tesoro y los particulares, etc.). Era una magistratura codiciada porque permitía acceder al gobierno de una provincia.

pretoría o **pretura** ***(praetorium)*, tienda del general en un campamento* provisional, o bien, en uno permanente, edificio donde instalaba sus oficinas.**

Durante el Imperio* se llamaba *praetorium* al cuartel general del emperador, en Roma o fuera de la ciudad.

princeps → Augusto, principado, Senado.

principado, régimen del *princeps* (el 'primero'), forma de gobierno personal inaugurada por Augusto* en el año 27 a. JC.

El principado, que se opone al dominado*, es el desenlace normal del último siglo de la República*.

De hecho Augusto se presentaba como «salvador de la República»; pero para sus contemporáneos, sobre todo para los provinciales y los extranjeros, fue el fundador de una monarquía. El principado supone una ruptura en el funcionamiento de las instituciones republicanas, pero hay que decir que los romanos estaban psicológicamente predispuestos para su advenimiento. En efecto, antes de Augusto, Sila*, César* y Pompeyo ya habían despejado el camino al imperio y Cicerón* había hecho el retrato ideal del princeps que él deseaba. Sin duda, el principado de Cicerón no era igual que el de Augusto, pero éste supo sacar partido hábilmente de un vocabulario político preexistente, evitando definir con precisión la idea que él mismo tenía del princeps. Su autoridad se basaba en títulos y en poderes reales. Se llamaba *Imperator* Caesar Augustus* y era objeto de un culto (→ culto imperial). Poseía la autoridad* tribúnica, el *imperium** y el pontificado máximo. Las instituciones republicanas (comicios*, Senado*, magistraturas) subsistieron, pero fueron perdiendo importancia. En cambio, Augusto creó nuevos órganos como el consejo* del príncipe, la cancillería* y los funcionarios*. Después de él la tendencia al absolutismo se acentuó, salvo algunas excepciones. Las condiciones en las que Augusto había creado el Imperio (recibiendo la autoridad a título personal) no habían permitido resolver el problema de la sucesión. El principio de la dinastía (por herencia o por adopción*) y el de la asociación parcial al poder fueron recursos eficaces, pero a veces el ejército* tuvo un papel de primer orden y el Senado, en todo caso, se limitó a confirmar decisiones ya tomadas. El único vestigio republicano (precisamente en el ámbito más insospechado) era que el Senado recuperaba sus derechos para divinizar al emperador, si consideraba que había sido un buen príncipe, o condenar su memoria, si había sido un tirano (→ apoteosis, *damnatio memoriae*).

prisionero. La pena de prisión *(carcer)* se imponía pocas veces contra los ciudadanos*, ni siquiera de forma temporal. Además se les solía ahorrar la prisión preventiva. Los procesados eran confiados a la custodia de particulares.

Según Juvenal, durante muchos siglos en Roma sólo hubo una prisión, pero durante el Imperio* la situación cambió. Además, los cuarteles servían de centros de detención para los procesados antes de que comparecieran ante la autoridad judicial. Durante la República las cárceles dependían de los *triunviri capitales* (→ vigintisevirato).

Durante el Imperio casi todas quedaron bajo la autoridad del prefecto* del pretorio. La más antigua y famosa era la cárcel Mamertina, bajo el foro*. En uno de sus calabozos, el *Tullianum*, fueron ejecutados los cómplices de Catilina* y Vercingetórix*.

En cuanto a los prisioneros de guerra *(captivi)*, los enemigos eran reducidos a esclavitud o ejecutados, y los ciudadanos romanos perdían sus derechos durante el tiempo del cautiverio. Aunque en virtud de la teoría del *postliminium* ('regreso a la patria'), a su vuelta, y bajo ciertas condiciones, podían recuperar sus derechos de ciudadanos.

procedimiento formular *(actiones per formulas)*, procedimiento civil que proporcionó el instrumento para adaptar el derecho* a las necesidades prácticas y sucedió a las acciones* de la ley.

Se conservó la división de la instancia en dos fases (ante el magistrado* y ante el juez*), pero el papel de estos últimos fue mucho más importante. En cierta medida, el pretor* creaba la ley al publicar un edicto* cuando ocupaba su cargo, en el que enumeraba los principios según los cuales recibiría las acciones. El juez, por su parte, debía determinar por sí mismo la importancia del daño y la buena fe de las partes. El sistema de las acciones formulares era perfectible. Constituyó el derecho* pretoriano, que era la jurisprudencia práctica salida de los edictos de los magistrados.

proceso → tribunal.

procónsul, promagistrado* que poseía el *imperium consular.**

Por lo general era un cónsul* a quien se prorrogaba el *imperium* para que pudiera terminar la guerra* que había emprendido y, a partir del siglo II d. JC, para confiarle el gobierno de una provincia*. Pero a partir del año 52 a. JC los cónsules sólo pudieron ser nombrados procónsules-gobernadores de provincia después de un intervalo de cinco años.

Durante el Imperio* los procónsules eran los gobernadores de las provincias senatoriales y no tenían que ser necesariamente antiguos cónsules.

procurador ***(procurator),*** **funcionario* perteneciente al orden* ecuestre nombrado por el emperador* para dirigir un servicio importante (oficinas de la cancillería*, carreteras*, abastecimiento, agua, etc.), o bien una provincia* imperial, con funciones de gobernador.**

prodigio (*prodigium*; y también *portentum, monstrum* y *ostentum*), fenómeno extraordinario a través del cual los dioses* manifestaban su ira y anunciaban que la «paz de los dioses» se había roto.

Hasta el siglo II a. JC, los romanos distinguieron claramente entre el presagio*, signo anunciador enviado por los dioses, y el prodigio, expresión de su furia, que no prefiguraba el futuro. No había, pues, prodigios «favorables», todos los sucesos que incumplieran las leyes naturales (eclipses, lluvias de piedras, temblores de tierra, nacimientos monstruosos, etc.) provocaban el terror. Para aplacar los dioses había que conjurar el prodigio *(procuratio prodigiorum).* El procedimiento de «procuración» de los prodigios era el siguiente: en el caso de los prodigios menores, el Senado* encargaba de la ceremonia expiatoria a los cónsules* o a los pontífices*. Si eran más graves se recurría a los quindecenviros y a los arúspices*, que ordenaban la supresión del prodigio (enterramiento del rayo, ahogamiento del niño o animal monstruoso...) y una ceremonia expiatoria (lustración* o súplica*).

Pero después de la segunda guerra* púnica y las crisis provocadas por ella, y también por la creciente influencia del helenismo*, para los romanos la diferencia entre el prodigio y el presagio se fue difuminando poco a poco hasta desaparecer.

promagistrado (*pro magistratu,* en calidad de magistrado), persona investida con el poder de un magistrado*, pero sólo fuera del *pomoerium*.*

La promagistratura siempre tuvo carácter militar (mando militar o gobierno de provincia*). Sólo podía haber tres clases de promagistrados: los procónsules*, los propretores* y (con mucha menor frecuencia) los procuestores. El nombramiento (generalmente por senadoconsulto*) recaía en magistrados en funciones o que abandonaban el cargo, bien prorrogando sus poderes o bien confiriéndoles los poderes de una magistratura más elevada, y también en simples particulares, aunque no hubiesen ejercido ninguna magistratura, otorgándoles el poder consular, pretoriano o cuestoriano (por ejemplo, Pompeyo* obtuvo dos triunfos* sin haber sido magistrado). En teoría, el rango de promagistrado era inferior al de magistrado, cuyos poderes ostentaba fuera del *pomoerium.* A diferencia de las magistraturas, las promagistraturas no eran anuales sino de una duración que generalmente se fijaba por senadoconsulto.

Cuando el consulado y la pretura pasaron a ser magistraturas «urbanas» (durante el mandato de Sila*), el mando militar y el gobierno de las provincias quedaron reservados a los promagistrados. Por último, cuando Pompeyo suprimió la prórroga, exigiendo un intervalo de cinco años entre el ejercicio de una magistratura y el de una promagistratura (52 a. JC), esta última se convirtió, prácticamente, en una función independiente y el nombramiento de un simple particular como promagistrado, antes excepcional, pasó a ser legal.

Durante el Imperio* los promagistrados fueron gobernadores* provinciales.

Propercio ***(Sextus Aurelius Propertius),*** **poeta (Umbría h. 47-h. 15 a. JC).**

Nacido en el seno de una familia plebeya, Propercio dejó cuatro libros de

Elegías, compuestas aproximadamente a partir del año 27.

En ellas cuenta sus amores, desdichados o atormentados —la felicidad no es un tema elegiaco— con Cintia, gran dama culta, rica y muy liberal. Pero los símbolos y las alegorías ocultan a veces episodios que sólo son reales en apariencia. Otras elegías tratan de la mitología, de cuestiones de actualidad y de problemas morales. La inspiración nacional ocupa un lugar destacado, sobre todo en el cuarto libro. Su poesía, sutil, difícil y vigorosa, es un arte consciente.

propretor *(propraetor),* promagistrado* investido del *imperium de un pretor*.**

proscripción (*proscriptio,* fijación de anuncios), medidas sangrientas que tomaron Mario*, Sila* y los hombres del segundo triunvirato* durante las guerras* civiles del final de la República* contra todos los ciudadanos que se enfrentaban a ellos.

Las primeras proscripciones ordenadas en el año 87 por Mario y L. Cornelio Cinna* fueron indiscriminadas. En el año 82, Sila hizo una lista de proscritos que se expuso en el foro*: 40 senadores y 1 600 caballeros* perecieron. En el año 43 Octavio*, Marco* Antonio y Lépido eliminaron a 300 senadores y 2 000 caballeros. Entre las víctimas se encontraba Cicerón*.

Durante las proscripciones se ofrecían recompensas a los que ejecutaran a los proscritos cuyos nombres aparecían en los anuncios*. Sus bienes eran confiscados y sus descendientes excluidos de las magistraturas.

provincias *(provinciae),* territorios situados fuera de Italia* y gobernados por magistrados* romanos.

El suelo de las provincias se consideraba propiedad del pueblo romano y estaba sometido al impuesto* de bienes raíces en especie *(vectigal)* o en metálico *(stipendium).* La primera provincia romana fue Sicilia (241 a. JC).

1. PERÍODO REPUBLICANO. El general que acababa de conquistar una provincia, con la ayuda de diez representantes del Senado* *(decem legati),* fijaba la carta de la provincia *(lex data provinciae).* Dicha carta se podía completar con edictos* de los gobernadores. El gran acierto de la política romana con respecto a las ciudades de provincias fue evitar la uniformidad, teniendo en cuenta los particularismos y creando distintas categorías, para oponer los intereses y así poder dominarlas mejor. Por un lado había ciudades libres y ciudades federadas *(civitates liberae, foederatae)* que, teóricamente, disfrutaban de autonomía administrativa, estaban exentas de impuestos y acuñaban moneda. Por otro había ciudades con constitución municipal: colonias* romanas y municipios* de derecho* romano o latino. El régimen de estas ciudades era parecido al de las correspondientes ciudades de Italia, con la diferencia de que el suelo estaba sometido al impuesto de bienes raíces. Por último, había ciudades sometidas *(civitates stipendiariae),* que recibían del gobernador su propia constitución *(lex civitatis).* El estatuto de estas categorías diferentes podía evolucionar en un sentido favorable o desfavorable. Cada una de ellas comprendía, además, poblaciones asimiladas desigualmente, sometidas y libres. El gobernador que mandaba en la ciudad era un magistrado o un promagistrado*. Según su importancia y la dignidad del magistrado gobernador, las provincias se distinguían en consulares y pretorianas. El gobernador estaba rodeado de legados*, amigos, un cuestor*, tropas y ayudantes. El cargo era anual, no remunerado, pero en realidad resultaba lucrativo. El poder del gobernador sólo estaba limitado por la *lex provinciae* y los privilegios concedidos a algunas ciudades.

2. IMPERIO*. La condición de las ciudades provinciales evolucionó hacia la unifor-

Provincias romanas

A. Provincias organizadas durante la República

	a. JC		a. JC
1. Sicilia	241	9. Galia Narbonense	120
2. Cerdeña	231	10. Galia Cisalpina	81?
3. Hispania Citerior (Tarraconense)	197	11. Bitinia	74
4. Hispania Ulterior (Bética)	197	12. Cirenaica Creta	74 67
5. Iliria (Dalmacia)	167 a 45	13. Cilicia Chipre	64 58
6. Macedonia y Acaya	146	14. Siria	64
7. África	146		
8. Asia	133		

B. Provincias organizadas durante el Imperio

	a. JC		d. JC
15. Egipto	30	29. Germania Superior	17
16. Mesia	29?	30. Germania Inferior	17
17. Lusitania*	27?	31. Mauritania Tingitania	40
18. Acaya*	27	32. Mauritania Cesariense	40
19. Galacia	25	33. Panfilia y Licia	43
20. Chipre*	22	34. Bretaña	43
21. Aquitania	16	35. Tracia	46
22. Lionense	16	36. Alpes Cottianos	bajo Nerón
23. Bélgica	16	37. Epiro*	bajo Vespasiano
24. Retia	15	38. Arabia	105
25. Nórica	15	39. Dacia	107
26. Alpes Marítimos		40. Armenia	115
	d. JC	41. Mesopotamia	115
		42. Asiria	115
27. Panonia	10	43. Alpes Peninos	s. II
28. Capadocia	17	44. Numidia*	principios s. III

Las provincias marcadas con un asterisco son el resultado de un desmembramiento. Por ejemplo, Lusitania se separó de Hispania Ulterior, Numidia de África, etc.

C. Clasificación de las provincias durante los siglos I y II d. JC

I. Provincias senatoriales	*a) consulares*: África, Asia.
	b) pretorianas: Bética, Narbonense, Cerdeña y Córcega*, Sicilia, Macedonia, Acaya y Epiro*, Creta y Cirenaica, Chipre, Bitinia.

II. Provincias imperiales	*a)*	*consulares:* Tarraconense, Germania Superior, Germania Inferior, Bretaña, Panonia, Mesia, Dacia, Iliria*, Capadocia*, Siria.
	b)	*pretorianas:* Lusitania, Aquitania, Lionense, Bélgica, Galacia, Panfilia y Licia*, Cilicia, Arabia, Armenia, Mesopotamia, Asiria y Numidia.
	c)	*procuratorianas*: Alpes Marítimos, Alpes Cottianos, Alpes Peninos, Retia*, Nórica*, Tracia*, Epiro*, Mauritania Tingitania, Mauritania Cesariense. Egipto estaba gobernada por un prefecto.

Las provincias marcadas con un asterisco (*) cambiaron de categoría durante los dos primeros siglos del Imperio.

midad. Esta tendencia era paralela a la romanización acentuada del Imperio. Por otro lado, a partir del edicto* de Caracalla (212), sólo hubo ciudadanos* sometidos al emperador. En cada provincia se creó un centro donde todos los años se reunía una asamblea *(concilium provinciale)* presidida por el gobernador, en torno al altar* de Roma y Augusto, servido por un sacerdote* de la provincia *(sacerdos provinciae).* La asamblea votaba un elogio o una censura a su gobernador y se lo comunicaba al emperador, que lo tenía en cuenta.

Durante el Imperio hubo dos grandes categorías de provincias: 1° las provincias *senatoriales,* que se consideraban pacificadas; estaban desguarnecidas de tropas y gobernadas por un promagistrado nombrado por el Senado. Dos de ellas eran consulares (Asia y África) y las otras pretorianas, pero los gobernadores de todas ellas ostentaban el título de procónsules*. 2° Las provincias *imperiales,* que solían ser las más recientes y requerían la presencia de tropas. Dependían directamente del emperador, que gobernaba por persona interpuesta. De ahí el título de los gobernadores de las provincias imperiales (consulares y pretorianas): *legati Augusti pro praetore.* Eran mantenidos en sus funciones el tiempo que el emperador estimaba conveniente. Estas provincias estaban clasificadas en tres categorías por orden de importancia: *a*) las provincias *consulares,* gobernadas por un «consular», acompañado de tres legados y un cuestor, al mando de varias legiones; *b*) las provincias *pretorianas,* gobernadas por un «pretoriano», acompañado de un legado y un cuestor, al mando de una sola legión*; *c*) por último, las provincias *de procuradores,* consideradas como dominios del emperador, administradas por «intendentes», los *procuratores pro legato,* o *praesides,* con poder civil y militar. Estas últimas provincias se consideraron temporalmente inasimilables y formaron una categoría aparte.

El gobernador, como el personal que lo acompañaba, recibía un tratamiento acorde con la importancia de la provincia. Tenía atribuciones económicas, judiciales, políticas y, en las provincias imperiales, militares. Pero el desempeño de estas funciones estaba estrechamente vigilado por el emperador. Por lo general la organización de las provincias fue acertada.

Diocleciano* reorganizó las provincias, dividiendo el Imperio en 4 prefecturas* (Italia, Galia, Iliria y Oriente), subdivididas en 12 diócesis y éstas a su vez en 96 provincias.

provocatio ad populum → apelación ante el pueblo.

publicanos *(publicani),* hombres de negocios, encargados de la adjudica-

ción de todas las obras públicas y de la recaudación de los impuestos*.

Adelantaban los fondos al Estado y luego se encargaban de cobrarlos. Formaban sociedades por acciones y disponían de numeroso personal en Roma y las provincias*, constituyendo un importante poder financiero. Tenían estrechos vínculos con el orden* ecuestre, aunque para ser publicano no era necesario ser caballero* y, al revés, no todos los caballeros eran publicanos. Pero el ejercicio de las magistraturas y la dignidad de senador eran incompatibles con la profesión de publicano.

puente → acueducto, arquitectura, carreteras.

puerta.
1. Puerta de ciudad *(porta)*. En las ciudades las puertas monumentales estaban situadas en los extremos del *cardo** y el *decumanus*, de modo que en principio eran cuatro. Pero esto no se cumplía en Roma, pues la muralla «servia» tenía quince puertas, y mucho después la muralla aureliana tuvo veinte. Las puertas solían estar flanqueadas de torres, y poseían de uno a cuatro vanos.

Algunas de ellas, sobre todo las construidas durante la «paz* romana», eran decorativas, pero cuando empezaron las invasiones* volvieron a tener una función defensiva. A veces los arcos* de triunfo sirvieron de puertas (como el arco de Trajano* en Timgad), pero se distinguían de ellas por su significado religioso.
2. Puertas de las casas *(ianua)*. La puerta de entrada de una *domus** solía estar retirada de la calle y el espacio comprendido entre la puerta y la calle formaba el vestíbulo, una especie de pasillo que servía de sala de espera exterior donde los clientes* esperaban a ser recibidos.

Las puertas de entrada solían ser de dos hojas *(fores)* de madera que se abrían hacia dentro, girando sobre unos pivotes *(cardines)* encajados en el umbral y el dintel. Tenían una cerradura de llave, reforzada para mayor seguridad con cerrojos y travesaños. Para que abrieran se llamaba a la aldaba exterior, que podía ser de gran riqueza. Franquear el umbral *(limen)* era un acto religioso y tropezar en él era un mal augurio.

Dentro de la casa no solía haber puertas en las habitaciones, sino cortinas* o, cuando las aberturas eran muy grandes, unas mamparas con bastidores *(valvae)* plegables.

puerto *(portus)*. La costa italiana no tenía tantos abrigos naturales como las de Grecia, ya que había pocas ensenadas y los estuarios se llenaban rápidamente de arena. De modo que los romanos tuvieron que hacer puertos artificiales. En Italia* crearon los puertos de Ostia, en la desembocadura del Tíber, Civitavecchia, Pozzuoli, etc. El más célebre era el de Ostia, que pronto pasó a ser el de Roma, situada a unos treinta kilómetros de distancia. Augusto* trató de reformar el puerto de Ostia, siempre amenazado de enarenamiento. Después de él, Claudio hizo construir una dársena al norte de la desembocadura del río, protegida por dos espigones arqueados con un islote artificial en el medio, que cerraba el paso. Esta dársena, con almacenes y depósitos, tenía una superficie de 70 ha. Trajano* la amplió haciendo excavar por detrás otra dársena hexagonal de 32 ha, que se comunicaba con la dársena de Claudio y con el Tíber. Pero el puerto siempre requería un gran esfuerzo de dragado para que pudieran atracar los grandes navíos*, de modo que se acabó optando por el puerto de *Centumcellae* (Civitavecchia), acondicionado en una costa rocosa.

En sus orígenes, Roma tuvo un puerto al pie del Aventino, pero llegó un momento en que los navíos de gran calado no podían remontar el río hasta allí y sólo pasaban las embarcaciones ligeras

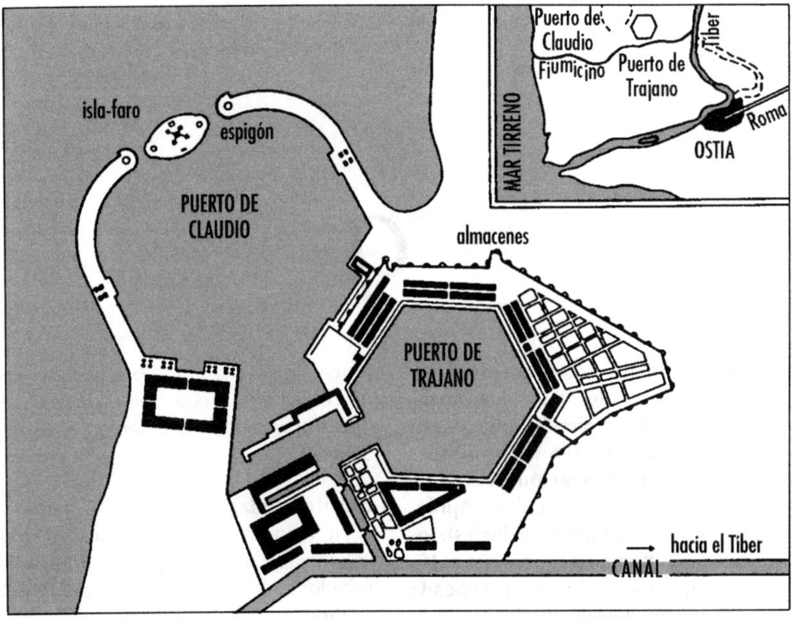

El puerto de Ostia: las dos dársenas abarcaban conjuntamente una superficie de 105 ha. La de Trajano se cavó sobre tierra firme. En el recuadro, el estado actual de la costa. (Según A. Aymard y J. Auboyer, *Roma y su Imperio.*)

que llevaban mercancías al *Emporium*, conjunto de muelles y almacenes *(horrea)* situado a la altura de la *Porta Portuensis*, en la orilla izquierda del Tíber. En cambio, los navíos de guerra, de menos tonelaje, remontaban la corriente hasta el puerto militar de Roma, a orillas del Campo de Marte, donde había astilleros navales, arsenales, etc. *(navalia)*. Los puertos tenían faros* y marcas para guiar a los barcos, talleres y depósitos de todo tipo. Durante el Imperio* los puertos* militares y los comerciales solían estar separados.

pulvinar, cojín ceremonial sobre el que se tendían las estatuas de los dioses* (reales o simbólicas) para que participaran en los banquetes sagrados y en los lectisternios*, o para pasearles por el circo*.

Este término también designaba el palco reservado a la familia imperial en el Circo Máximo.

puñal ***(pugio).*** No parece que antes del siglo II a. JC el soldado romano estuviera armado con puñal, es decir, con un arma blanca distinta de la espada*, pues ésta era ya muy corta. Pero tras la adopción de la espada ibérica de dos filos (finales del siglo III), el soldado necesitaba un arma más corta para el combate cuerpo a cuerpo. Al principio, el puñal quizá estuvo reservado a los oficiales, pero luego su uso se generalizó. Su hoja era corta (20 cm) y ancha (5 cm), y se llevaba a la izquierda.

purificación → lustración.

q

quindecenvirato ***(quindecemviri sacris faciundis),*** **colegio de dos miembros, que acabó teniendo quince, encargados de la custodia de los libros* sibilinos y su interpretación en caso de prodigios*, así como del culto a Apolo, a Ceres y a la Gran madre (Cibeles), introducido en Roma en el año 204 a. JC, durante la crisis religiosa provocada por la segunda guerra* púnica.**

Los miembros de este colegio, presidido por un *magister,* se nombraban por cooptación entre los patricios y los plebeyos. Fue el más importante después del de los pontífices*, pero sobre todo tuvo competencia en la organización de los cultos extranjeros, para los que nombraba sacerdotes* y definía los ritos.

Quintiliano ***(Marcus Fabius Quintilianus),*** **retórico (Calagurris Nassica, actual Calahorra, h. 30 d. JC-? h. 95).**

Oriundo de la Tarraconense, Quintiliano estudió retórica en Roma. Abogado* y retórico de renombre, fue el primer titular de una cátedra estatal, que le daba derecho a una paga anual. Entre sus alumnos cabe citar a Plinio* el Joven y al futuro emperador Adriano*. Escribió una *Institución oratoria,* doce libros en los que resume su experiencia pedagógica sobre la manera de formar a un orador*. Su enfoque es mucho más práctico que el de Cicerón* en sus obras de retórica. En cuanto al estilo, es ciceroniano convencido y reacciona contra el de otro hispano de la generación anterior, Séneca*.

quirite, ciudadano romano.

En la época clásica esta palabra sólo se utilizaba en plural y tenía un uso limitado: en las asambleas* los oradores* se dirigían a su audiencia exclamando: «*Quirites!*», es decir, 'ciudadanos o conciudadanos romanos' (en cambio, en el Senado* se decía: «*Patres conscripti*», 'senadores'). En el lenguaje del derecho el *ius quiritum* era el derecho* civil. Por último, en el lenguaje familiar la exclamación *Quirites!* equivalía a nuestro '¡burgués!'.

Pero el origen de la palabra no está claro, aunque se relaciona con el nombre del dios Quirino, venerado en el monte Quirinal (habitado al principio por los sabinos), cuya naturaleza y funciones exactas eran desconocidas para los romanos. También se relaciona con Cures, ciudad de la Sabina.

Quirites también designaba a los ciudadanos tras la unión entre latinos y sabinos.

Por otra parte, comparando ciertas fórmulas consagradas y antiguas como *Senatus Populusque Romanus* y *Populus Romanus Quirites,* y de acuerdo con ciertas hipótesis sobre la antigua tripartición de la sociedad indoeuropea, se ha propuesto que los *quirites* serían un recuerdo de la clase trabajadora y productora, la de Quirino, mientras que *populus* sería la clase guerrera y combatiente, devota de Marte, y *senatus* la clase sacerdotal y dirigente, al servicio de Júpiter.

r

realeza *(regnum)*, régimen político que tuvo Roma, según la tradición, desde sus orígenes en el año 753 hasta el 509 a. JC.

En realidad, aunque no se descarta que los romanos tuvieran un embrión de régimen monárquico antes de la llegada de los etruscos, fueron estos últimos quienes dieron a Roma una organización y unas instituciones políticas. En la realeza había tres órganos de gobierno. 1° El rey, jefe político, militar y religioso. También ejercía cierta actividad judicial (crímenes contra particulares o contra el Estado, por ejemplo). El poder real no era hereditario, sino estrictamente personal. El rey era elegido por el Senado*, después de un período de interregno, y aclamado por los comicios curiados. 2° El Senado, asamblea de los jefes de familia *(patres)*, que era el consejo del rey. El número de patres dependía del de familias, que según la tradición eran 300. El Senado no tenía competencias muy concretas, pero tomaba algunas decisiones importantes, como las declaraciones de guerra*. 3° Los comicios* curiados.

El reparto de los ciudadanos en centurias*, atribuido a Servio Tulio, en realidad fue más tardío. Pero es posible que las asambleas centuriadas empezaran a celebrarse durante la realeza, sobre todo en lo concerniente a la organización del ejército*, del que formaban parte los plebeyos. Esta organización rompía con el marco gentilicio y tuvo que preparar el paso del *regnum* a la *res* publica.*

Régulo *(Marcus Atilius Regulus)*, general romano.

Fue cónsul desde el año 267 al 256 a. JC. Durante la primera guerra* púnica venció a los cartagineses en el cabo Écnomo (256) y al año siguiente desembarcó en África y fue hecho prisionero.

Varios años después (249?), los cartagineses lo enviaron a Roma con la misión de convencer al Senado* romano de negociar la paz* o intercambiar prisioneros*. Pero Régulo, una vez en Roma, recomendó a los senadores que no aceptaran estas propuestas. Fiel a su juramento, volvió a Cartago, donde fue torturado y ejecutado. Algunos historiadores modernos han expresado dudas sobre la autenticidad de este trato, pero para los romanos fue un héroe de la *fides**.

relegación *(relegatio)*, durante el Imperio*, pena menos grave que la deportación*.

Podía ser por un tiempo o perpetua, y no implicaba la confiscación de bienes ni la pérdida de derechos políticos y jurídicos.

religio. Los propios romanos no se pusieron de acuerdo sobre el sentido etimológico de este término: ¿consistía en el hecho de elegir cuidadosamente los actos y las palabras, evitando aquellos que pudieran ofender a los dioses? ¿En el hecho de vincularse a los dioses, de contraer una obligación con la divinidad? ¿En cumplir escrupulosamente los deberes con los dioses, deteniéndose a conciencia en todos los detalles de las operaciones religiosas? Sea cual fuere el sentido original de la palabra, la *religio* revela el sentimiento de encontrarse ante un orden sobrenatural, que impulsa a observar cuidadosamente los preceptos del culto. Los sentidos particulares que encontramos en los textos (escrúpulo, respeto, creencia religiosa, culto, etc.) derivan de esta actitud fundamental.

Lo contrario de religio era la *neglegentia*, es decir, el hecho de desentenderse de los dioses, de no realizar los actos de culto, una conducta que suponía desprecio o ligereza e indiferencia. En cuanto a la palabra *superstitio* (superstición), algunas de cuyas etimologías no parecen muy convincentes, designa todo aquello que no es religio, es decir, las observancias y temores inútiles o la adhesión a las innovaciones extranjeras.

religión romana. Es una síntesis de elementos indoeuropeos y mediterráneos, en la que tuvieron un importante papel los etruscos*, sobre todo legando a los romanos ciertas prácticas rituales. Durante la República*, persistieron algunos rasgos arcaicos, como la sensación de la presencia de fuerzas activas (los *numina* → numen), el deseo de purificación* y ritos agrarios antiguos, como los de las fiestas de los *Parilia, Lupercalia, Arvalia*, etc. Pero poco a poco los dioses* del panteón griego se fueron romanizando. Durante la República, los pontífices* eran los encargados de vigilar y mantener la religión nacional, mientras que los quindecenviros representaban las tendencias innovadoras, que acogían los cultos y las divinidades procedentes del exterior. La existencia de estos dos colegios pone en evidencia uno de los aspectos de la religión romana: que nunca era estática, nunca se formulaba definitivamente. Admitía desarrollos y adaptaciones, según los medios sociales y las distintas afinidades. Desde el final de la República las corrientes filosóficas y los cultos extranjeros modificaron las antiguas creencias y dieron lugar a varios sincretismos originales. Por otra parte, la creencia de que algunos hombres tenían una misión y se relacionaban más íntimamente con la divinidad desembocó en el culto a los emperadores (→ culto imperial). Los cultos de salvación que se propagaron por Roma y el Imperio, así como las tendencias al monoteísmo, predispusieron a los romanos para acoger al cristianismo. Pero ya no era posible ninguna síntesis, la religión romana no podía asimilar la nueva religión, pues el cristianismo se presentaba con carácter universal y excluía a los otros cultos. Durante dos siglos y medio se sucedieron períodos de persecución y períodos de paz relativa, hasta que en el año 313 se decretó la libertad de cultos y, en el 394, el cristianismo se convirtió en la religión oficial.

La religión romana se suele considerar formalista, sin vida. A este respecto conviene distinguir entre los ritos, que a veces, en la época histórica, resultaban incomprensibles, aunque se conservaban por haber sido portadores de un sentido de lo sagrado, y los comportamientos de la vida diaria, que denotan una creencia muy profunda en la existencia de un orden sobrenatural del que depende, en gran medida, el orden terrenal.

relojes *(horologia, horaria).* Los romanos medían el tiempo observando el cielo, con toda la incertidumbre que esto conllevaba, y con dos tipos de relojes, los solares y los hidráulicos.

Los relojes de sol *(solaria)* consistían en una varilla de metal *(gnomon)* que proyectaba su sombra en una superficie dividida en sectores horarios. Augusto* hizo construir un reloj de sol gigante en el Campo de Marte, con un obelisco que hacía de gnomon. Existían relojes solares «de bolsillo», con un diámetro de pocos centímetros, que únicamente eran válidos para una determinada latitud.

En cuanto a los relojes de agua, que sólo conocemos por las descripciones de los antiguos, eran de dos clases: las clepsidras propiamente dichas *(clepsydrae)*, similares a nuestros relojes de arena, que servían para medir un intervalo determinado, y los llamados relojes de agua *(horologia ex aqua)*, que consistían en un vaso transparente con una escala graduada, que se llenaba de agua de forma regular, o se vaciaba también con regularidad. La escala graduada permitía saber la hora*.

Estos dos tipos de reloj (solar y de agua) fueron introducidos en Roma en época bastante tardía, respectivamente en los siglos III y II a. JC. La imprecisión de estos instrumentos era casi proverbial y a Séneca le gustaba decir: «es más fácil poner de acuerdo a los filósofos que los relojes». De todos modos, en la Antigüedad el tiempo no se solía medir por minutos, aunque en este sentido los romanos eran más estrictos y precisos que los griegos, por lo menos durante el Imperio*, como se desprende de ciertos reglamentos administrativos de los servicios públicos.

repostería ***(dulcia).*** Los romanos tenían preferencia por los pasteles de queso, que se solía utilizar rallado. Generalmente se cocían sobre hojas de plantas o de árboles aromáticos y se presentaban untados con miel y espolvoreados con granos de adormidera o ajonjolí.

Entre los dulces de cocina más apreciados estaban los buñuelos, los licores y las tortillas dulces. He aquí una receta de licor recogida por el gastrónomo Apicio, contemporáneo de Augusto* y Tiberio*: «En vino a la pimienta se echa miel, vino puro, vino de paja, de la calle. Se añaden almendras de pino, nueces y sémola cocida en agua; luego avellanas tostadas y partidas. Se sirve.»

Los que se dedicaban a hacer pasteles y dulces se llamaban *pistores dulciarii*, 'pasteleros confiteros'.

representaciones dramáticas ***(ludi scaenici).*** La primera obra teatral romana (una tragedia o comedia de Livio* Andrónico) se representó en los *ludi Romani* del año 240 a. JC. A partir de entonces los diferentes juegos incluyeron en su programa representaciones dramáticas. Pero la afición de los romanos al teatro era mucho más antigua. Según la tradición, en el año 364 se celebraron unos *ludi scaenici* para conjurar una peste. Estas obras, representadas por etruscos*, consistían en bailes, cantos y pantomimas. Los romanos se aficionaron a estos espectáculos variados y de ahí nació un rudimento de teatro, las *saturae*. Por otra parte, muchos rasgos de su carácter o de su naciente civilización les inclinaban hacia el teatro desde un principio: las ceremonias religiosas espectaculares, las procesiones (del triunfo*, del circo*), los funerales*, las piezas representadas en las bodas, la propensión a la sátira, la caricatura, las ocurrencias, las invectivas, etc.

Todas estas tendencias se podían expresar en la comedia, cuyos dos representantes más ilustres fueron Plauto* y Terencio*. Había dos clases principales de comedias: las de tema griego, llamadas *palliatae* (porque los actores* llevaban *pallium* en vez de toga*), y las de tema romano, llamadas *togatae*, y a veces *tabernariae* o *trabeatae* cuando escenificaban a caballeros o a los gremios. En las tragedias se hacía la misma distinción (las *palliatae* eran tragedias de tema griego y las *praetextae* de tema romano). Los romanos imitaron a los grandes trágicos griegos, pero quizá también a ciertos autores de la época helenística.

De las tragedias de la época republicana sólo nos han llegado unos fragmentos. El autor más importante fue Accio (170-85 a. JC), que escribió unas cuarenta *palliatae* y dos *praetextae (Las Enéadas, Bruto).* Después de él, la tragedia, que había sido un género popular y vivo, pasó por un período de decadencia. En la época de Augusto* las tragedias se recitaban en las lecturas* públicas. La historia de las tragedias termina con el teatro de Séneca*.

Pero desde mediados del siglo II a. JC, el teatro literario fue dando paso a los espectáculos*, en los que se daba rienda suelta al genio inventivo y paródico de los actores*, sin tener en cuenta la calidad literaria. La atelana, género procedente de Campania, ponía en escena a personajes estereotipados: *Maccus,* 'el comilón'; *Dossenus,* 'el jorobado'; *Pappus,* 'el viejo chocho', etc. Un sencillo esquema permitía toda clase de improvisaciones divertidas. También había mimo, sobre todo paródico, que mezclaba el diálogo con la danza y daba mucha importancia a la «mímica», porque los actores de mimo no llevaban máscara*. Era el único género que admitía actrices. Aunque el texto importaba poco, al final de la República* algunos autores trataron de elevar el mimo a la dignidad de género literario, aunque sin resultado. Del mimo nació la pantomima, muda, con máscara. Los actores tenían que expresar sus sentimientos con movimientos del cuerpo, de la cabeza y sobre todo de las manos. Tuvo un gran éxito sobre todo durante el Imperio*.

república, régimen político de Roma tras la caída de la realeza* (509 a. JC, según la tradición) hasta que Augusto* instauró el principado* (27 a. JC).

Se basaba en tres órganos fundamentales: las asambleas*, los magistrados* y el Senado*.

En la historia de la República romana se pueden distinguir tres períodos. El primero va de los comienzos hasta el final de la segunda guerra* púnica (201). Durante este período la plebe* conquistó poco a poco la igualdad política con el patriciado y se formó una nobleza* patricio-plebeya, mientras en el exterior Roma afianzaba su dominio sobre Italia*. El segundo abarca hasta principios del siglo I. Fue la edad de oro de la oligarquía senatorial y de la conquista del Mediterráneo. Por último, el tercero va hasta el establecimiento del principado, marcado por las guerras* civiles y el anuncio cada vez más claro del régimen imperial.

res pública, término que literalmente significa 'la cosa pública', opuesto, por lo tanto, a «la cosa privada», y que designa una noción jurídica y política.

Implicaba una organización determinada por unas reglas de derecho* (excluyendo ciertos regímenes como la tiranía o la oligarquía), por la solidaridad y la unión de los ciudadanos en una comunidad: era la expresión política del «pueblo» en su conjunto *(populus).* El interés particular de cada cual *(res privata)* estaba subordinado normalmente al interés superior del conjunto *(res publica).* Según los contextos, *res publica* podía significar 'estado', 'administración del estado', 'vida política', 'asuntos públicos', etc., pocas veces 'régimen republicano', que se llamaba más bien *libera respublica, libera civitas* o *liber populus.*

rescripto → constituciones imperiales.

rétor → enseñanza.

rex sacrorum o **rex sacrificulus, rey de lo sagrado, de los sacrificios.**

Cuando fue derribada la realeza*, los romanos conservaron un «rey», pero sólo con funciones religiosas, que fueron cada vez más reducidas. Con esta ficción política aseguraban la continuidad entre ambos regímenes y evitaban el efecto desastroso que hubiera podido causar en las divinidades la supresión radical del rey, que durante tanto tiempo había sido el vínculo entre los hombres y ellas (un escrúpulo muy revelador de la mentalidad romana).

El *rex sacrorum* tenía que ser patricio, no podía ejercer ninguna magistratura y se consagraba sobre todo al culto de Jano, dios de los comienzos.

risa ritual. En muchos pueblos ha existido una relación entre la risa y lo sagrado. En efecto, se considera que la risa, manifestación de regocijo y vitalidad, sirve para combatir las fuerzas del mal. En Roma existía este rito durante las *Lupercalia* (→ lupercos), las fiestas agrarias (*Liberalia* en honor a Liber, *Consualia* en honor a Conso), los triunfos* y el cortejo nupcial (→ matrimonio), los funerales*, etcétera.

rizadores ***(calamistri).*** La etimología de la palabra latina da a entender que al principio eran de caña, a no ser que se designaran así a causa de su forma (un rollo). En cualquier caso, los había de metal, que se pasaban por el fuego* antes de aplicarlos en el pelo (→ peinado).

Roma → Capitolio, foro, orígenes de Roma, urbanismo, urbs.

Roma quadrata (Roma cuadrada), expresión con la que la tradición designaba el recinto sagrado trazado por Rómulo con su arado en el Germal (cima oeste del Palatino), fundando así Roma según el rito etrusco (753 a. JC).

Pero los historiadores modernos, que no admiten la leyenda de la fundación de Roma por Rómulo*, se preguntan si en realidad esta expresión no podría aludir al recinto cuadrado que debió proteger la «boca de infierno» *(mundus)* excavada por los primeros colonos latinos* en el Palatino (siglo VIII a. JC), en la que arrojaron los terrones de tierra traídos de su patria, según un rito arcaico de toma de posesión. Por otra parte, también se puede pensar que *Roma quadrata* significa 'Roma cuadriculada', expresión que recordaría la fundación de Roma por los reyes etruscos, según sus propios ritos, conservados por los romanos (→ urbanismo): el *decumanus* correspondía a la calle que más adelante se llamó *Sacra Via*, y el *cardo** al *vicus Tuscus* y al Argileto. Por último, es posible que la expresión designe la división de Roma en cuatro tribus*.

Rómulo → orígenes de Roma.

Rómulo Augústulo ***(Romulus Augustulus),*** **último emperador de Occidente (h. 461).**

Reinó un año (475-476) y fue depuesto por el bárbaro Odoacro (→ caída de Roma).

ropa. En el «ropero» de una romana había túnicas*, estolas* y abrigos*. En el de un romano, túnicas, togas* y también abrigos. Esta ropa se conservaba en grandes baúles *(arcae)* o en armarios *(armaria).*

rostrum ***(rostra),*** **tribuna de las arengas situada al sureste del** ***Comitium*.***

Esta situación permitía a los oradores* dirigirse a los comicios* curiados y tributos* reunidos en el Comitium o, mirando hacia el sur, a la multitud reunida en el foro*. Por otra parte, a partir de mediados del siglo II a. JC los comicios tributos se reunieron en el foro, mucho más amplio que el Comitium.

El nombre de esta tribuna procede de los espolones de los navíos enemigos (*rostra*, 'espolones') llevados a Roma por C. Menio en el año 338 a. JC, después de la victoria sobre los latinos* en Antium, con los que adornó la tribuna de las arengas. Ésta consistía en una plataforma de 24 m de ancho por 10 de profundidad, elevada a 3 m del suelo. La plataforma que vemos hoy al lado del arco* de Septimio Severo es una tribuna de arengas que puede datar de la época de Augusto*.

Rubicón → César, Italia.

S

sabinas (rapto de las). Cuenta la leyenda que, para poblar Roma, Rómulo atrajo a los habitantes de los alrededores, a los vagabundos y a los proscritos. Entre ellos no había ninguna mujer. Entonces a Rómulo se le ocurrió la idea de celebrar unos juegos* en el Circo* Máximo e invitar a los pueblos de los alrededores. Durante el espectáculo, a una señal, los romanos dominaron a los hombres y raptaron a las mujeres jóvenes, la mayoría de las cuales eran sabinas. Los sabinos decidieron vengarse y, con la ayuda del rey sabino Tito Tacio, presentaron batalla a los romanos. Entonces las sabinas se interpusieron entre los combatientes, suplicando por un lado a sus padres y hermanos, y por otro a sus nuevos maridos, que hubiera paz. Sus ruegos fueron atendidos. Los sabinos y los romanos decidieron formar un solo pueblo y, para sellar este pacto Tito Tacio, compartió el poder con Rómulo. Los romanos, por su parte, juraron honrar y respetar a sus esposas.

La leyenda, sin duda, tiene varios sentidos. Por un lado es una ilustración mítica del ritual nupcial: el marido rapta a la mujer. Por otro refleja el lugar privilegiado que ocupa la matrona* en la familia, pues desde los orígenes los romanos juraron respetarla. Por último, los sabinos estaban considerados como un pueblo de una virtud ejemplar, por lo que era todo un honor que las primeras matronas fueran sabinas.

sacerdotes. En Roma, la vida privada, la vida política y la vida religiosa no estaban separadas. Los padres de familia hacían sacrificios al dios lar* y los magistrados* tenían derecho a tomar auspicios*. Aun así había numerosos sacerdocios, con funciones religiosas concretas: los sacerdocios individuales (*rex* sacrorum*, flámines*) y los sacerdocios colectivos, reunidos en cofradías que servían a una divinidad particular: los lupercos*, los hermanos* arvales, los salios* y los augustales*, o bien en colegios, consejos de «teólogos» que velaban por el respeto a la tradición: pontífices*, augures*, feciales*, quindecenviros y vestales*. Por último, un poco al margen, el orden de los arúspices*. Excepto el rex sacrorum, los sacerdotes podían participar en la vida política. Escipión* el Africano era salio, Cicerón* augur y César* *Pontifex Maximus*. Gozaban de ventajas (exención de cargas públicas como impuestos*, servicio* militar, etc.) y tenían derecho a signos distintivos (toga* pretexta, asientos de honor en las fiestas y los juegos*, etc.). Durante la República* los sacerdotes, según los casos, eran elegidos por comicios limitados o por cooptación, o bien eran designados por el pontífice máximo. Durante el Imperio*, el emperador intervenía directa o indirectamente en su nombramiento. Desde comienzos del siglo III a. JC los plebeyos accedieron a los distintos sacerdocios, pero nunca pudieron ser rex sacrorum, flámines de Júpiter, Marte o Quirino, ni salios.

sacrificio ***(sacrificium).*** Ceremonia religiosa de gran importancia en la religión* romana (culto* doméstico y culto público). Podía tener como finalidad una expiación, una acción de gracias o el conocimiento del futuro. Los sacrificios eran de dos tipos, los sangrientos (hombres, animales) y los no sangrientos (ofrenda de pasteles, de productos de la tierra → libación). Su liturgia estaba minuciosamente regulada por los pontífices*, y variaba según las intenciones y las divinidades. Cuando había víctima, la inmolación se podía hacer según el rito romano (el sacrificador llevaba la cabeza cubierta con un velo y actuaba al son de una flauta*) o según el rito griego (el sacrificador no llevaba velo, sino una corona de laurel, y había acompañamiento de música*). Este último rito, introducido a principios del siglo IV a. JC, contrastaba con el arcaísmo y la severidad del rito romano. Además aportaba ceremonias populares y gozosas como las súplicas* y los lectisternios*. El objeto ofrecido en el sacrificio podía estar reservado por completo a la divinidad, o ser compartido en un banquete colectivo.

Aunque para la primitiva mentalidad religiosa de los romanos los sacrificios humanos no eran un rito abominable, muy pronto se humanizó este antiguo rito. Es famoso el diálogo entre Júpiter y el rey Numa* Pompilio: «Corta una cabeza», exige Júpiter. «Cortaremos una cabeza de cebolla de mi jardín», contesta el rey obediente. «Una cabeza de hombre», dice Júpiter con insistencia. «Entonces los cabellos», replica Numa. «No, un ser vivo», insiste Júpiter. «Entonces unos peces.» Júpiter se da por vencido y sonríe. Así, a base de sustituciones, los romanos reemplazaron a las víctimas por simulacros y a los animales por imágenes u ofrendas consistentes en productos de la tierra. Pero los sacrificios humanos no estaban prohibidos. En el año 226 y en el 216 a. JC se inmoló a una pareja de galos y a otra de griegos, en el primer caso ante la amenaza de una invasión gala y en el segundo después de la derrota de Cannas*. Hubo más sacrificios humanos a finales del siglo II a. JC. Pero en el año 97 a. JC un senadoconsulto* puso fin a estos sacrificios.

No obstante, los combates entre gladiadores* eran una forma de sacrificios humanos. Aunque su carácter religioso se fue borrando de la conciencia de los romanos, todo indica que al principio fueron una sustitución de sacrificios humanos.

salios ***(salii),*** **sacerdotes* reunidos en una cofradía** ***(sodalitas)*** **dedicada al culto* de Marte.**

La cofradía estaba dividida en dos grupos, uno que veneraba al dios en el Palatino y el segundo que le veneraba en el Quirinal.

Los salios eran elegidos por cooptación entre los patricios. Estaban encabezados por un *magister.* Sus cometidos eran custodiar los escudos* sagrados (los *ancilia*) y abrir y clausurar solemnemente la temporada de guerra* (en marzo y octubre). Las fiestas* del mes de marzo consistían en una «puesta en movimiento» de los ancilia, carreras de caballos *(equirria),* purificación* de las armas *(armilustrium)* y de las trompetas de guerra *(tubilustrium),* y un sacrificio celebrado por el *rex* sacrorum.* En octubre tenían lugar las ceremonias, menos importantes, de la clausura de la temporada de guerra: purificación de las armas, carreras de caballos y sacrificio del *October Equus** (en el que no participaban los salios).

Durante todas estas ceremonias los salios recorrían la ciudad paseando los ancilia, cantando (conocemos unos fragmentos del *carmen saliare,* de difícil interpretación) y bailando el *tripudium,* danza* guerrera con un ritmo grave (su nombre *salii* está emparentado con *salto*, 'danzar'). Iban vestidos de un modo particular, con túnica* corta, coraza* y un gorro cónico.

saludo ***(salutatio).*** Los romanos se saludaban con las palabras *Ave* o *Salve*, a lo que se contestaba: *«Salve et tu.»* Se despedían diciendo: *«Vale-Vale et tu.»* Según las provincias* había costumbres distintas. En la época antigua los romanos se estrechaban la mano.

En las cartas, las fórmulas eran muy sencillas. Por ejemplo, Cicerón empieza así las cartas a su amigo Ático*: *«Cicero Attico s(alutem dat)»*, 'Cicerón a Ático, salud', y termina con un simple *Vale* ('que te vaya bien'). El emperador tenía derecho a mayores muestras de respeto. Domiciano se hacía llamar *Dominus*, Señor, y a finales del siglo III el ceremonial que rodeaba al emperador estaba fijado minuciosamente. Por otra parte, para los magistrados* y los funcionarios* se estableció una jerarquía de epítetos elogiosos, de acuerdo con el orden al que pertenecían y el puesto que ocupaban: *Clarissimi, Perfectissimi, Eminentissimi,* etc.

El saludo matutino *(salutatio matutina)* era la visita que los clientes* tenían que hacer por las mañanas a su patrón* para presentarle sus respetos *(obsequium)*.

Salustio ***(C. Sallustius Crispus),*** **historiador (Amiternum 85-h. 35 a. JC).**

Nacido en Sabina, en el seno de una familia plebeya, Salustio comenzó una carrera política (cuestor*, tribuno*), pero se le excluyó del Senado* en el año 50 bajo el pretexto de inmoralidad. Protegido por César*, recibió el gobierno del *Africa Nova* (Numidia) e hizo fortuna. Tras el asesinato de César (44) abandonó la vida pública para dedicarse a la historia, retirado en sus jardines sobre el Pincio, en el norte de Roma (→ *otium*). Escribió dos monografías, la *Guerra de Yugurta* y la *Conjuración de Catilina*, en donde subraya el papel que pueden desempeñar los grandes hombres en la historia e insiste sobre las causas de la decadencia de la República*, y también cinco libros de *Historias*, de los que hoy en día sólo se dispone de fragmentos. Su estilo es muy personal: supo mezclar los arcaísmos con la innovación, los helenismos y las familiaridades, tanto en sintaxis como en vocabulario. Tuvo una gran influencia en Roma y se le estudió en las aulas como autor «clásico».

sarcófago ***(sarcophagus),*** **cuba de piedra rectangular cerrada por una losa.**

Los sarcófagos también podían ser más modestos y estar formados por una superficie de ladrillos sobre los que se colocaba el cadáver y ladrillos dispuestos en doble vertiente para recubrirlo. En el siglo I d. JC, los sarcófagos se utilizaban muy raramente. Se hicieron mucho más numerosos a medida que la inhumación fue sustituyendo la cremación. Se puede seguir una evolución en la forma de los sarcófagos: bajos y alargados a principios del siglo II d. JC, se hicieron muy altos en el siglo III para permitir el escalonamiento del decorado esculpido en diversos planos superpuestos o la representación de figuras de gran talla.

Los bajorrelieves que adornan los sarcófagos lujosos no son uniformes: reflejan tanto las modas estéticas como las preocupaciones espirituales y religiosas de los individuos o de los grupos (escenas de la vida intelectual, representaciones dionisíacas, cristianas, cuadros mitológicos, cotidianos, etc.). El retrato del difunto figura en el centro del medallón. Sólo se adornaban los sarcófagos destinados a exponerse en un mausoleo*.

Senado ***(senatus).***

1. REALEZA*. El Senado era el consejo del rey: lo componían los jefes de familia *(patres)*, que daban su opinión sobre los asuntos importantes. A la muerte del rey asumían el interregno (los «padres» ejer-

cían como interrex* por turno) y designaban al que debería someter su candidatura a la asamblea curial.

2. REPÚBLICA*. El número de senadores fue aumentando: de 300 pasó a 900 en la época de César*. Parece probable que los plebeyos entraran en su composición a mediados del siglo IV: su título fue diferente del de los patricios. Efectivamente, mientras que éstos continuaron llamándose *patres*, los senadores plebeyos se llamaron *conscripti* (de ahí la expresión *patres conscripti* para designar al conjunto del Senado). Aunque las diferencias entre unos y otros fueron atenuándose, los *patres* conservaron ciertos privilegios (→ interrex, *patrum auctoritas*). La elección de los senadores correspondió en principio a los cónsules* y después, a finales del siglo IV, a los censores*, que debían elegirlos entre los antiguos magistrados* (curules al principio y sin distinción a partir de principios del siglo I) y eventualmente entre los particulares eminentes. La edad que se requería era de 46 años, aunque con Sila* quedó establecida en 30 años. Los senadores se clasificaban en función de la dignidad de las magistraturas que hubieran ejercido y de su edad: el que estaba a la cabeza de la lista recibía el nombre de *princeps senatus*. Los senadores tenían derecho a la túnica* con amplia banda púrpura y al calzado* adornado por una media luna. Poseían ciertos privilegios, pero también estaban sometidos a prohibiciones (en particular no podían intervenir en el comercio*, ni arrendar impuestos*, etc.).

El presidente del Senado era el magistrado (cónsul, pretor* o tribuno*) que lo convocaba. Los senadores se pronunciaban sobre la proposición que hacía dicho magistrado y su decisión era un senadoconsulto* que prácticamente tenía rango de ley*. Las reuniones del Senado tenían lugar en un *templum**, generalmente la curia*, cuyas puertas permanecían abiertas.

Teóricamente, el Senado, en tanto que consejo de la *Respublica**, no tenía ninguna competencia: no ejercía ni el poder ejecutivo (reservado a los magistrados) ni el poder legislativo (que pertenecía a los comicios*), ni tampoco el poder judicial (compartido entre los magistrados y los comicios). Pero de hecho tenía una gran influencia que le aseguraba la permanencia y la constitución de una verdadera nobleza* senatorial. El Senado aparecía como el guardián de la tradición. Su prestigio en Roma y en el extranjero era enorme.

Su autoridad se manifestaba en un cierto número de puntos: mantenimiento del culto* tradicional, policía de costumbres, participación en los tribunales* permanentes, administración financiera (voto de créditos para la guerra, administración de las provincias*), política extranjera (negociaciones, tratados de paz*), asuntos militares (reparto de mandos), legislación (senadoconsultos, ratificación de las leyes votadas por los comicios, transformada en autorización previa), jurisdicción sobre los magistrados a su salida del cargo y, finalmente, poderes excepcionales en caso de acontecimientos graves (atribución a los magistrados de poderes muy amplios o, por el contrario, suspensión de algunos de ellos, anulación de leyes, puesta en fuera de la ley de ciudadanos* peligrosos declarándolos enemigos* públicos, etc.). Así, todas estas competencias aseguran la «majestad» del Senado *(maiestas senatus)*.

3. IMPERIO. El Senado vio disminuir progresivamente su autoridad, a pesar de efímeras «restauraciones senatoriales». El número de senadores volvió a bajar a 600. El emperador los reclutaba entre antiguos magistrados, ya aceptados por él. Además, el emperador siempre podía nombrar senador a un particular que tuviera el censo* senatorial (que estaba fijado en un millón de sestercios* y no existía durante la República). Una innovación marcó este reclutamiento: el Senado se abría a los provincianos. De

ese modo, sobre los 231 senadores de quienes conocemos el origen bajo el reino de Trajano*, 104 eran provincianos.

Entre las nuevas atribuciones que recibió el Senado y que compensaban las pérdidas, estaban las atribuciones judiciales: funcionaba como tribunal de apelación en lo civil y como juzgado de lo criminal en ciertos casos. Del mismo modo, legislaba sobre cuestiones de derecho privado. Pero en el siglo III la importancia del Senado disminuyó definitivamente: cuando a partir de Diocleciano* Roma perdió la capitalidad del Imperio, el Senado se convirtió en el consejo municipal de Roma.

Durante los inicios del Imperio el Senado se convirtió en el refugio de la oposición republicana y estoica*.

senadoconsulto *(senatus consultum)*, opinión dada por el Senado* a un magistrado* que le planteaba una cuestión.

Tras el voto de esta determinación, ésta debía depositarse en el erario* *(Aerarium Saturni)* y volverse a copiar en el Diario* oficial. Aunque, teóricamente, un senadoconsulto (a veces llamado también *decretum* o *sententia*) no era obligatorio para los magistrados, prácticamente tenía la misma fuerza que una ley*.

Si en el momento del voto* un magistrado manifestaba su oposición ejerciendo su derecho de *intercessio**, el senadoconsulto quedaba a título indicativo como una *senatus auctoritas* (aprobación de los senadores patricios). Dicha aprobación constituyó en un principio la ratificación dada por los senadores patricios al voto de una ley o a la elección* de un magistrado y, más tarde (a partir del final del siglo IV), se convirtió en una simple autorización previa.

Durante el Imperio los senadoconsultos tuvieron carácter de ley.

En lo que respecta al *senatus consultus ultimum*, era una medida de salvación pública tomada por el Senado que confería a los magistrados poderes muy amplios. La posibilidad de tomar esta decisión, que evitaba el recurso a un dictador*, parece no haber existido más que a partir de finales del siglo II a. JC.

Séneca *(L. Annaeus Seneca)*, filósofo, escritor y político (Córdoba h. 2 a. JC-Roma 65 d. JC).

Hijo de un rétor* famoso, Séneca el Rétor, nos dejó una colección importante de ejercicios de oratoria que se practicaban en su tiempo (→ enseñanza).

Séneca el *Filósofo* estaba mejor situado que nadie para aprender el arte de persuadir. Pero siguió también las lecciones de filósofos* como los estoicos* Atalo y Sextio y el pitagórico Soción, entre otros. En la obra de Séneca se encuentra la síntesis de esta doble cultura que recibió y asimiló. Comenzó como abogado* brillante una carrera política, pero Mesalina*, la primera mujer de Claudio, hizo que se exiliara en Córcega, después de intrigas poco conocidas. En el año 49 Agripina* le hizo volver para confiarle la educación del futuro emperador Nerón* (que tenía entonces 13 años). Cuando éste tomó el poder (en el año 54, con apenas 17 años) y durante cinco años, Séneca, que ejercía una gran influencia sobre su alumno, era dueño del poder y consagraba sus ratos libres a la elaboración de su obra. Pero pronto se convirtió en una conciencia molesta para Nerón, por lo que fue apartado. En el año 65, implicado en la conjura de Pisón, Séneca tuvo que cortarse las venas.

Su obra es una y diversa: la ortodoxia estoica abasteció a Séneca de los principales temas doctrinales, pero las circunstancias de la vida le ofrecieron la oportunidad de ejercer la reflexión, cuestionar lo que consideraba adquirido y dar consejos.

Escribió tres *Consolaciones*, tratados *De la providencia, De la cólera, De la vida feliz, De las buenas acciones*, etc. Las *Epístolas a Lucilio*, redactadas en los últimos años de su vida, son su obra maestra. Son cartas de «dirección de conciencia» que no tienen nada de dogmático ni de convencional. En pocas ocasiones la filosofía se acerca tanto a la vida como en estas 124 cartas, diálogo constante entre el alumno y su maestro. El estilo de Séneca, imaginativo, variado, a menudo vigoroso y fascinante, tiene como fin un efecto de sorpresa que predispone a la meditación. Paralelamente a su obra filosófica, Séneca escribió nueve tragedias que ejercieron una gran influencia sobre el teatro de los siglos XVI y XVII.

seniores → edades de la vida, ejército.

Septimontium (liga de). Hacia el fin del siglo VIII a. JC o a comienzos del siglo VII, siete poblados de Roma (Germal, Palatino, Velia, Oppius, Cispius, Fagutal y Caelius) se agruparon en una confederación política y religiosa de carácter bastante indefinido. ¿Debe intuirse en esta federación un inicio de unificación de Roma? Es más verosímil que esta unificación se debiera a los etruscos*. Todavía durante el Imperio*, el 11 de diciembre se celebraba la fiesta del Septimontium.

sepultura → cementerios, monumentos funerarios, sarcófago.

servicio militar → ejército.

Servio Tulio ***(Servius Tullius)*** → centuria, orígenes de Roma, realeza, tribus.

sestercio → moneda.

Sila ***(L. Cornelius Sulla)*****, general y político (? 138-Cumas 39 a. JC).**

De familia patricia, pero venida a menos y pobre, Sila se convirtió en cuestor* de Mario* en el año 107 y adquirió cierta reputación al detener a Yugurta. La guerra* social que reprimió le dio la gloria y en el año 88 fue elegido cónsul*. A pesar de la oposición de los *populares**, que habían hecho votar leyes* antisenatoriales, el Senado le confió el mando en la guerra contra Mitrídates (88). Después de obligar a Mario a dejar Roma, Sila partió hacia Oriente, en donde obtuvo la victoria tras tres años de guerra. Al volver a Roma en el año 83, la ciudad se encontraba en manos de los partidarios de Mario, pero una victoria en las puertas mismas de Roma (82) le devolvió el poder.

Nombrado dictador*, procedió a realizar reformas constitucionales: aumento de los efectivos del Senado* (que pasó de 300 a 600 miembros), del número de magistrados*, revisión de la carrera* de los honores (la edad del consulado se elevó a los 43 años), disminución del poder de los tribunos*, de los cónsules y de los pretores*, atribución a los senadores de los poderes judiciales, etcétera.

Todas estas reformas se hicieron con sangre: 40 senadores y 1 600 caballeros* inscritos en las listas de proscripción* fueron masacrados. Aún así, Sila se revistió de las apariencias de un monarca y se hizo llamar *Felix* (el 'Feliz', es decir, 'favorecido por los dioses'). Abdicó en el año 79 y dejó el recuerdo de un hombre cruel y cínico.

soldado → ejército.

sportula (***sportula,*** **cesta pequeña), ayuda en especie (alimentos, comidas, provisiones...).**

Los patronos* otorgaban estas ayudas a sus clientes* a la hora del saludo* matinal. Posteriormente, esta ayuda fue reemplazada a menudo por una suma de dinero.

Suetonio ***(C. Suetonius Tranquillus)*****, historiador (h. 75-h. 160 d. JC).**

Nacido en el seno de una familia de rango ecuestre, amigo de Plinio* el Joven, secretario *ab epistulus* de Adriano*

(→ cancillería imperial) y más tarde caído en desgracia, Suetonio fue un enciclopedista en la tradición de Varrón* y de Plinio* el Viejo. Pero solamente se dispone de fragmentos de su obra erudita. Por el contrario, han llegado hasta nosotros sus *Vidas de los XII Césares,* que constituyen una mina de datos sobre la época que se extiende desde César* hasta Domiciano y que hoy en día siguen sirviendo de referencia a los historiadores.

suovetaurilia, sacrificio de una trucha *(sus),* de un cordero *(avis)* y de un toro *(taurus)* con ocasión de ciertas ceremonias de purificación *(lustración*).*

superstición → *religio.*

súplicas *(supplicationes),* oraciones* y ceremonias de acción de gracias decretadas por el Senado* en honor a una o a varias divinidades.

En estas ocasiones se invitaba a la multitud a visitar los templos* y a ver a los dioses acostados en su pulvinar* entre manifestaciones de piedad (adoraciones y arrodillamientos).

El Senado también podía votar acciones de gracias *(supplicationes)* en honor de los generales vencedores que no se consideraban dignos de una recompensa más elevada (triunfo* u ovación*).

t

tablillas ***(cerae, pugillares),*** **pequeñas planchas de madera recubiertas de cera blanda y contorneadas por un saliente.**

Los romanos empleaban las tablillas para sus notas, sus cartas, sus borradores, etc. Trazaban los signos utilizando estiletes (→ portaplumas). Estas tablillas eran normalmente de cera, pero también había de plomo o hechas con hojas de pizarra. Cabía la posibilidad de unir dos o más tablillas entre sí, con lo que se obtenían dípticos, trípticos, etc. Se daba el nombre de *codex* al conjunto de tablillas «encuadernadas» de este modo (→ libro).

tablino ***(tablinum),*** **sala de recepción que daba al** ***atrium,*** **en el eje de la puerta* de entrada.**

Una obertura practicada en la pared posterior permitía comunicar con el jardín* o con el peristilo*, si es que éste existía. El *tablinum* era el lugar en el que se instalaba el señor de la casa para resolver sus asuntos y recibir a sus clientes*.

Tácito ***(P. Cornelius Tacitus),*** **historiador (h. 55 d. JC-h. 120).**

Originario con toda probabilidad de la Galia* Transalpina, Tácito siguió la carrera senatorial que lo condujo al consulado en el año 97. Por otra parte, fue en esta época cuando se inclinó por la historia. Sus primeras obras fueron dos breves monografías, la *Vida de Agrícola,* elogio* fúnebre de su suegro, y *La Germania,* tratado etnográfico y geográfico sobre los pueblos de más allá del Rin.

Sus dos grandes obras históricas fueron las *Historias* (hacia el año 110), en donde se explican los acontecimientos desde la muerte de Nerón* hasta Domiciano, y los *Anales,* que van desde la muerte de Augusto* a Nerón. Para escribir estas obras Tácito se documentó con rigor, utilizando testimonios orales, los archivos* del Senado*, el Diario* oficial de Roma, etc. Como buen psicólogo, analiza con agudeza y no sin pesimismo los sentimientos y los personajes. Como estoico* cree en el destino* que conduce a los hombres. Como estilista, da vigor y densidad a cuadros inteligentes y penetrantes. En muchos aspectos puede decirse que su descripción del Alto Imperio es más dramática que propiamente histórica. Su *Diálogo de los oradores* (hacia el año 105) merece consideración aparte: en él, Tácito se pregunta por las causas que condujeron al declive de la elocuencia, debido esencialmente, según él, a la pérdida de las libertades bajo el Imperio. Esta obra explica claramente las razones que llevaron al mismo Tácito a renunciar a la elocuencia y a la política, terrenos en los que destacaba, para inclinarse por la historia: era el único modo, en su opinión, de conciliar la elocuencia y la acción política.

tapiz ***(tapetum).*** El arte del tapiz, venido de Asia, se trasmitió a los romanos a través del mundo helenístico. Se dispone de pocos datos sobre su decoración (motivos geométricos, vegetales o animales). Los romanos los utilizaban como mantas para hacer más confortables las camas* o los asientos*. La misma palabra designa las cortinas*, las tapicerías, las mantas y las alfombras. Estas últimas sufrieron, según parece, la competencia de los pavimentos de mosaico.

taquigrafía ***(notae).*** Tal y como se hace hoy en día, los romanos abreviaban a menudo las palabras o las expresiones cuando no había ningún riesgo de error de interpretación (RP = *Respublica,* S P Q R = *Senatus populusque Romanus,* etc.): estas abreviaciones se utilizaban sobre todo en las inscripciones* que se grababan en los monumentos.

Tarquino el Viejo y **Tarquino el Soberbio** → etruscos, orígenes de Roma.

teatro ***(theatrum).*** El primer teatro de piedra construido en Roma se debe a Pompeyo (55 a. JC). Hasta ese momento se habían utilizado solamente construcciones de madera que a menudo se demolían una vez que habían acabado las representaciones. El teatro romano difiere del griego por su disposición en semicírculo y porque ya no debe apoyarse necesariamente en una colina.

La multitud se colocaba sobre las gradas dispuestas en hemiciclo (la *cavea*). En la parte inferior de éstas se encuentra la orquesta, también en semicírculo, reservada a los espectadores distinguidos. Ante la orquesta se sitúa el escenario (*proscenium* o *pulpitum*). Al fondo se levanta el muro del escenario *(scaena, frons scaenae)* que representaba la fachada de un palacio de tres o cinco puertas, con un número mayor o menor de ornamentos. Este decorado era permanente. La altura del muro del escenario alcanza la misma altura que la fila más elevada de la cavea, con lo que es concebible el teatro cubierto, pero los romanos no cubrieron más que los teatros pequeños, los odeones, reservados a conciertos y a lecturas* públicas. En los teatros propiamente dichos, se protegía a los espectadores de la intemperie con telas extendidas. La cima del muro del escenario se inclinaba hacia adelante con la intención de proyectar la voz. Detrás de éste, los bastidores *(post-scaenium);* en el sótano la maquinaria *(hyposcaenium).* Se sabe que los romanos utilizaban el «telón del escenario», pero contrariamente a lo que ocurre hoy en día, se bajaba al comienzo de la representación y se levantaba a su final, ya que el dispositivo que permitía levantarlo y bajarlo se encontraba encajado en la pared de delante del escenario.

Las representaciones* teatrales (tragedia, comedia, mimo, atelanas) tuvieron un gran éxito. Las ruinas de los tea-

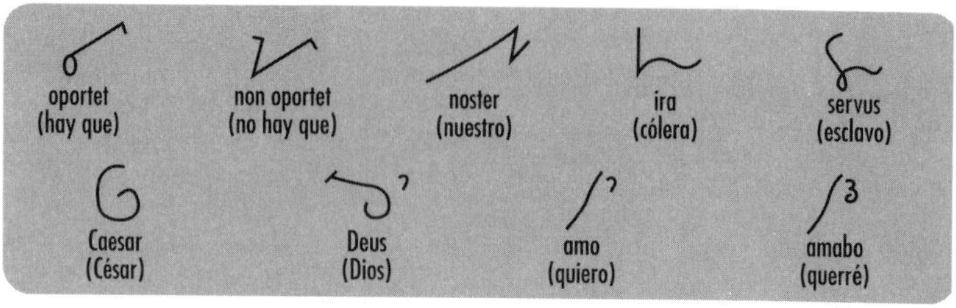

Ejemplos de notas tironianas de la Alta Edad Media, según E. Chatelain.

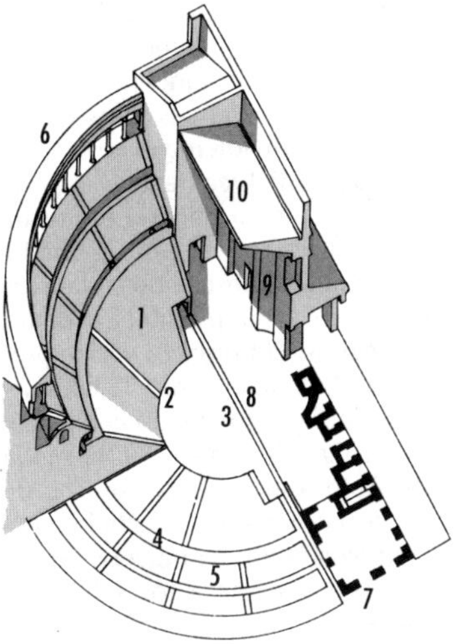

Sección axonométrica del teatro de Orange. 1. Las gradas *(cavea);* 2. Escaleras de acceso a las gradas; 3. Orquesta; 4. *Praecinctiones* (descansillo); 5. *Maeniana* (sección de gradas); 6. Pórtico; 7. Entrada lateral; 8. Escenario; 9. Muro del escenario; 10. Tejadillo destinado a proyectar la voz.

tros romanos son numerosas en todas las provincias* y algunos se utilizan todavía. El teatro de Orange es el mejor conservado de todos los teatros antiguos. Sin duda data de la época agustina.

templo ***(templum).*** Edificio reservado al culto de una divinidad, construido sobre un *templum** y después consagrado y «dedicado». De todos modos, ciertas reuniones podían tener lugar en su recinto, como por ejemplo las del Senado para sus deliberaciones. Los templos romanos presentan una arquitectura* que es la síntesis de dos influencias, la griega y la etrusca. Teóricamente se orientan oeste-este y la forma rectangular es la más habitual. La parte esencial del templo es la sala *(cella)* en la que se aloja la efigie de la divinidad en honor de la cual se ha construido el templo. La única iluminación la proporciona la puerta de entrada. Los templos consagrados a la tríada capitolina, Júpiter, Juno y Minerva, tienen una triple cella (→ Capitolio).

Ante la cella se sitúa un vestíbulo *(pronaos),* constituido por la prolongación de los dos muros laterales de la cella o bien por columnatas. El edificio se alza sobre una plataforma *(podium)* a la que se accede por una escalera, situada únicamente en la parte frontal del templo, que tiene un número impar de escalones. A partir de esta arquitectura básica existen diversos tipos de templo que se designan con términos técnicos. Se denomina templo *in antis* a aquel cuyos muros de la cella se prolongan para constituir los laterales del pronaos. El templo *próstilo* tiene los lados del pronaos formados en parte por la prolongación de los muros de la cella o bien por columnatas. Según el número de columnatas frontales, el templo se denomina terá-, hexá-, octá- o decástilo. Si el templo está completamente rodeado de

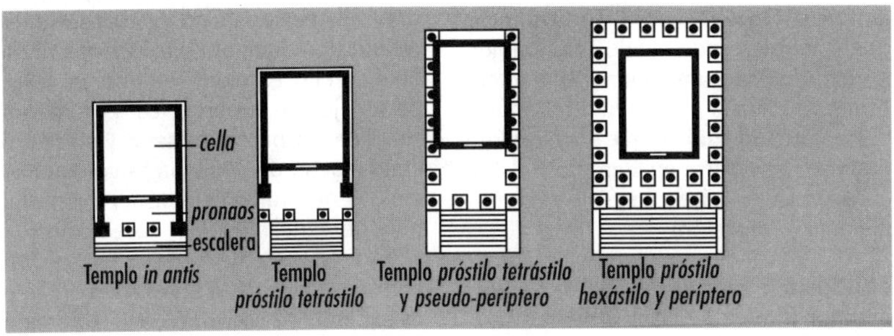

columnas se le llama períptero. Si éstas se sitúan contra las paredes de la cella o si se trata de pilastras se le llama seudoperíptero. Excepcionalmente pueden existir un vestíbulo y una escalera posteriores, lo que constituye un templo anfipróstilo.

Los sacrificios* no se celebraban en el templo, sino en la parte anterior de la escalera que daba acceso al pronaos, en donde se instala un altar*. A veces los templos se hallan rodeados por un recinto (períbolo) en el que se incorpora un pórtico*.

Pero además de los templos rectangulares, los romanos edificaron templos circulares, con o sin cella, como el templo redondo del *forum boarium* de Roma, denominado a menudo, aunque erróneamente, «templo de Vesta».

Consideración aparte merecen los templos reservados a los cultos extranjeros (Cibeles, Mitra, Isis...), cuya disposición era variable.

templum (palabra emparentada con el griego *temnō*, cortar), espacio circular o rectangular delimitado en el aire o sobre el suelo por un augur* con su *lituus*, en cuyo interior éste observaba signos divinos.

Esta toma de los auspicios*, que se celebraba antes de emprender cualquier empresa de importancia, era necesaria para decidir la fundación de una ciudad, la construcción de un edificio público o religioso, de un campamento militar, etc. La ceremonia se denominaba *inauguratio* (→ inauguración). Todo edificio que la hubiese necesitado era también un *templum*. En una ciudad, el *pomoerium** delimitaba el templum urbano.

Para que un edificio que era templum pudiese convertirse en «templo*» debía consagrarse y «dedicarse». (→ consagración, dedicación)

Teodosio I *(Flavius Theodosius)*, emperador (Cauca 347 d. JC-Milán 395).

Fue emperador desde el año 379 al 395. Teodosio fue el último emperador que reinó sobre el conjunto del Imperio romano. A su muerte, sus hijos Honorio y Arcadio se dividieron el mundo romano (Imperio de Occidente e Imperio de Oriente). Bajo su reinado el cristianismo se convirtió en religión de Estado: se procedió a la confiscación o clausura de los templos y a la prohibición de los cultos paganos. Por primera vez se produjo una colaboración entre la Iglesia y el emperador. En este sentido se hizo célebre la penitencia de éste (390) exigida por san Ambrosio, entonces obispo de Milán, por la masacre de la población de Tesalónica (390). En muchos aspectos Teodosio anuncia a los soberanos medievales.

Terencio *(P. Terentius Afer)*, autor dramático (Cartago h. 190-? 159 a. JC).

Nacido sin duda en Cartago*, Terencio fue esclavo* de un senador que se cuidó de su instrucción y lo liberó. Frecuentó el Círculo* de los Escipiones y su teatro refleja probablemente, en cierta medida, algunos de los problemas que unos y otros abordaban. Se dispone de seis comedias suyas: *Andria, La suegra, Heautontimorumenos, El eunuco, Formión* y *Los adelfos*. Como Plauto*, Terencio imita la comedia nueva, pero se interesa en mayor grado que él por los problemas morales (en particular la educación de los niños) y por los análisis psicológicos. Aunque sus tipos sean convencionales, cada personaje posee su propia personalidad, la cual se va revelando gradualmente a lo largo de la obra, y ello es cierto incluso para los personajes de los esclavos. El tono general de las piezas es serio y su teatro tiene mucho de comedia psicológica, o incluso de drama burgués, y como tal tuvo un éxito menor al cosechado por Plauto. Su célebre verso «Yo soy un hombre y nada de lo que es humano me es extraño» se convirtió en la expresión del humanismo *(humanitas)* romano. A finales de la República* y durante el Imperio*, se convirtió en el autor dramático más estudiado. Se conoce también el éxito que tuvo entre los autores del siglo XVIII.

termas ***(termae)*****, establecimientos de baños públicos o privados.**

Las termas comprendían cuatro partes principales: un vestuario *(apodyterium)*, una sala fría *(frigidarium)* en la que se tomaban baños fríos, una sala tibia *(tepidarium)* en la que se frotaba a los bañistas con aceites y perfumes, y una estufa *(calidarium)*, lo que hoy se conoce como baño turco. Normalmente se pasaba de una estancia a otra, pero podían existir algunas destinadas a los masajes, a la gimnasia, a las fricciones, etc. Con frecuencia, las salas estaban adornadas con mosaicos* lujosos y pavimentos de mármol.

Algunas termas se dividían en dos partes, una reservada a los hombres y otra a las mujeres. Si no era así se preveían horarios diferentes.

Las calderas *(hypocaustum)* se encontraban en el sótano. Un sistema perfeccionado de conductos y de canalizaciones permitía obtener agua y aire a la temperatura deseada.

Pero las termas no eran solamente establecimientos de baños en el sentido estricto. También constituían lugares de encuentro en el que se daban cita los

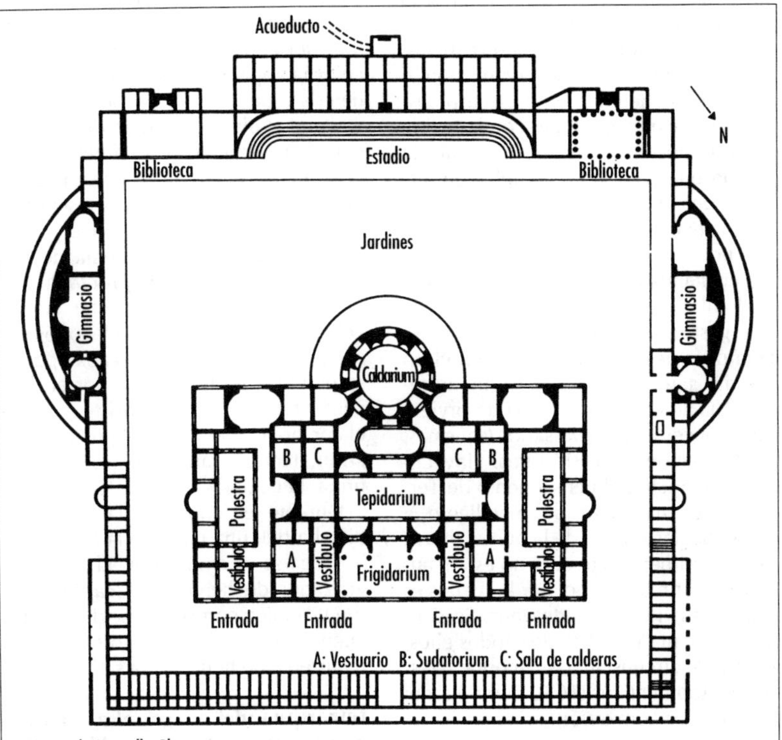

Termas de Caracalla. Plano.

Termas de Caracalla. Plano.

amigos o los negociantes. Efectivamente, las termas más lujosas contaban con paseos, bibliotecas* y piscinas, así como «bares». Higiene y vida mundana iban de la mano. Se iba a las termas durante la tarde y permanecían abiertas hasta el anochecer. Las más célebres de Roma* son las de Caracalla. Aunque normalmente las casas urbanas no disponían más que de «cuarto de baño» *(balnea)*, las *villas* contaban con verdaderas termas.

Tertuliano *(C. Septimius Florens Tertullianus)*, padre de la Iglesia y primer autor cristiano en lengua latina (Cartago h. 160 d. JC-*íd.* h. 220 d. JC).

Recibió una sólida formación jurídica y retórica. Su conversión al cristianismo se sitúa hacia el año 195, sin que se conozcan exactamente las circunstancias. Progresivamente atraído por el montanismo, secta herética cuyo ascetismo riguroso le seducía, rompió con la Iglesia hacia el año 207. Dotado más para la acción que para la contemplación, escribió una obra que es en su totalidad de combate: contra los paganos, contra los heréticos, contra los judíos y contra los cristianos a los que juzgaba demasiado tibios o imperfectos. Este sentido, este gusto por la polémica no le beneficiaron, pues es fácil detectar en él un espíritu agresivo, sin fisuras, que no retrocedía ante ningún medio que sirviera para vencer a sus adversarios (sofismas, contradicciones, caricaturas, invectivas). De hecho, el pensamiento de Tertuliano es más matizado, más ligero, y presenta más unidad de la que se intuye en una primera lectura. Si no es «el autor» del latín teológico, por lo menos es uno de sus notables artesanos. Se conservan treinta y un tratados, todos ellos, o casi, de circunstancias. Su obra maestra es *Apologeticus* (167), que data del inicio de su conversión.

tésera *(tessera)*, dado o ficha de forma, materia y uso variados.

Según el caso podían ser dados para jugar, billetes de entrada a los espectáculos, bonos de trigo, medallas de distinción para los gladiadores, signos de recomendación para recibir u otorgar hospitalidad, marcas de fábrica, etc.

tesoro → erario, gasto público, ingresos públicos.

testamento *(testamentum)*. Originalmente, para poder testar era necesario ser ciudadano* y *sui iuris*, es decir, no estar sometido a la autoridad* paterna *(patria potestas)*. Con posterioridad, según parece, bastaba con poseer el *ius commercii*. Podía designarse como heredero a quien se desease, pero el que fuese instituido heredero debía responder a ciertas condiciones jurídicas (una ley* del año 169 a. JC limitó en particular la capacidad de las mujeres para heredar, pero esta ley prácticamente cayó en el olvido). Existían diversas formas de testamento: 1 testamento *comicial*, que se hacía ante la asamblea de las curias* *(comitia calata)*; 2 testamento *peraes et libram*, 'por el bronce y la balanza', auténtica transferencia de propiedad; 3 testamento *in procinctu*, 'sobre el campo de batalla', declaración de voluntad ante el ejército*. De todos modos, estas fórmulas se utilizaban poco y se preferían otras, creadas por el derecho* pretoriano, que consistían en declarar oralmente ante testigos o en escribir, también ante testigos y con la firma, la declaración de voluntad.

Durante el Imperio*, la costumbre dictaba que una parte de la fortuna debía legarse al emperador. El personaje «cazador de herencias» *(captor testamenti)* cínico parece que se dio con frecuencia; en cualquier caso es un tema recurrente de la literatura satírica.

tetrarquía (del griego *tetra*, cuatro, y *archos*, jefe), sistema de gobierno y de administración del Imperio* ideado por Diocleciano* en el año 293.

El Imperio lo dirigieron dos augustos (Diocleciano en Nicomedia y Maximiano en Milán) y dos césares (Galerio en Sirmium, en Panonia, y Constancio Cloro en Tréveris), pero entre ellos existía una jerarquía: Diocleciano dominaba a sus colegas y cada césar debía suceder a su Augusto. Diocleciano pensaba que así resolvería las dificultades administrativas y judiciales que engendraba un Imperio demasiado engrandecido para un solo emperador y una única administración. La tetrarquía le parecía el medio para asegurar la permanencia, la eficacia y la unidad del poder imperial. Aun así, el sistema no sobrevivió a su creador: se deterioró rápidamente tras la abdicación de Diocleciano en el año 305, lo que condujo a la anarquía y a guerras* civiles que no cesaron hasta el año 312, con la victoria de Constantino* sobre sus rivales.

Tiberio *(Tib. Iulius Caesar)*, emperador (Roma 42 a. JC-Misena 37 d. JC).

Hijo de Tib. Claudio Nerón y de Livia*, con la que se casó Octavio* en el año 38, Tiberio comenzó su carrera política y militar desde muy joven.

En el año 26 ya era tribuno* militar en Hispania. Posteriormente demostraría sus cualidades brillantes en sus misiones a Armenia, Galia*, los Alpes, Panonia y Dalmacia. En el año 12 Augusto le obligó a casarse con su hija, Julia*, viuda de Agripa*. En el año 7 a. JC obtuvo su segundo consulado y, al año siguiente, recibió la autoridad* tribúnica por un período de cinco años. Tiberio se exilió voluntariamente en Rodas, cansado y desanimado, por motivos políticos y familiares sin duda. Augusto lo adoptó en el año 45 d. JC y le forzó a su vez a la adopción de Germánico*. Cuando Augusto murió, en el año 14 d. JC, el Senado* otorgó a Tiberio todos los poderes que Augusto había acumulado. Sentimientos republicanos que quizá fueran sinceros le llevaron a ceder al Senado parte de sus prerrogativas.

Durante un decenio (14-23) el Imperio prosperó bajo la dirección de este buen administrador. Pero a partir del 23, Seyano, prefecto de la pretoría*, ejerció en él una influencia creciente. Amargado y enfermo, Tiberio se retiró a Capri en el año 26 y dejó a Seyano la práctica del poder real. El fin de su reinado es oscuro: en el año 31 hizo ejecutar a Seyano, pero el reino del terror no se acabó allí, de tal manera que los romanos recibieron con alivio la noticia de la muerte de su emperador.

tibia, flauta de la que existen varios tipos.

Estos instrumentos recuerdan tan pronto a nuestras cornamusas como a las chirimías o a las flautas propiamente. Con la lira* eran el instrumento principal de la música* antigua. Se tocaba sobre todo en las ceremonias religiosas y para acompañar las partes cantadas y los recitativos de las comedias.

Tibulo *(Albius Tibullus)*, poeta (Gabios h. 50-? 19 a. JC).

Nació cerca de Roma en el seno de una familia ecuestre. Inició su carrera política en la estela de Mesala*, nombrado cónsul en el año 31, quien como Mecenas, pero con más independencia, mantenía en su entorno a un círculo* de poetas.

En el año 29, tras una enfermedad, Tibulo se consagró a la poesía y cantó sus amores con Delia, Glicera y Némesis. También degustó, como Virgilio*, pero con fuerza menor, la atmósfera tranquila y agradable del campo. En el libro de *Elegías* escritas por Tibulo se incluyen tradicionalmente fragmentos de Lígdamo, que era probablemente hermano de Ovidio*, y de Sulpicia, sobrina de Mesala.

tinta (*atramentum*; de *ater*, negro).
Para escribir sobre el papiro y el pergamino los romanos utilizaban una tinta hecha en la mayoría de las ocasiones

con goma y hollín. Utilizaban una tinta roja para destacar los títulos (*rubrica*, 'rúbrica'; de *ruber*, 'rojo'). En la Antigüedad no se desconocía la tinta «simpática», como por ejemplo la leche fresca, que luego sólo debía espolvorearse con carbonilla. (→ libro, portaplumas)

Tito Livio *(T. Livius)*, historiador (Padua h. 59 a. JC-Roma 17 d. JC).

De familia acomodada, Tito Livio consagró toda su vida a las letras. De sentimientos pompeyanos, frecuentó el entorno íntimo de Augusto*, sin renunciar por ello a sus convicciones.

De su *Historia de Roma*, que en 142 libros recorría desde los orígenes* hasta el año 9 a. JC, sólo se dispone de una pequeña parte. Tito Livio se vio influenciado por el historiador griego Polibio y quiso realizar el ideal ciceroniano de una historia que mezclase los prestigios de la elocuencia con los encantos de la poesía. Su obra está impulsada por un patriotismo ardiente y por un profundo sentimiento de la grandeza de Roma. Rápidamente se la consideró la historia romana por excelencia y se redactaron resúmenes destinados a servir de manuales *(epitomae)*. Aun así, a pesar de los consejos de Quintiliano*, el historiador que se explicaba en las aulas siguió siendo Salustio*.

toga *(toga)*, ropa* tradicional de Roma que simbolizaba la dignidad del ciudadano*.

En un principio también la llevaron las mujeres, pero en la época clásica la toga vestida por una mujer era una marca infamante.

Originalmente era rectangular y después se cortó en semicírculo. Sus dimensiones variaron también según la moda, pero su diámetro a veces alcanzaba los seis metros. Ajustarla con elegancia se convirtió entonces en una operación larga y delicada, de tal manera que Quintiliano*, por ejemplo, consideró oportuno ofrecer sus consejos a los oradores* sobre la manera de obtener unos pliegues y un drapeado elegantes.

La toga era de lana espesa y blanca. Pero los augures* llevaban una toga de color amarillo y, durante el Imperio*, la moda de las togas de colores se extendió. La del emperador era roja, como la de los dioses. La toga pretexta *(toga praetexta)* estaba bordeada por una banda púrpura: la llevaban los niños hasta los 16 años y también los magistrados* en las ceremonias oficiales. En los triunfos*, los generales vencedores tenían derecho a una toga púrpura, bordada en oro *(toga picta, palmata)*.

Símbolo de la ciudadanía romana, la toga era también el símbolo de la paz: cuando estaban de campaña, los soldados vestían una prenda parecida a la casaca, el sayo *(sagum)*. De todos modos, al ser una prenda pesada y agobiante, los romanos fueron inclinándose, sobre todo a partir del siglo I a. JC, por otro tipo de abrigos*.

Trajano *(M. Ulpius Trajanus)*, emperador (Itálica 53 d. JC-Selinonte, Cilicia, 117).

Nacido en Hispania en una familia perteneciente al orden senatorial, Trajano subió con normalidad los diferentes escalones de la carrera* de los honores y obtuvo el consulado en el año 91. Cuando Nerva accedió al Imperio (96), adoptó a Trajano, que le sucedió en el año 98. Durante su reinado, Trajano tuvo que luchar contra los dacios (101-107) y contra los partos (113-117). Su preocupación constante fue mantener la seguridad de las fronteras. Como consecuencia de sus victorias el Imperio* se engrandeció con las provincias de Dacia, Arabia, Mesopotamia, Asiria y Armenia, de modo que adquirió su máxima extensión. Ocupado en la dirección de las guerras, Trajano no pasó más que breves estancias en Roma. De todos modos, demostró ser un gran administrador, preocupado en particular de favorecer la agricultura* y el comercio* con las provincias*. Se le deben numerosos monumentos: construcción del foro* de Trajano, mercados, acondicionamiento de los puertos de Ostia y de Ancona, etc. Emperador liberal, cultivado, respetuoso con las tradiciones republicanas, recibió el título de *Optimus* en el año 114.

Trasimeno, lago situado en Etruria, al este de Perusa.

En este lago el cónsul* Flaminio fue vencido por Aníbal*. Éste atacó por la retaguardia y por los flancos a las tropas romanas, atrapadas entre el lago y las colinas que lo bordean al norte. Flaminio murió y las tropas romanas fueron masacradas, pero Aníbal dejó partir a los italianos sin rescate con la intención de conciliarse con ellos (22 de junio del año 217).

tribunal *(tribunal)*, estrado sobre el que se reunían los magistrados.

En la época real la mayor parte de los litigios se resolvían en el interior de la *gens**. Cuando oponían a gentes entre ellas y suponían un riesgo de generación de problemas, o bien cuando se trataba de procesos criminales (traición, asesinatos), la competencia judicial pertenecía al rey, que juzgaba y castigaba por él mismo. No hay duda, por otra parte, de que el rey se libró al menos en parte de labores judiciales, encomendándolas a jueces competentes.

En cuanto a los períodos republicanos e imperiales, conviene distinguir cuatro jurisdicciones (→ justicia administrativa, justicia civil, justicia criminal, justicia militar).

tribuno de la plebe *(tribunus plebis)*, función creada a comienzos del siglo V a. JC (sin duda en el año 491) para representar a la plebe.

Primero hubo dos, más tarde cinco y finalmente diez tribunos de la plebe, elegidos por las asambleas de la plebe (y después quizá por los comicios tributos*). En principio, sólo los plebeyos tenían acceso a esta función.

Los tribunos poseían un poder sacrosanto *(potestas sacro sancta)*: quien levantase la mano contra ellos pasaba a ser una persona maldita. Encargados de defender los intereses de la plebe, los tribunos poseían originariamente el derecho de convocar y presidir las asambleas plebeyas, el derecho de intercesión, el de promulgar mandatos válidos para la plebe y el de tomar bajo su protección a quien quisieran. Pero estos derechos no eran válidos fuera de Roma* y sus alrededores. Posteriormente, los poderes de los tribunos tendieron a alinearse con los de los magistrados*: derecho a convocar y presidir el Senado*, derecho de auspicios*, derecho de obnonciación*, derecho de coerción hacia y contra todos. Poco a poco, la función plebeya del tribunal se fue convirtiendo en una magistratura. Sila* restringió sus poderes, pero se restablecieron con posterioridad.

Durante el Imperio* los tribunos no tenían prácticamente ningún poder, pero el emperador se apropió de la autoridad tribúnica *(tribunicia potestas)*, automáticamente renovada todos los años. Esta autoridad, sumada al *imperium** le otorgaba el poder absoluto.

tribuno militar *(tribunus militaris)*, oficial superior del ejército romano.

Durante la República* cada legión quedaba bajo la autoridad de seis tribunos militares, los cuales ejercían su mandato por turno (→ ejército). Primitivamente se encargaban de escogerlos los cónsules*, pero a partir del siglo III lo hicieron los comicios tributos*. Los jóvenes iniciaban por este camino su carrera política.

Durante el Imperio* ya no estaban bajo las órdenes del general del ejército, sino que dependían del legado* de legión. Se elegían en el orden* senatorial.

Faltan datos para saber qué motivos

llevaron a la creación de los «tribunos militares de autoridad consular». Esta magistratura sólo funcionó del año 444 al 367 a. JC.

tribus ***(tribus).*** Parece que desde su nacimiento, Roma* estuvo dividida en tres tribus: los *ramnes,* los *lúceres* y los *titios.* No se conoce si esta división tripartita tiene un origen étnico (siendo los ramnes latinos, los lúceres etruscos y los titios sabinos), si correspondía a una división territorial debida a los etruscos (los ramnes habitarían en el Palatino, los lúceres el Celio y los titios el Esquilino) o si finalmente debe interpretarse una tripartición de origen indoeuropeo (los ramnes serían sacerdotes*, los lúceres guerreros y los titios agricultores). Por lo demás, quizá debería descartarse una única explicación. Lo que es seguro es que estos nombres son etruscos. Pero ésa no es razón suficiente para atribuir a los etruscos la división en tres tribus. A su vez se dividían en 30 curias*; este número no varió nunca. Se le atribuye a Servio Tulio una reforma según la cual en Roma se habrían instaurado cuatro tribus, correspondientes a cuatro «distritos» *(regiones)*: la Subura (I), la Esquilina (II), la Colina (III) y la Palatina (IV). Más tarde se añadieron a estas cuatro tribus urbanas diecisiete tribus rústicas, situadas en el campo circundante. Su número aumentó a medida que fue avanzando la conquista, hasta que en el año 241 a. JC alcanzó su número definitivo, treinta y cinco. Desde entonces, los nuevos ciudadanos* se incribían automáticamente en una de estas tribus, que ya no correspondían a la realidad geográfica, sino que eran «personales»: la repartición la efectuaban los censores* y podía jugar un papel político importante, dada la manera de votar en los comicios tributos* en los que servían de cuadro las treinta y cinco tribus.

tributo ***(tributum),*** **impuesto directo de carácter excepcional, destinado a gastos extraordinarios, que gravó a los ciudadanos romanos en función de su fortuna.**

Tras la guerra de Macedonia (168 a. JC) se suprimió. Se percibía un impuesto análogo que pagaban los aliados, pero cuando éstos obtuvieron el derecho de ciudadanía*, durante el siglo I a. JC, el tributo se suprimió definitivamente en toda Italia*.

triclinium, lecho de tres plazas en que los romanos se reclinaban para comer.

En un inicio sólo los hombres comían estirados y las mujeres quedaban sentadas. Pero esta distinción se perdió poco a poco. Generalmente se disponían tres *triclinia* alrededor de la mesa* *(mensa).* El lugar de honor era el de la derecha (mirando a la mesa) del lecho medio *(locus imus in lecto medio).* Hacia el fin de la República, un lecho semicircular, el *sigma* (del nombre de la letra griega ς) remplazó los tres *triclinia.*

Pero como es natural la palabra *triclinium* designaba también el comedor. Si se lo podían permitir, los romanos disponían de varios comedores que utilizaban según las estaciones. El triclinium más agradable era el que daba al peristilo*.

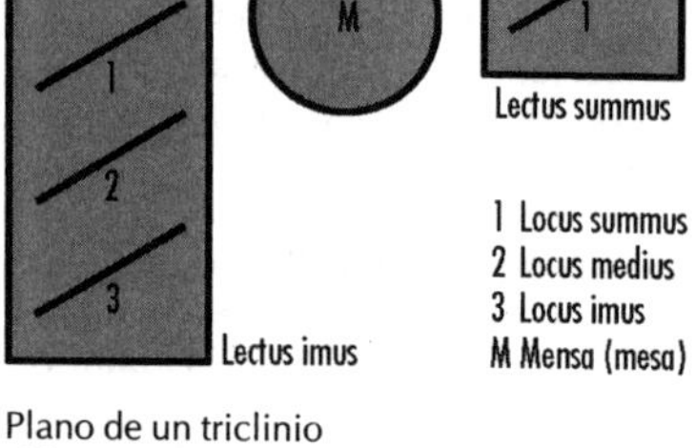

Plano de un triclinio
El lugar de honor parece haber sido el *locus imus* (3) en el *lectus medius*; el del amo de la casa, el *locus sumus* (1) en el *lectus imus.*

triunfo ***(triumphus),*** **recompensa solemne concedida a un general vencedor, acompañada de celebraciones públicas.**

Se formaba un cortejo en el Campo de Marte, entraba en la ciudad por el *forum boarium,* pasaba junto al Circo Máximo, rodeaba el Palatino, tomaba la Vía Sagrada y subía al Capitolio*. A la cabeza de este cortejo estaban los senadores y magistrados*, músicos, el botín tomado al enemigo, estatuas e imágenes del país y de las ciudades conquistadas y los prisioneros*, todos precedidos por los lictores* y el vencedor (de pie en su carro, coronado de laurel y con el cetro*, y vestido con la túnica* y con la toga* bordadas en oro); detrás de él, sus soldados*. En el Capitolio el triunfador hacía un sacrificio* de acción de gracias a Júpiter. A lo largo de todo el recorrido unos actores* bailaban alrededor del carro del vencedor, la multitud bromeaba y los soldados cantaban refranes satíricos dirigidos a su jefe glorioso. Estas bromas (las *carmina triumphalia,* emparentadas con las de la *pompa* circenses*) tenían un valor religioso y moral a la vez: se trataba de proteger al triunfador contra las fuerzas del mal y ponerle en guardia contra la desmesura (la *hybris*). Un banquete terminaba esta jornada de fiesta (que podía prolongarse varios días), durante la cual el triunfador estaba asimilado, sino a Júpiter, al menos a un ser sobrehumano.

El vencedor, por otra parte, debía haber satisfecho exigencias precisas para merecer estas recompensas. Debía ser un magistrado superior, haber combatido bajo sus propios auspicios*, haber hecho una guerra* justa, ampliado el territorio y haber matado a 5 000 enemigos. Si no reunía estas condiciones tenía derecho a la ovación* o sólo a súplicas*; o incluso tomaba a su cargo celebrar un triunfo* albano. Era el Senado, salvo excepciones, el que concedía el honor del triunfo. Entre los nombres célebres de la República*, los dos Escipiones, Paulo* Emilio, Mario*, Sila*, Pompeyo* y César* obtuvieron este honor.

Bajo el Imperio* sólo el emperador, en cuanto comandante supremo, tenía derecho al triunfo; pero éste se concedía a quienes habían realmente ganado los «ornamentos* triunfales».

triunfo albano, triunfo* menor (inferior a la ovación*) que no era concedido por el Senado pero que celebraba el mismo vencedor sin autorización y a sus expensas, sobre el monte Albano, donde en procesión ofrecía un sacrificio* a ***Iupiter Latialis*** **(Júpiter del Lacio).**

triunvirato, colegio de tres magistrados.

El primer triunvirato fue la alianza política y legal llevada a cabo entre Pompeyo*, César* y Craso* en el año 60 a. JC. Estos tres hombres se comprometían a poner en común su experiencia para satisfacer sus ambiciones y dominar la anarquía reinante. Este acuerdo fue renovado en Lucca en el año 56.

El segundo triunvirato lo formaron Octavio, Antonio y Lépido en el año 43 a. JC; pero esta vez se trataba de un título y una misión oficiales *(tresviri reipublicae constituendae).* Se renovó por cinco años en el año 37, pero no llevó a término ninguna obra importante, dado que sus miembros entraron rápidamente en conflicto.

trofeo ***(tropaeum),*** **monumento conmemorativo de una victoria.**

Al principio podía ser simplemente una estaca o un árbol del cual se suspendían los despojos tomados a los enemigos. Al fin de la República* y bajo el Imperio* se convirtió en una construcción de piedra o de mármol, a menudo parecida a un mausoleo*, que estaba constituida por estatuas y esculturas (ejército victorioso, soldados vencidos, trofeos): se trataba, de hecho, de un templo dedicado a las divinidades que habían permitido la victoria traspasando su poder al vencedor. Uno de los más célebres trofeos era el de Turbie, cerca de Niza, elevado en honor de Augusto* en el año 7-6 a. JC para celebrar la pacificación de las tribus alpinas. El trofeo se convirtió más tarde en un motivo decorativo: armas y banderas en panoplia alrededor de una coraza y un casco, motivo muy utilizado en el Renacimiento y en la época clásica.

tuba, trompeta o clarín militar con un tubo largo terminado en embudo.

Los que tocaban la tuba (los *tubicines*) formaban, con los que tocaban el *cornu**, la fanfarria militar. Bajo el Imperio*, había una cuarentena de tubicines por legión*.

Tulo Hostilio → orígenes de Roma.

túnica *(tunica)*, prenda compuesta por dos piezas de lana cosidas que deja un paso para la cabeza y los brazos.

El tejido sobrante que caía sobre los brazos hacía de mangas; no obstante, hacia el final del siglo II d. JC hubo túnicas con mangas (dalmáticas). Un cinturón apretaba la talla y hacía que se abombase la túnica. El corte, muy sencillo, era el mismo para los hombres y las mujeres; con todo, la túnica femenina era más ancha y más larga: bajaba hasta los talones *(tunica talaris)*, mientras que la túnica masculina sólo llegaba a las pantorrillas. De todos modos, estas diferencias entre los dos vestidos tendieron a desaparecer.

Para las mujeres la túnica era sólo una prenda interior sobre la cual llevaban la estola*.

Los hombres sólo llevaban la túnica en su casa, en familia, en el campo, pero cuando debían vestirse se ponían la toga*. Existían además dos tipos de túnicas masculinas: la túnica con dos franjas verticales, ya fuera de bandas anchas *(tunica lato clavo)*, llevada por los senadores, o de bandas estrechas *(angustus clavus)*, llevada por los romanos de rango ecuestre, y, por otra parte, la túnica bordada *(tunica bordata)*, llevada excepcionalemnte durante un triunfo, por ejemplo. La gente humilde, como los esclavos*, tomaron la costumbre de salir con túnica. Se podían llevar dos túnicas, o incluso más, una sobre otra, según la estación.

U

urbanismo. El urbanismo romano, heredero de los etruscos*, no era sólo asunto de los arquitectos o de los geómetras cuyas realizaciones limpias y ordenadas admiramos hoy; una ciudad romana tenía también un carácter religioso que atestiguan los arcaicos ritos de fundación.

El fundador dibujaba primero en el suelo un *templum**, que le permitía averiguar los auspicios* y conocer la voluntad de los dioses*: se trataba de la inauguración* *(inauguratio).* El segundo acto era la *orientatio*: el fundador, siempre asistido por un augur y por un agrimensor (→ agrimensura), determinaba el *decumanus maximus* y el lugar en donde sería cortado perpendicularmente por el *cardo* maximus* (esta operación se hacía con ayuda de un *groma,* alidada): este cruce era el centro de la ciudad donde se situará el foro*. Después se hacía la *limitatio.* El fundador trazaba un «surco primordial» con un arado tirado por una vaca y un toro blancos; pero tenía cuidado de levantar la reja en el emplazamiento que estaba previsto para las puertas. La franja de terreno que se encontraba a lado y lado del surco era el *pomoerium,* recinto sagrado y ficticio. Después se fijaban los emplazamientos donde se elevarían los diferentes monumentos necesarios para la vida de la ciudad: se escogía una altura sobre la cual se construiría el templo* de tres capillas consagrado a Júpiter, Juno y Minerva (Capitolio*); si no existía una altura se construía una elevación. Los emplazamientos de los monumentos se determinaban tomando como referencia el foro (templos, curia*, basílica*). Los agrimensores cuadriculaban la ciudad trazando *decumani* y *cardines* secundarios, paralelos al *decumanus maximus* y al *cardo maximus,* dividiendo así la ciudad en islotes y preveían las calles principales. Finalmente el último momento era el de la *consecratio,* acto religioso que consistía en sacrificios* y oraciones*. La cuadrícula de las ciudades romanas, que les daba un aspecto de tablero de ajedrez, es bien conocida; por otra parte también se encuentra en los campos y en la disciplina de los augures cuando cortaban el cielo y la tierra en líneas perpendiculares; pero es evidente que sólo se trataba de un ideal, realizable en la medida en que el terreno se prestaba a ello y cuando se creaba una ciudad de nueva planta. Cuando el terreno era accidentado, preexistía un pueblo y había crecido irregularmente o estaba situado sobre las pendientes de una colina, los romanos se contentaban con adaptar más o menos bien sus técnicas a las condiciones locales. Además existe en Italia un tipo antiguo de ciudades-fortaleza que no responde mucho a las normas de la ciudad cuadrada y cuadriculada *(tibur, tusculum...).* Roma ejerció su prestigio en todo el Imperio y de la misma manera que las ciudades diseminadas por el mundo romano modelaron sus instituciones sobre las de la *urbs**, también intentaron disponer de monumentos análogos: en el centro, el *forum*, con sus anexos (el Capitolio, la curia, la basílica, termas*, un teatro*, un anfiteatro*, arcos* de triunfo, fuentes*) y, generalmente en la periferia, templos elevados a las divinidades locales, mientras que los cultos romanos quedaban agrupados en el centro.

urbs, ciudad.

Esta palabra, quizá de origen etrusco, designa a menudo la ciudad por excelencia, Roma, capital del Imperio hasta el siglo IV d. JC.

Más exactamente *urbs* designa la parte que se encontraba en el interior de las murallas. Así, Roma englobaba la urbs (dividida en cuatro regiones por Servio* Tulio y después en 14 por Augusto*) y los barrios *(continentia)* que se extendían en la «zona de mil pasos» alrededor de la urbs. Algunas cifras dan una idea de la importancia de la Ciudad bajo el Imperio*: la urbs propiamente dicha cubría 1 800 hectáreas; el «municipio» de Roma cerca de 25 000 hectáreas. La población llegaba a cerca de 1 200 000 habitantes; había un centenar de templos*, una treintena de bibliotecas*, una docena de basílicas*, una decena de termas*, tres teatros*, dos anfiteatros*, dos circos*, unos cuarenta arcos* de triunfo, quince foros*, veinticinco pórticos*, tres mercados*, nueve puentes* sobre el Tíber. Un punto destacable es que la administración municipal de Roma se confundió durante mucho tiempo con el gobierno del Estado y esta característica se acentuó todavía más bajo el Imperio (→ orígenes de Roma, urbanismo).

urna cineraria ***(olla ossuaria).*** Las cenizas de los muertos se recogían en urnas que eran generalmente de tierra cocida, a veces de mármol, de vidrio o de bronce, de forma cilíndrica o rectangular, provistas de una tapa y con frecuencia decoradas.

Se ponían en una hornacina, un columbario* o un altar funerario. El nombre del difunto estaba grabado sobre la urna o sobre el monumento en el cual se depositaba, o incluso sobre los dos.

Se han encontrado urnas cinerarias (en las tumbas de los montes Albanos, de ciertas ciudades de Etruria y en Roma mismo) cuya forma recuerda la de las cabañas de los primeros habitantes de Roma (de éstas se ha encontrado la huella en el suelo del Palatino). El simbolismo funerario de estas «urnas-cabañas», que se remontan al siglo VII a. JC, es evidente: el muerto prolongaba en la tumba su existencia en condiciones que debían recordar a las que había conocido en vida.

V

Varrón ***(M. Terentius Varro),*** **erudito enciclopedista (Reate 116-27 a. JC).**

Nacido en Sabina, Varrón hizo una carrera política y combatió junto a Pompeyo* hasta Farsalia*, lo que no molestó a César*. Dejó una obra importante que se extiende a todos los temas: gramática, agricultura, biografías, sátiras. Sus *Antigüedades divinas y humanas,* que no nos han llegado, constituyeron una mina de datos sobre el pasado de Roma para todos los escritores de la Antigüedad.

vehículos. Los romanos poseyeron una gran variedad de vehículos y, en Roma*, las calles* estaban ya tan llenas que sólo la litera* y la silla de manos podían circular durante el día. Entre los vehículos propiamente dichos se han de distinguir: los coches utilizados para los viajes (con dos ruedas, como el *cisium,* el *carpentum,* elegante y cómodo, y el *essedum;* con cuatro ruedas, como la *raeda* y la *carruca,* esta última particularmente confortable y rápida); los coches de transporte (el *plaustrum,* robusto, con ruedas sin radios, llenas como un disco; el *carrus,* furgón militar); y los coches de deporte y de desfile (el *currus,* con dos ruedas, carro de circo* o de triunfo*; la *tensa,* que, en las procesiones, llevaba las imágenes de las divinidades).

Normalmente eran caballos los que tiraban de estos vehículos (uno, dos, tres o cuatro), en particular los coches de viaje o de deporte y desfile; los vehículos utilizados para el transporte de mercancías los tiraban bueyes, mulas o asnos. La carga no podía exceder los 500 kg. En efecto, el tipo de arnés que conocían los antiguos no les permitía utilizar toda la potencia del animal. Las literas, sillas de manos y coches de viaje podían ser lujosos y confortables; bajo el Imperio* algunos estaban provistos de vidrios. Eran los esclavos*, claro está, los que empuñaban las riendas, pero a veces los romanos no desdeñaban conducir ellos mismos, incluso las romanas, como Cintia que, nos dice Propercio*, conducía, y muy rápidamente, su *essedum,* el coche de lujo de moda para los paseos.

ver sacrum (primavera consagrada), mito de origen itálico según el cual en caso de plaga se consagraba a Marte todo lo que nacería en la primavera siguiente (vegetales, animales, hombres).

De todos modos, el dios podía permitir reemplazar los sacrificios* humanos por la expulsión fuera de la ciudad de los niños nacidos en esa primavera cuando fuesen adultos. Esta migración era guiada por un animal* de Marte, un toro, o un pájaro carpintero.

En toda la historia de la República* romana sólo hubo un *ver sacrum* dedicado en el año 217 después de la batalla de Trasimeno* y ejecutado entre los años 195 y 194: por otra parte, se redujo solamente a algunas ovejas y algunos cerdos.

Vercingetórix, jefe averno († 46 a. JC). Provocó un gran movimiento revolucionario contra César* en el año 52. Resistió victoriosamente contra él en el sitio de Gergovia (a 6 km al sur de Clermont-Ferrand) pero debió rendirse en el de Alesia, donde su adversario lo había cercado (52). Hecho prisionero y llevado a Roma fue ejecutado durante el triunfo* de César en el año 46.

versificación → cláusula métrica, lengua latina, métrica.

vestal *(vestalis)*, sacerdotisa consagrada al culto de la diosa Vesta.

El colegio de las vestales pasaba por ser muy antiguo (comienzo de la monarquía): comprendió sucesivamente cuatro, seis y finalmente siete sacerdotisas. A la cabeza estaba la gran vestal *(virgo vestalis maxima)*. Como mínimo, al principio debían ser de origen patricio. El gran pontífice* era quien estaba a cargo de reclutarlas cuando eran todavía muy jóvenes (entre seis y diez años) y sus padres vivían. Su sacerdocio duraba treinta años: diez años de formación, diez años de ejercicio y diez años de enseñanza. La disciplina a la que estaban sometidas era muy estricta, casi ascética. En caso de falta al voto de castidad eran enterradas vivas. Su función esencial era conservar el «fuego sagrado» de Roma que ardía en el templo* de Vesta, en el foro*, y que simbolizaba la vida de la ciudad. Al final de su sacerdocio podían seguir vestales o entrar en la vida civil. Tenían también otras funciones: guardaban los penates* del pueblo romano y objetos misteriosos, «fetiches» de alguna manera, que nadie tenía el derecho de mirar y que aseguraban la continuidad de la raza.

Un vestido especial (un gran velo blanco con ínfulas sobre la cabeza) hacía que los romanos las reconociesen y tenían derecho a lictores*. Disfrutaban de un gran prestigio y de privilegios diversos, en particular el de indultar a cualquier condenado que encontrasen en el camino del suplicio. Habitaban en el *atrium vestae*, situado no lejos del templo de la diosa y al lado de la *regia*, vivienda oficial del gran pontífice. Sólo las mujeres podían penetrar allí durante las *Vestalia* (en junio). Los vestigios actuales de la época de las vestales datan de la época de los Severos.

veterano (*veteranus*; de *vetus*, viejo). Era veterano todo militar (del simple soldado hasta el centurión*) que se beneficiaba de una licencia honorable *(missio honesta)* después de haber acabado su servicio militar, cuya duración varió según las épocas y los cuerpos entre dieciséis y treinta años. El día de la licencia se celebraba con solemnidad. Los veteranos tenían derecho a ciertos privilegios. A veces se establecían en las colonias*.

veterinario *(medicus pecorum)*. La medicina veterinaria conoció un gran desarrollo en la época helenística y romana. Entre los autores conocidos se citan a Epicarmo (siglo II a. JC), a Paxamus (siglo I a. JC) y a los enciclopedistas Varrón* y Plinio* el Viejo, Virgilio*, Columela (siglo I d. JC), más tarde Paladio (siglo IV d. JC). Estos autores se contentaron con describir las manifestaciones de las enfermedades con más o menos precisión, y a veces también los remedios empleados, pero no buscaron sus causas. El campo más explotado era el hipiátrico (arte de curar los caballos). En efecto, la patología y la terapéutica equinas se conocieron bastante bien.

veto (*prohibitio*, o *veto*, yo impido), acción ejercida por un magistrado* superior para impedir que un magistrado inferior hiciera uso de sus poderes en general o para un acto determinado.

No obstante, el derecho de veto no

permitía invalidar el acto de un magistrado que pasara por alto la prohibición, aunque dicho magistrado se exponía a ser castigado por el magistrado que había ejercido su derecho de veto.

vida mundana → *cena*, círculos literarios, lecturas públicas, termas.

vida política → elecciones, partido político, voto.

vigintisevirato, comisión de veintiséis miembros.

Se designaba bajo este término a seis comisiones que reunían a un total de veintiséis miembros *(vigentisiviri)*. Eran empleos subalternos cuyos titulares no parecen haber recibido hasta muy tarde la investidura de los comicios* tributos. Estas comisiones comprendían: 1. diez jueces civiles *(iudices decenviri litivus iudicandis)*; 2. cuatro prefectos, adjuntos a los pretores* *(cuatorviri iure dicundo)*; 3. tres comisarios de policía encargados de los arrestos, los encarcelamientos, las ejecuciones, etc. *(tresviri capitales)*; 4. tres controladores de la moneda *(tresviri monetales)*; 5. cuatro agentes veedores, adjuntos a los ediles*, para la ciudad *(cuatorviri vis in urbe purgandis)*; y 6. dos agentes veedores para las carreteras hasta una milla de la muralla de Roma *(duoviri vis extraurbem purgandis)*.

No era necesario haber llevado a término una de estas pequeñas magistraturas para abordar la carrera de los honores. Con todo, se las consideraba como una especie de noviciado.

Bajo el Imperio* las comisiones se redujeron a cuatro y, después de la supresión de los cuatro prefectos *iure dicundo* y de los dos agentes veedores *extraurbem*, constituyeron el vigintivirato.

vigintivirato → vigintisevirato.

villa, granja *(villa rustica)* o vivienda del amo en su propiedad *(villa urbana)*.

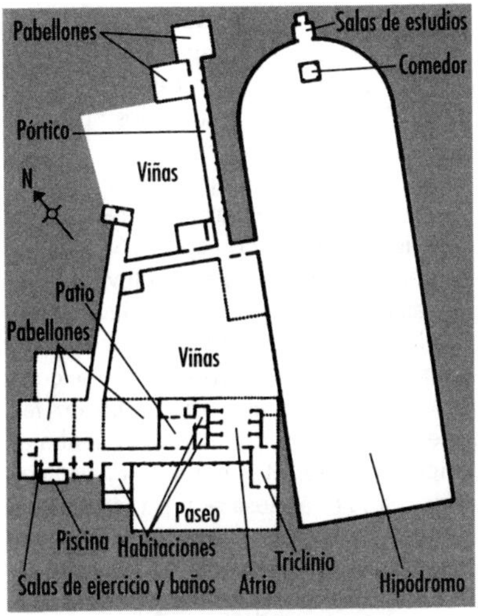

Plano de una *villa* urbana, la de Plinio el Joven, en Toscana *(reconstrucción de Winnifeld). «Mi posesión está situada al pie de los Apeninos, la más sana de las montañas... Todo es paz y tranquilidad...»*

La villa rústica estaba concebida para la explotación de una posesión y comprendía, por lo tanto, todo lo necesario para ello. Cuando el amo no poseía *villa urbana* se alojaba en sus mejores piezas.

La villa urbana estaba generalmente construida en un sitio agradable: era una habitación de lujo y de placer. No respondía a un tipo preciso, pero reproducía ordinariamente con más libertad las divisiones esenciales de la *domus**. A menudo el amo arreglaba los jardines*, parques, gimnasios, piscinas. Las villas más ricas estaban decoradas suntuosamente con pinturas* y mosaicos*. Las de Cicerón* y Plinio* el Joven son muy famosas.

vino *(vinum)*. Los romanos fabricaban varios tipos de vino: el vino de paja *(passum)*, el vino de miel *(mulsum)*, los vinos artificiales con absenta, con aroma de rosa o de violeta, o de pimienta... que eran de alguna manera aperitivos o, a menudo, medicamentos; los vinos de frutas (de membrillos, de granadas); y el vinagre rebajado con agua *(posca)*, que constituía una bebida refrescante, utilizada a veces por los soldados en campaña.

Los romanos que apreciaban el vino lo bebían preferentemente fresco y a menudo rebajado con agua*. Su precio, por otra parte, no era muy elevado. Entre las grandes regiones de origen se citan las de Capua, Pompeya, Messina y, sobre todo, la de Falerno. El vino se conservaba en ánforas *(amphorae)* en las que una etiqueta *(pittacium)* indicaba el origen, el año, el nombre* del propietario, etc. En la mesa se pasaba generalmente por un filtro para tener un vino más límpido.

La duda de por qué el vino estaba prohibido a las romanas se ha planteado muchas veces. Parece en realidad que esta prohibición se dirigía solamente a los vinos fermentados.

Virgilio ***(P. Vergilius Maro)*** **poeta (Andes, cerca de Mantua, 70-Brindisi 19 a. JC).**

Nacido en Mantua, en el seno de una familia de la pequeña burguesía, Virgilio hizo sus estudios en Cremona, Milán y Roma (54). Pero era demasiado tímido para emprender una buena carrera de orador* y prefirió la buena compañía de los filósofos* y poetas. Una antología conocida bajo el nombre de *Appendix Vergiliana* ('Suplemento a Virgilio'), de la cual algunas piezas son quizá auténticas, nos permite darnos una idea de la poesía que entonces sedujo a Virgilio y verificar que, sin duda, este autor escribió epigramas, poemas al gusto alejandrino. Hacia el año 48 Virgilio se dirigió a Nápoles junto al filósofo epicúreo* Siron y renunció momentáneamente a la poesía. A la muerte de su maestro volvió a su país natal (44) y frecuentó el círculo* que se formó alrededor de Asinio* Polio, gobernador de Cisalpina. En esta época fue cuando empezó a escribir las *Bucólicas* (44-39), diez piezas de inspiración pastoral en la tradición de Teócrito de Siracusa (siglo III) que ponen en escena a pastores: éstos cantan versos improvisados sobre un tema elegido con pareados alternos. Tras las convenciones, la significación profunda del conjunto no es fácil de captar. Una gran serenidad domina el conjunto: los pastores cantan la vuelta de la edad de oro y rinden homenaje a un joven dios en el cual se reconoce a Octavio*. Pero en el año 38 la situación política se ensombreció y Virgilio se vio afectado. Empezó una obra más amplia, las *Geórgicas,* poema en cuatro cantos: I, preceptos generales; II, viticultura y arboricultura; III, ganadería*; y IV, apicultura*. Virgilio se inspiró en Hesíodo y en Arato y rivalizó con Lucrecio* cuando describió el espectáculo de la naturaleza y de los hombres que la trabajan: en el seno de la naturaleza el hombre puede encontrar su felicidad. Las *Geórgicas* fueron terminadas en el año 29 y, ensanchando el campo de la inspiración, Virgilio emprendió la *Eneida,* poema en doce cantos que es a la vez una «odisea» (cantos I a VI) y una «ilíada» (cantos VII a XII) que describe la «gesta del pueblo romano», desde la caída de Troya hasta la batalla de Actium*; es el poema de la grandeza de Roma guiada por la Providencia en el cumplimiento de su destino (→ Eneas, paz romana). Virgilio murió durante un viaje a Grecia cuando la *Eneida* no estaba acabada. Augusto* se opuso al deseo del autor, que al juzgar su epopeya imperfecta deseaba que se quemase.

virtus, cualidades que debe tener el hombre.

Esta palabra es una de las que, con *pietas** y *fides**, expresan mejor el ideal moral de los romanos.

Virtus, cuyo radical es *vir,* ('el hombre', 'el héroe') designa, en principio, una actitud digna de un hombre en el sentido más exigente (virilidad, rectitud, iniciativa, dinamismo); es la valentía en cuanto es ante todo desprecio de la muerte y del dolor y supone una conducta que alcance ese fin. Por oposición a la debilidad femenina *(impotentia muliebris)*, la virtus es dominio de uno mismo, disciplina moral e intelectual, sentido de la dignidad. La palabra ha podido emplearse en el sentido general de «virtud» y designar toda clase de cualidad o de mérito; pertenece al vocabulario de la filosofía, en particular de la filosofía estoica.

Virtus fue divinizada, pero considerada como una divinidad guerrera. Tiene varios templos en Roma y su culto se asocia a menudo con el de *Honos* (Honor).

viviendas. En la ciudad se distinguía la casa privada, individual, simple o rica, la *domus** y la casa de alquiler, la *insula** ('isla'), dividida en apartamentos *(cenacula)*. Por lo que respecta a la *villa** era una casa de campo o una granja.

En Roma, como en toda ciudad, se operó una distinción entre los diversos barrios: bajo el Imperio los barrios oficiales eran el Palatino, el Capitolio, el Foro y el Campo de Marte. Los barrios aristocráticos eran el Pincio, el Quirinal, el Esquilino, el Celio, el Aventino. Los barrios populares eran el Velabro, el Trastevere, el Argileto y el *Forum Boarium*.

En la época de Constantino (primera mitad del siglo IV d. JC) Roma contaba con más de 46 000 *insulae* y poco menos de 2 000 *domus*.

voto *(suffragium)*. El voto escrito (o secreto) sólo se introdujo al final del siglo II a. JC. Hasta entonces se votaba oralmente. En los comicios legislativos se escribía sobre las tabletas, sea *utirrogas* ('sí') sea *antiquo* ('no'). En los comicios electorales se escribía el nombre del candidato escogido; en los comicios judiciales o en los jurados la letra A *(absolvo)* para la absolución, la letra C *(condemno)* para la condenación y nada para un suplemento de información *(ampliatio)*. En el Senado se votaba por *discessio*, es decir, colocándose detrás del orador al que uno aprobaba.

Por supuesto, en los comicios* no todos los ciudadanos* votaban o sólo tenían un derecho de voto teórico, lo que ocurría por varias razones. La primera se debía a la distancia a la que se hallaban un gran número de ellos: les era difícil trasladarse a Roma desde una provincia* o desde una colonia lejana de Italia*. Por otra parte, las listas no estaban actualizadas rigurosamente. Se establecían cada cinco años y cualquier clase de motivos podía hacer que los ciudadanos se encontraran en la imposibilidad de ejercer su *ius suffragii* a causa de no estar inscritos en las listas de las centurias* y de las tribus*. Finalmente, el modo de votación en los comicios* centuriados y tributos* hacía que la mayoría legal no correspondiera a la mayoría numérica.

En los comicios centuriados se votaba sucesivamente empezando por las centurias* ecuestres, después la primera clase, la segunda, etc. (→ centuria prerrogativa). El escrutinio se efectuaba, por lo general, en dos vueltas. La mayoría que se desprendía de una centuria comprendía a toda la centuria y cada centuria representaba una voz. El presidente paraba la votación desde el momento en que se alcanzaba la mayoría de las 97 voces.

Además, incluso después de las reformas de las centurias en el siglo III, las centurias ecuestres y la primera clase representaban 88 voces de 193, es decir que les faltaban 9 voces (9 centurias) para obtener la mayoría. Queda claro que, incluso si las centurias más ricas no expresaban todas el mismo sufragio, el margen era suficiente para que las clases más pobres no tuviesen ocasión de votar.

En los comicios tributos y las asambleas de la plebe* el voto no era sucesivo, sino simultáneo: todos los electores votaban efectivamente. Pero también allí cada tribu disponía de una voz. En el año 241 a. JC existía un total —nunca sobrepasado— de 35 tribus: cuatro «urbanas» (las más pobladas y que contaban con una gran mayoría de pobres) y 31 «rústicas», compuestas por clases pudientes ricas o medianas. En efecto, los censores* repartían los ciudadanos en las tribus como les apetecía: los manumisos y los pobres se inscribían en las tribus urbanas, consideradas menos honorables. A título de sanción podían incluso degradar a un ciudadano de una tribu rústica a una tribu urbana. Así, los comicios tributos no tardaron en dejar de ser una asamblea democrática.

Y

Yugurta, rey de Numidia († Roma 104 a. JC).

Compartió el poder con sus primos Hiempsal y Adherbal a quienes Roma protegía. Después de una serie de intrigas Yugurta se encontró finalmente solo. Los romanos, a quienes cansaban sus provocaciones, le declararon la guerra en el año 111. Esta guerra la terminó Mario* en el año 105. Hizo ejecutar a Yugurta durante su triunfo (1 de enero del año 104).

Z

Zama, ciudad situada a un centenar de kilómetros al sudoeste de Cartago* (Numidia) donde Escipión* el Africano venció a Aníbal*, quien perdió 20 000 hombres y en la que fueron hechos otros tantos prisioneros (29 de octubre del año 202 a. JC).

Esta batalla puso fin a la segunda guerra* púnica. El tratado de paz, firmado en el año 201, fue muy duro para Cartago.

Índice alfabético

Los números en negrita remiten a la página donde encontrará el artículo del nombre correspondiente.